● 汉 ● 语 ● 教 ● 学 ● 名 ● 家 ● 讲 ● 坛 ●

推动专业化的 AP中文教学 简体

——大学二年级中文教学
成功模式之探讨与应用

■ 曾妙芬 著 ■

北京语言大学出版社
BEIJING LANGUAGE AND CULTURE
UNIVERSITY PRESS

（京）新登字157号

图书在版编目（CIP）数据

推动专业化的AP中文教学：
大学二年级中文教学成功模式之探讨与应用（简体）/曾妙芬著
—北京：北京语言大学出版社，2007.4
ISBN 978-7-5619-1812-8
Ⅰ.推…
Ⅱ.曾…
Ⅲ.汉语–对外汉语教学–教学研究–高等学校–美国
Ⅳ.H195.4

中国版本图书馆CIP数据核字（2007）第032115号

书　　名：	推动专业化的AP中文教学：
	大学二年级中文教学成功模式之探讨与应用（简体）
责任印制：	汪学发

出版发行：	北京语言大学出版社 BEIJING LANGUAGE AND CULTURE UNIVERSITY PRESS
社　　址：	北京市海淀区学院路15号　　邮政编码：100083
网　　址：	www.blcup.com
电　　话：	发行部（86-10）82303650/3591/3651
	海外部（86-10）82303080
	编辑部（86-10）82303647
	读者服务部（86-10）82303653/3908
印　　刷：	北京新丰印刷厂
经　　销：	全国新华书店

版　　次：	2007年4月第1版　2007年4月第1次印刷
开　　本：	787毫米×1092毫米　1/16　　印张：18.25
字　　数：	289千字　　印数：1－3000
书　　号：	ISBN 978-7-5619-1812-8/H.07030
定　　价：	42.00元

凡有印装质量问题，本社负责调换。电话：（86-10）82303590
版权所有，翻印必究。

序言

这本书的完成是笔者教学生涯中的一项自我成长与挑战，一次具有教育性和启发性的教学成果分享与回顾，同时，更是对海内外所有关注对外汉语教学者的真诚回馈。

承蒙美国大学理事会邀请，笔者有机会在 AP 中文课程的考试设计和中文师资培训两方面提供专业咨询，担任《AP 中文语言文化教师指引手册》（简称《AP 中文教师指引手册》）作者，并荣任大学理事会 AP 中文的咨询顾问。自 2004 年始，即扮演多重角色，积极参与各项与 AP 中文有关之策划推广活动。从 2005 年暑假开始至 2006 年暑假结束为止，笔者在中国大陆、台湾和美国三地，受邀进行 AP 中文之演讲与师资培训，内容囊括课程设计、考试题型分析、有效教学方法与评量、现代外语教学目标、语言能力的程度与分级、现场教学示范及讲评、中文学校转型与日后努力目标、非主流学校与主流学校接轨等，共 20 多场次，可谓是相当忙碌的一年。

忙碌之余，一有时间就握笔耕田，耕心田，也耕书田。在过去一年多以来，笔者与美国、中国大陆和台湾三地的中文教学领导人物及无私奉献的义工们不断地沟通交流，他们的热诚和使命感丰富了笔者的心田，持续地注入活力和新生命，这种感染力是在大学里教学和作研究所未曾体会过的。笔者每到一个地方，都再次肯定从事中文教育工作的职志和价值。更令人庆幸和鼓舞的是，中文事业的发展与历史借助 AP 中文的启动，就要重新起草、另创新页了。演讲场次越多，笔者越是有感于得之于人者太多，出之于人者太少，每次演讲和培训任务完成后返回家门，都又更加肯定乐于中文教育的终生事业。因此，自 2004 年以来，心田比以前更喜乐，更崭新，更有希望，此无非得之于许多无形的礼物和无价的心灵馈赠。心田的充实带动了书田的成长和进步，书田的耕耘，或受惠于优秀中文教师的经验分享，或来自于前辈潜移默化的影响，该感激的人太多，与其相比，笔者所作的努力实在是微乎其微。

心田和笔田的耕耘构成撰写此书的强烈动机，这样的动机无疑是来自于专业的精进及感谢之心，也就是，《AP中文教师指引手册》的完成及中国大陆、台湾和美国各地区中文教师的反响。《AP中文教师指引手册》的准备工作始于2005年6月，于当年11月完成初稿，在此期间，承蒙许多高中与大学中文资深教学者的鼓励与协助，笔者才能顺利如期完成初稿，深感如释重负。这本著作，是美国中文教学出版业中，第一本贯连高中中文教学与大学中文教学的著作，笔者于写作期间，多次向许多优秀高中中文教师请教，了解高中中文教学过去、未来所面临的挑战，并借此机会对美国大学理事会和教育测验中心的组织、功能、目标与运作有了更深一层的认识。唯一遗憾的是，截稿后，笔者方觉未能畅所欲言，无法在有限的篇章架构下，充分阐述有效课程设计和教学方法的研究心得与实例说明，于是，就酝酿了继《AP中文教师指引手册》完成后出版此书的动机。另外一个动机乃是回应海内外中文教育推动策划者的呼声，以及许多中文学校校长、教师及其他各阶段中文教师的需要。《AP中文教师指引手册》是以英文撰写，笔者在听完许多来自各个角落的心声，了解他们的需要以后，认为应该有一本中文版的类似图书，以嘉惠不习惯阅读英文书籍而习惯阅读中文书籍的读者，期能让更多关心AP中文发展与教学的海内外各界人士，一窥AP中文的全貌。于是，笔者毅然决定继《AP中文教师指引手册》之后，圆第二个在美国推广AP中文教学与对外汉语教学的梦，将自我经验的精华，于此书中再次作完整的阐述和介绍。

　　这本书可谓是《AP中文教师指引手册》的续集，《AP中文教师指引手册》的内容属于概括性的介绍，其目的在于为AP中文教师提供一个方便实用的教学参考指标，而这本书则详细补充并加以阐述《AP中文教师指引手册》中一些重要问题，并辅以笔者的实证研究报告和第二语言习得理论与教学实务的多年经验而完成。这本书适合阅读的对象包括关心AP中文的海内外各阶层人士，举凡对外汉语教学决策制定者，行政人员，大学中文教师，中学中文教师，小学中文教师，社区周末中文学校校长、教师、家长，有志取得中文教师认证资格者等等，皆能于阅读本书各章节后有不同程度的收获和启示，这种收获和启示将对传统的教学产生相当程度的改变及影响，凡是细心阅读全书并与自身教学方法及课程设计作完整比较者，必能发现许多值得突破与更新之处，甚至就如同几位老师所言，可能有大彻大悟之感。这本书提出了专业化教学的成功模式与代表性的沟通式教学活动实例，为所有有志于提升教学质量的中文教师提供一个 AP 中文专业化教学的平台，盼能引起中文专业教师的共鸣与讨论，共同提升中文教学专业化的形象与标杆。

本书虽以"AP 中文"冠名，其实书中所述内容亦与 Pre-AP 垂直团队的教学有密切关系，AP 中文与 Pre-AP 中文的连贯性与紧密性，如同建造房子一样，Pre-AP 是房子的地基与顶楼下的楼层，AP 中文是最高的顶楼，最高顶楼是否能建造成功完全仰赖于基层是否稳固，所以，这本书对于从事 Pre-AP（幼稚园至高中 11 年级）教学的中文教师，亦是必读的一本书。对高中教师而言，有助于他们的教学迈入更专业化的领域，了解大学前两年中文教学的情况。对大学教师而言，本书前三章的内容，可作为有效课程设计及教学的参考模式，而后五章则有助于了解 AP 中文的全貌，以准备迎接 AP 中文设立后大学中文项目的因应措施及学生适应分班等问题，了解沟通式教学法在大学教学层次上的运用及功效。

本书共分成两部分。第一部分（第一章至第三章）讨论美国大学二年级中文教学研究成果，期望读者对一个完善的大学中文二年级课程与教学有所了解，第一章报告说明一个美国大学二年级中文课程与教学的实证研究结果，参与者为非华裔学生，是纯粹"零起点"的学生，听、说、读、写能力的培养齐头并进；第二章针对此教学成功模式的课程安排及教学成功模式进行分析与探讨；第三章详细解析此教学模式实践后学生所展现的语言实力与实例。第二部分（第四章至第八章）谈 AP 中文课程考试、教学理念、教学方法、教学活动设计与实例，第四章简介 AP 中文课程及考试，综合笔者自 2005 年以来各处演讲、培训中文师资的心得与经验，以问答方式解答有关 AP 中文课程与考试方面的问题，作提纲挈领的说明；第五章谈沟通式教学法中的学生小组互动活动，除了介绍沟通式教学法的精神与特色之外，还介绍 12 种常用的学生互动活动实例，并提供活动要诀，帮助教师掌握活动进行之要领；第六章续谈沟通式教学法在师生课堂互动中的应用与落实，记录两个 50 分钟的不同教学单元主题，详细分析师生在课堂教学中的言谈互动；第七章阐述三种沟通模式在听、说、读、写四种技能方面的独立与综合运用活动；第八章主要讨论五大外语教学目标的实践，提供四个发挥五大外语教学目标的教学活动实例。有关 AP 中文专业化教学的主题，其实还应该包括评量准则和方式、应变思考能力的培养、认知与超认知能力在教学上的应用与落实等等，才堪称完整，由于这部分的内容与书中八章内容的重要性相比，仍占次重要性的地位，若行有余力，仅留待日后再作补充。此书第一版难免有所疏漏，盼日后再行修改，还盼各位读者不吝指正。

　　书中许多语料的取得必须感谢学生们的合作与努力，他们对中文的热爱和学习的自觉为此书灌注了发光发亮的活力，是值得喝彩的一群学生，没有他们优秀的表现，这本书就不可能诞生。另外，还要感谢梁新欣教授的鼓励和支持，梁教授教学经验非常丰富，是在教学上引领笔者更上一层楼的前辈之一，有幸与她共事，承蒙她将多年经验倾囊相授，启发了笔者将此书前三章的重点放在介绍二年级中文教学模式的灵感，这无论是对高中还是大学的中文教学和双方专业经验的交流，都是相当有代表意义的。当然，家人的支持是最大的动力，包括先生全方位的配合与助力以及女儿的谅解和体贴，他们是将笔者推向中文发展推广事业的所有贵人当中最为亲近的人。最后，要感谢北京语言大学出版社的工作人员，有机会与他们合作，笔者深感荣幸，也对他们专业的素养，深感敬佩。

曾妙芬
2006 年 9 月
于美国弗吉尼亚州

目 录

第一章　美国大学二年级中文教学成功模式之实证研究　1
一、研究动机 ·· 3
二、文献简介 ·· 6
三、研究主旨 ·· 8

第二章　教学成功模式之探讨与分析　27
一、学生调查结果 ·· 29
二、教师自我回顾 ·· 33
三、结语 ·· 75

第三章　大学二年级中文语言能力实例之探讨　77
一、口语能力实例介绍 ·· 79
二、口语访问的进一步探讨 ···································· 90
三、书写能力实例介绍 ·· 92

第四章　AP中文语言与文化课程考试之介绍　99
一、美国AP课程考试的一般性介绍 ··························· 101
二、AP中文课程考试之源起、筹设过程、未来计划 ············ 102
三、AP中文课程介绍 ··· 106
四、AP中文考试介绍 ··· 123

第五章　沟通式教学法（一）：学生小组互动活动　135

一、沟通式教学法在教学理念上的突破 …………………… 138
二、沟通式教学法之优点与活动进行要诀 ………………… 142
三、沟通式教学法常用活动 ………………………………… 148

第六章　沟通式教学法（二）：师生课堂互动活动　181

一、有效提问之重要原则 …………………………………… 183
二、课堂教学实例 …………………………………………… 187

第七章　三种沟通模式常用的教学活动　225

一、三种沟通模式的教学活动设计 ………………………… 227
二、三种沟通模式常用的教学活动 ………………………… 234

第八章　五大外语教学目标之实践与实例　253

一、五大外语教学目标与课程具体结合之建议 …………… 255
二、五大外语教学目标之实践示例 ………………………… 262

参考文献　279

第一章

美国大学二年级中文教学成功模式之实证研究

本章旨在介绍一个美国大学二年级中文教学成功模式的实证研究,作为 AP 中文教学讨论的起点,期能勾勒出课程设计目标及其实际操作重点,探寻出一个 AP 中文教学的参考模式。

第一章　美国大学二年级中文教学成功模式之实证研究

本章旨在介绍一个美国大学二年级中文教学成功模式的实证研究，作为 AP 中文教学讨论的起点，期能勾勒出课程设计目标及其实际操作重点，探寻出一个 AP 中文教学的参考模式。本实证研究的教学成果，乃笔者自我摸索，根据当代广为认可的教学理念及实践而设计出的架构和模式，通过与中文教学界资深教师和前辈讨论，觉得有将整套教学作完整介绍的急切性和必要性。本章部分讨论内容已刊登在 2005 年《21 世纪中文语言项目经营策略与教学法之国际研讨会论文集》(*Proceeding of the International Symposium on Operational Strategies and Pedagogy for Chinese Language Programs in the 21st Century*)，发表题目为"中级中文班学生如何达成高级中文水平"(Achieving oral proficiency at the advanced level in Intermediate Chinese)。

一、研究动机

自 1982 年美国外语教学学会 (American Council for the Teaching of Foreign Languages，简称 ACTFL) 首次公布 Proficiency Guidelines 与 Oral Proficiency Interview (OPI) 以来，即引起外语教学界的关注及讨论，渐渐对外语教学理念产生影响性的变化。自此之后，Proficiency Guidelines 与 OPI 对美国大学许多外语教学项目产生了广泛的影响，也逐渐成为外语教育学者专家课程设计和教学方法的指导性原则。1999 年，美国外语教学学会根据各界反馈，修订旧版本，使其更为完善，为更多教师和学者接受及采用。许多专家学者的看法一致，预测外语教学学会的 Proficiency Guidelines 与 OPI 将保持其对美国外语教学的影响力，在未来的外语教学中，扮演举足轻重的角色。

为了充分了解 OPI 对教学理念的影响和突破，笔者于 2002 年参加美国外语学会举办的 OPI 训练会议，接受四天严格的训练，具体了解"什么是 OPI" "OPI 四级金字塔结构" "评量分级标准和有效提问技巧"，期望能给自己的研究和教学带来崭新的收获。受训期间，在训练员的引导之下，学员以口语录音实例作为练习讨论的依据，运用所学的知识和技能，对口语实例做分级与评量练习，并由学员分别扮演学生及主试者角色，体验实际操练 OPI 的过程。四天密集的训练课程，不但日程紧凑而且收获丰硕，令笔者专业方面更上一层楼。会后，笔者花了一年多的时间取得执照，成为美国外语教学学会 OPI 中文口语测试委员。

搜集中文口语录音并练习评定口语级别，是取得执照的必经过程。在此过程当中，学员必须根据 OPI 测试委员（OPI Certified Tester）资格的规定，熟悉对语言功能和结构作适当的分析和评量，搜集足够的口语录音，练习对各级的口语录音分级，将搜集的口语录音分级。其分级的级别，包括初级、中级、高级和最高级四大级；在初级、中级和高级的三大级别当中，又各分成三小级，也就是初、中、高。这样的金字塔结构，总共产生了 10 个等级：(1) 初级初（Novice-Low）；(2) 初级中（Novice-Mid）；(3) 初级高（Novice-High）；(4) 中级初（Intermediate-Low）；(5) 中级中（Intermediate-Mid）；(6) 中级高（Intermediate-High）；(7) 高级初（Advanced-Low）；(8) 高级中（Advanced-Mid）；(9) 高级高（Advanced-High）；(10) 最高级（Superior）。

根据美国外语教学学会所编制的《OPI 训练手册》(1999, p.31)，四大分级的评量标准如下：

(1) 初级

① 完成任务和语言功能：使用记忆性及公式般的词和短语，完成非常有限的沟通功能，语言不具任何创造性，仅限于背诵记忆性和公式化的层次。

② 情境和话题：日常生活中，每天最常经历的熟悉情况。

③ 正确性：对习惯和非以中文为母语的人交谈而言，仍难以理解。

④ 代表性的语言结构：个别词和短语（individual words and phrases）。

(2) 中级

① 完成任务和语言功能：具简单问题的问答能力，会问简单的问题并回答简单问题；有开始一段简单对话并延续对话、结束对话的能力；语言开始具创造性，不再依赖记忆性的词、短语和单句。

② 情境和话题：一般非正式的话题，具可预测性的、熟悉的日常活动

和少数稍具正式性的话题（transactional situations）。

③ 正确性：对习惯和非以中文为母语的人交谈而言，借着重复的技巧，能理解表达的内容。

④ 代表性的语言结构：不具段落性、连贯性的句子(discrete sentences)。

(3) 高级

① 完成任务和语言功能：比较、叙述并说明过去、现在、未来的事件及经验，具处理未能预期且复杂情况的语言能力。

② 情境和话题：大部分属非正式话题，有一些为正式话题，是跟个人有关并能引起大众兴趣、广为讨论的话题。

③ 正确性：对不习惯和非以中文为母语的人交谈而言，理解表达内容，没有什么困难。

④ 代表性的语言结构：句子之间具连贯性，构成有连贯性的段落（paragraphs）。

(4) 最高级

① 完成任务和语言功能：广泛充分讨论，支持意见和论点，提出假设，语言表达已具有处理非熟悉的语境的能力。

② 情境和话题：大部分正式和非正式的话题，一般人有兴趣和引起广泛兴趣的话题，一些特定领域，与个人专长有关的主题。

③ 正确性：基础语言结构句型没有语言错误，若有些微错误，也不会打断沟通，影响沟通的流畅性，或让听者产生困扰或误解。

④ 代表性的语言结构：串联好几个段落，具篇章性的结构（extended discourse）。

以上四个等级的口语能力，帮助笔者在教学观念上有了很大的突破和更新。最重要的启发是以不同层次等级的语言结构为蓝图，作为学生语言结构和功能掌握能力的进阶目标，并将OPI囊括的语言功能，由日常生活熟悉的、可预测的、非正式的话题提升至较正式的、经常讨论的、为一般学生所关心的文化、社会主题，习得叙述、说明、解释、表达意见、讨论、比较，甚至分析的能力。

另外一点很大的突破是课堂口语练习非常频繁，课堂活动以听和说为核心，以频繁的听力和口语的互动交流，进行各项教学活动，带动并培养写和读的能力。主导的观念是"会听，会说，就能写"，只要学生再加上会写汉字的功夫，即能掌握相当程度的写的能力，因为词汇、语法、语用功能等所需能力，皆已通过听和说的过程"内在化""自然化"，具相当高的纯熟度了。

笔者重新琢磨语言进阶发展的巧妙之处，定下一个集中目标，将学生语言运用程度领向以下的第三个境界，事先不划地自限，不局限特定目标，努力开发学生语言的潜能，同时，也考验教师的自身潜能。

（1）不成段

单个句子或几个句子，缺乏连贯性。

（2）成段

几个句子或一小段话，具连贯性。

（3）成篇

几段话，具连贯性和层次性。

二、文献简介

OPI 对外语教学深远的影响力乃根植于外语教学理念的转变。由正确地使用语言转向熟练地使用语言，达到以口语和沟通功能为重点的交际目标。

1980 年代，由于缺乏因应此种教学理念转变的评量测试工具，OPI 就自然而然地提供一个代表语言评量测试的操作模式。随着外语课程设计以 OPI 为主导的蓬勃发展，OPI 口语语料也成为研究学者丰富的研究语料。根据 Liskin-Gasparro（2003）的研究结果，OPI 似乎在外语政策制定、外语项目发展、外语教师师资培训以及课堂中的实际教学等方面受到相当程度的认可，美国国家师资认可教育学会（National Council for Accreditation of Teacher Education，NCATE）也在约 25 个州采用 ACTFL 的 Proficiency Guidelines 作为外语师资培训项目评鉴之标准。

尽管 OPI 口语评量测试受到外语教育专家及教师不断的肯定及欢迎，但是其评量测试的分级层次仍引起效度及信度方面的强烈质疑以及热烈讨论（e.g., Bachman, 1990; Thompson, 1995; Lazaraton, 1996）。Bachman 和 Savignon（1986）指出，OPI 乃基于窄化的语言水平观点设计而成的，因此，对其在正式学术语言的应用方面有所保留。Wherritt（1990）也批评 OPI 中所提及的语言篇章结构之类型有其限制。美国外语教学学会因此集思广益，于 1999 年重新修订 OPI，已全面充分考量这些因素，因此，未来在 OPI 信度方面的研究报告必定会增加学者及教师的信心（Malone, 2003, p.495）。

虽然我们仍需要实证研究的结果来支持对 OPI 评量测试的诠释及执行（Chalhoub-Deville & Fulcher, 2003），其对激发学生学习兴趣、加强学生口语对话能力的价值是众所深信且不容置疑的（Meredith, 1990, p.295）。Omaggio（1986）亦宣称根据美国外语教学学会所制定的 Guidelines，教师能修正他们对学生语言及沟通运用能力发展的期待（p.35）。

ACTFL Proficiency Guidelines 的主要目的，不在于得知学生对所学外语了解多少或者具有多少外语知识，而是想观察学生能用外语做什么、完成什么沟通目的、沟通得好不好与恰不恰当。根据 Clifford（2003）的观点，ACTFL 制定的 Guidelines 是最具宏观性的语言检定法，能决定在某个特定的语言水平范围内和某种特定的真实语境中，学生能完成何种特定的沟通任务以及不能完成何种特定的沟通任务。Gradman 和 Reed（1997）肯定 ACTFL Proficiency Guidelines 在教学上的应用性。Lee 和 VanPatten（2003）认为 OPI 对各外语项目整体教学目标的制定有极大的助益。Huba 和 Freed（2000）建议，在同一个外语项目从事教学的教师，不应该孤军奋斗，而应该群策群力，贡献集体智慧，应用 Proficiency Guidelines 设计一套考量所有语言级别的完整课程和准则，并制定出各级学生应该努力的具体指标，指标要高，而且必须可行，此具体指标帮助学生得到教师及时的反馈，提供改进的方向，是达成某阶段语言沟通能力的手段，而不应被视为教学最终的诊断和评量。

三、研究主旨

自 1980 年代始，OPI 得到美国外语教师和研究学者广泛认可之后，许多学者用其评量学生口语能力，以期进一步探讨口语能力习得成果与进步程度。使用最为广泛的外语，首推英语，目前有关其他外语应用 OPI 的文献报导至少还包括法语（O'Connor, 1988；Magnan, 1986）、西班牙语（Liskin-Gasparro, 1984；Foltz, 1991；Veguez, 1984）、俄语（Brecht & Davidson, 1991；Brecht, Davidson & Ginsberg, 1993）和葡萄牙语（Milleret, 1990）。

本研究旨在说明美国外语教学学会制定的 OPI 如何影响大学二年级非华裔学生班的中文课程设计及教学方法。研究实施过程长达一整个学年，由 2003 年秋季开始，2004 年春季结束，实验结果证明 75% 的学生，其口语运用沟通能力达到高级初或高级中的水平，其他三项语言能力，据笔者观察，也应与高级口语能力成正比，皆在高级初或高级中上下的水平。根据笔者了解，这样的习得成果，在不少美国大学中文项目里，对二年级非华裔背景的学生而言，可能相当于三年级甚至是四年级中文班学生的口语运用沟通能力。

以下将从两方面讨论实证研究的结果，主要介绍实验参与者及 OPI 评量结果以及整体课程安排与设计。

（一）实验参与者及 OPI 评量结果

美国弗吉尼亚大学于 2003 年秋季至 2004 年春季一个学年期间，有 20 位非华裔学生选修二年级中文课程。这 20 位学生分为两个班，每班有 10 个学生。另外还有 4 个旁听生，由于他们并没有正式选修这门课，只是旁听生的身份，所以他们没有参与课堂讨论或者各种练习活动，也没有缴交作业或者参加考试，结果，没有参与本实证研究。

在这 20 位学生当中，有 1 位学生被学校检定为具学习能力障碍者，有 1 位学生听力和口语习得缓慢，原因不详，其他学生学习能力正常。关

第一章 美国大学二年级中文教学成功模式之实证研究

于学生背景方面,有15位学生以英语为母语,有5位学生是来美国求学的韩国学生。在15位以英语为母语的学生当中,中西背景皆有:7位是地道的美国人,以英语为唯一母语;4位生于中国家庭,其中,3位同时以普通话为母语,1位同时以广东话为母语,可是由于学生的中文水平未能达到一般华裔学生的中文水平,所以仍然被编至非华裔学生班;最后4位学生同时以其他亚洲语言为母语,3位出生于越南家庭,1位是出生于泰国家庭。

以上学生在一年级中文学习结束时,每位学生皆与任课教师进行面对面的中文口语面试,任课教师是有美国外语教学学会中文口语面试执照的专业测试委员。经过任课教师测试以后,再由另外一位专业测试委员聆听口语录音带,根据美国外语教学学会口语面试内容及步骤,判定口语能力等级。初步结果取得90%的信度,也就是,20份口语面试的录音带中,经过两位专业中文口语测试委员评鉴,有18份的评鉴等级相同,有2份稍有差异。为解决这2份不同评鉴等级的问题,两位专业中文口语测试委员针对不同之处进行详细讨论,最后达成共识,同意任课老师给予的评鉴等级。其结果显示,20位学生的口语水平从初级中至中级中不等。1位初级中,3位初级高,14位中级初,2位中级中,80%的学生学完一年级中文以后达到中级水平。当同样的学生修完二年级中文课以后,同样的口语面试程序重复进行。初次的信度是85%,也就是20份口语水平鉴定当中,有3份评鉴等级略有出入,经过两位专业中文口语测试委员再次讨论,达成一致。学生的口语能力介于中级初至高级中之间,1位中级初,1位中级中,3位中级高,12位高级初,3位高级中,75%的学生达到高级水平。

全班二年级中文课上完以后,20位同学当中,有2位完成大学学业,毕业离校了。继续留校者共18位,其中一位,是学习能力不足有先天障碍,另外一位,在听和说方面,一直有不明原因影响学习,其他16位皆继续选修三年级中文课程,其中7位参加中国海外暑期学习项目,9位继续在美国本校上三年级中文课,续学中文的比例(retention rate)是80%。据笔者了解,这个比例,在美国中文项目中,是相当高的比例,令人振奋。

(二) 整体课程安排与设计

1. 课程介绍

本研究中的大学二年级中文课程，一整个学年，也就是两个学期的总授课时数是 125 个小时，总天数是 150 天，每个学期分别是 15 个星期，等于 75 天，每星期 5 天，每天 50 分钟。若加上一年级的授课时数，则总共是 250 个小时，也就是相当于 AP 中文课程的总授课时数。

课程设计四种语言能力的培养紧紧相扣，互相呼应，各个层面的问题皆经过缜密考虑，以求达到最好的教学效果，其包括以下环节：

1) 课程目标；
2) 课程内容结构和要求（活动、作业、评量、连贯性、紧密性、一贯性等等）；
3) 课堂频繁的口语沟通交流；
4) 补充学习教材讲义编写；
5) 中文志愿者计划的创意与执行；
6) 全面有效的语言综合能力评鉴。

2. 课程目标

课程目标根据美国外语教学学会 Proficiency Guidelines 的语言功能架构，旨在帮助学生通过学习高频率的语言点，诸如语法、句型、短语和惯用表达等，由"口语"层次进阶至"书面语"层次，以充分掌握听、说、读、写四种语言技能所需的语言点及功能，培养在真实与近似真实中文语境中的语言交际沟通能力。学生必须熟悉课程范围囊括的语言沟通功能，学会适当地表达并叙述许多与个人生活有关的日常话题，并且能说明、解释、比较、讨论并分析一些中国社会、教育和文化方面引起关注而广为讨论的较正式的话题。语言掌握能力由巩固句子（sentence）之间的连接，进而提升至段落（paragraph）的掌握，最后落实到贯穿段落的篇章（discourse）组织结构。

本课程的学习架构及内容，建立在一年级中文课的基础之上。一年级学习的汉字在1000个以上，保守估计，约1100个。二年级，除了复习一年级的汉字以外，约学习1100~1400个新汉字。学生必须具备辨认两体汉字的能力——简体字和繁体字，皆得会认，书写的字体，可依个人需要，自行选择任何一体。

3. 课程教材

本课程主要使用的教材以《中文听说读写》（第二册）（*Integrated Chinese, Level II*）为主，包括主要用书（textbook）、听力语法综合练习本（workbook）和汉字练习本（character workbook）三本。这本主要用书，供一整个学年，也就是两个学期使用。二年级第一个学期的中文201，选用8课，加上补充教材；二年级第二个学期的中文202，再选用8课，另加补充教材。补充教材包括中文电影、网络信息、选自其他教材的主题内容或参考其他教材并自编补充教材，以配合学生即时之需、习得程度与不同学习阶段的兴趣，弥补原选材之不足。

4. 选课资格

有资格选此门课的学生，必须是在弗吉尼亚大学上过一年级中文课的非华裔学生（non-heritage learners）。若学生在其他学校修过一年级中文课程，则必须参加本校举办的中文能力测验，根据测验结果，编入适合的班级。原本进入华裔学生（heritage learners）班，修习一年级中文课以前即具备相当程度的听说能力的学生，在修完一年级中文课程以后，仍须遵从原来的编制，进入华裔学生班，不得自行转至本实证研究的非华裔学生班。

值得注意的是，这里所指的"华裔学生"班和"非华裔学生"班，并非以学生父母的家庭背景而定，而仅仅是为方便起见，在名称上作简单的二分，其实质含义仍是以听、说、读、写四种能力为分班最重要的依据。换句话说，华裔学生也可能涵盖听说能力与典型华裔学生具同等水平的美国学生和其他国籍的学生，非华裔学生也可能涵盖听说能力不具足够水平的华裔学生，他们虽然生长于父母双方或者父母任一方为中国人的家庭，可是，由于听说能力非常有限，仍然应与一般"零起点"的美国学生或者其他国籍的学生编入非华裔学生班。"华裔学生"和"非华裔学生"一般只是教师为了方便，在编班或者研究时使用的名称，并未被学生所采用，以免造成意识上和认知上的混淆，产生不必要的误解。

5. 课程内容结构和要求

本课程结构以三周为一大单位，利用第一周和第二周的所谓"新课教学周"，分别完成课程内容，一周一课，每日每周皆有固定内容及单日评量，其结构流程环环相扣，紧密结合。两课教完以后，利用第三周的所谓"复习周"作总复习及总整理，强化前两周所学的内容，针对前两周发现的常犯错误以及掌握不熟练、不恰当之语用功能，对症下药，以螺旋方式彻底复习（spirally-reviewed）。在第三周期间，同时也增加符合两课主题内容及语言结构功能的补充教材，除巩固既定基础外，还延伸两课在语言和文化内容方面的深度和广度。以下简单勾勒出新课教学周每日上课进度、缴交作业流程及复习周每日的流程：

（1）每日上课进度

星期一（第一天）

① 以句子和段落为单位的汉字听写考试及口语练习（10分钟）；

② 创造适当语言文化情境，以频繁的口语相互交流的讨论方式，上完课文前半部分的内容（40分钟）；

③ 缴交前一课的作文。

星期二（第二天）

① 以句子和段落为单位的汉字听写考试及口语练习（10分钟）；

② 创造适当语言文化情境，以频繁的口语相互交流的讨论方式，上完课文后半部分的内容（40分钟）；

③ 缴交汉字书写练习作业。

星期三（第三天）

① 创造适当的语言文化情境，综合复习词汇、语法（50分钟）；

② 缴交听力练习作业。

星期四（第四天）
① 创造适当语言文化情境，进行综合口语练习活动（50分钟）；
② 缴交语法练习作业。

星期五（第五天）
① 口语表达演示评量活动（35~50分钟不等）；
② 单课结束前的综合性复习活动（0~15分钟不等）。

以下针对新课教学周的每日流程提出大纲式的说明。

1）课堂教学

星期一：课文前半部分

在近似真实沟通交流的语境中，兼顾词句结构与功能目标的学习，进行有意义的师生课堂互动和学生之间的课堂互动，完成课文前半部分的内容。

星期二：课文后半部分

在近似真实沟通交流的语境中，兼顾词句结构与功能目标的学习，进行有意义的师生课堂互动和学生之间的课堂互动，完成课文后半部分的内容。

星期三：语法运用与统整

在近似真实沟通交流的语境中，兼顾词句结构与功能目标的学习，进行有意义的师生课堂互动和学生之间的课堂互动，完成语法复习，统整学习难点与盲点。

星期四：口语练习活动

教师根据语言功能目标，创造近似真实的语境，不定时通过PowerPoint教学，辅助学生练习完成特定语言任务。

星期五：单课口语评量

延续星期四的口语练习活动，进行单课口语评量，并于下课前，进行总结，与学生自由对话，讨论一周生活学习情况，并分享周末计划。

2) 每日课堂评量

星期一：汉字听写 + 每日课堂表现评量

汉字听写是星期一上课以后，课堂上所做的第一件事，这是绝对不能省略的步骤。其主要目的是希望学生在上课之前能做好预习工作，笔者要求学生星期一上课以前，根据老师宣布的内容——一般是准备词汇表的前半部分，做好以下的准备工作：① 汉字、词汇和句子；② 课文。在第一方面，学生得按照惯例，没有任何例外，根据每课词汇表，准备到会写出正确的汉字，会正确念出每个汉字的发音，熟悉每个词语的英文意思。在第二方面，也是绝对不能马虎的一环，汉字听写单独考汉字或词汇，没有意义，一定得在一个有意义的"语境"里考，也就是至少是以短语和句子为单位，甚至是以几个句子串联成段落为单位来考，才具语言的真实性和意义性。

如此要求，对学生学习和课堂教学有很大的好处。亦即是，学生一定会先听熟词汇和课文前半部分，如此一来，汉字和词汇的学习是在有意义、连续性的语言情境中学习的，不但预习了汉字和词汇，也同时提前掌握了课文内容。从另一个层面的意义上来说，为了准备一个 5 分钟的汉字听写考试，学生其实同时准备了听、说、读、写四种语言技能，要能听得懂、说得清楚、读得懂，也写得出来，否则是无法考好汉字听写的。考试从表面上看起来只有听和写的两种语言技能，也就是"听"老师说，把听到的句子和段落用汉字"写"出来。可是，在准备过程中，学生得一边听录音，一边跟着说、跟着念，要"说"得准、念得对，将听到的字"写"出来，再多写几次，反复练习，直到写得很熟练为止。

学生听录音，可以在语言实验室听，也可以在其他地方听，包括自己住的地方，只要有电脑上网，输入固定的网址，即可听到每一课的录音。在练习以上的步骤之前，大部分学生都会先做好生词卡，或者少数学生会将汉字重复写在自己的笔记本上。生词卡的做法很简单，在长 5 寸宽 7 寸的卡片（index cards）上，一面写汉字，另一面写拼音和英文释义。老师千万不要鼓励学生在汉字的那一面也写上拼音或者英文的意思，主要的用意是希望学生习惯单看汉字便能很快地念出来,也能很快地知道英文的意思。如果忘了,再翻到背面,帮助记忆。

随着电脑技术的发展,现在已有成套的电脑设计软件或者电脑辅助教学设计,学生只要在电脑上操作,就能通过反复的练习,培养辨识汉字的能力,电脑甚至能识别手写汉字是否正确,立即给予评语并评分。如果有与教科书配套的汉字软件,当然是最理想不过了。如果没有的话,学生多花几分钟,自己制作生词卡,也不是非常麻烦的事。笔者认为,一旦学生养成正确的学习习惯和态度,多花几分钟根本就是不值得顾虑的问题。语言学得好、学得扎实的人,心目中是没有"懒"字的;语言学到某种程度,有惰怠之心,必不能专精。此原则对学习任何外语而言,都是一样的道理。

星期二:汉字听写 + 每日课堂表现评量

星期二的汉字听写重复星期一的汉字听写步骤,唯一不同之处是,星期一囊括范围是汉字词汇表的"前"半段和与汉字词汇表相呼应的课文"前"半段内容,而星期二的汉字听写范围是汉字词汇表的"后"半段和与汉字词汇表相呼应的课文"后"半段内容。教师在课前,已向学生交代清楚前半段和后半段的分界点。

星期三:每日课堂表现评量
星期四:每日课堂表现评量
星期五:单课口语评量考试

(2) 缴交作业流程
星期一:学生完成访问中国朋友的报告、文章或各种不同主题的文体。
星期二:学生完成汉字书写作业。
星期三:学生完成听力练习作业。
星期四:学生完成语法练习作业。
星期五:准备口语考试。

上完两星期的新课教学周以后,则进入第三周,也就是所谓的复习周。星期一至星期三，用来复习、检讨或扩充学习深度及广度。星期四，是口语评量考试，重整两课内容，延伸扩大原先单周学习的口语功能。星期五，是读写考试，最后，还有一部分段落篇章层次的读写评量考试，让学生回家考，下个星期一交卷。请看以下复习周的简要流程：

(3) 复习周每日流程

星期一：复习活动

星期二：复习活动

星期三：念课文评量活动 + 复习活动

星期四：口语评量考试

星期五：读写评量考试（阅读理解+以句子为单位的语法运用评量）

星期六、日：在家完成的读写评量考试（以段落篇章为单位的评量）

每个学生轮流念课文，这是复习周的星期三开始上课以后课堂上所做的第一件事。由于时间限制，没办法让每个学生念完每篇课文，只能跳着念。笔者的做法一向是指定学生，指定段落，轮流接棒，前一个学生念到哪儿，下一个学生就马上接下去念，衔接得很快，也很顺畅，老师只要将目的、规则和评分标准讲清楚，学生习惯这样的训练后，很快就能上轨道。这个活动主要的目的是培养学生能在短时间之内将"辨认汉字"和"念汉字"两种能力结合起来，若要认得快、念得快，绝对得之前多练习几次才行。另外一个目的是，继前两个星期教完课文、词汇、语法和熟悉所有语言功能以后，学生为了念课文，得再复习所涵盖的所有范围，达到加深印象和巩固复习的目的。

由于学生人数不多，两个班正式注册的学生各只有 10 个，所以整个活动（一般包括讲评与纠正发音）做起来最多只要花 20 分钟左右，每三周做一次，应该不会剥夺掉太多课堂上口语交流的时间。如果学生人数多些，则必须考虑教完几周以后，再请学生念课文，作综合性的评量。另外一种可行的代替方式是请学生用 MP3 录音，可以在语言实验室里完成，亦可以在学生自己的住处完成，然后把录音文件用电子邮件发给老师或者就直接发到此门课程的专用电脑网络，都很方便。唯一一点需要考虑的就是老师时间的分配问题。如果老师想把每个学生的录音文件全部听完，再给书面意见和评语，然后再发给学生，如果没有教学助理帮忙的话，恐怕也得花上好几个小时。老师得在时间的经济效率和学生的学习效率两方面仔细斟酌，找出折中的办法，灵活运用。笔者两种方法都用过，无论采用何种方式，念课文的活动是一定有其作用的。

老师或者学生可能会问一个问题：念课文的评量活动，不具任何语言沟通的功能，也没有任何创造语义的性质，在以"语言沟通"和"语言功能"为目的的教学活动里，岂非缺乏实用性和启发性的价值，而浪费时间吗？这个问题问得非常有道理，如果教学的语言是英文、西班牙文、德文或者法文等"音形"相结合的外语（alphabetical languages）的话，念课文就可能会浪费时间，除了练习发音和朗诵以外，就没有其他教学上的实质意义了。可是，中文不是一个"音形"相结合的语言——这里的"音"指的是发音，"形"指的是书写的汉字。对中国人来说，我们或多或少能根据自己的背景知识，猜测某些汉字的发音，特别是形声字。可是，对于只学过一年或一年多中文的美国学生来说，真是难上加难。靠了解汉字结构或者部首意义，能帮助理解和记忆汉字。可是，发音这一环节的问题，仍然得靠反复练习，看到汉字得马上能念得出来才行。如果课程设计没有这样的要求，那么可能学生就不在这方面花工夫，看到汉字则往往需要花很长时间才能念出来，而且必定常常念错。在大学二年级的课堂教学里，学生看到的课文、作业、讲义和考试等等，都没有加注发音符号，一般唯一有加注发音符号的地方，只有词汇注释的部分。这充分说明，汉字的学习已脱离依赖拼音或者注音符号的辅助阶段，而进入"汉字独立于拼音"的学习阶段了，在此阶段，学生是否能一看到汉字就马上念出来并知道意思，就成为学习的关键之一了。试想，学生若看到一连串好几个汉字，无法认出，不知其音，也不知其义，怎么会有继续学下去的动机和意愿呢？在辨认汉字方面，要能做到"知其义，知其音"，平常扎实的训练和日积月累的功夫才是建立信心、提高学习动力的不二法门。

6. 课堂中频繁的口语沟通交流

课堂听、说、读、写时间分配，以听说为主，占课堂时间大部分比例，而读写极少，除了汉字听写练习以外，多半在课后进行。口语沟通互动交流是每天课堂上时时刻刻都在进行的活动，从星期一到星期五，不管进行哪种教学活动，诸如课文内容、词汇语法练习、口语练习、活动说明、指导讲评等等，课堂的学习情境完全以中文为沟通媒介，教师和学生使用中文的比例达95%~100%，积极营造全面浸泡式（total immersion）的学习环境。需要以英文解说清楚的例外情况只有三种可能：第一是中文201开课的第一天，说明、解释课程表及上课规定等班级管理事项；第二是学生对分数或交代作业及考试产生困惑、混淆；第三是遇到解释较难理解的语法概念。

  上中文201的时候，也就是第三个学期的中文课，由于经过一个长达三个月的暑假，学生开学一个月以内，常常觉得老师说中文说得太快，有些学生有时候听不太懂。可是，老师还是深信"全中文语境"的优点，坚持创造完全以中文教学的学习环境，以一般中国人用中文交谈的"正常语速"说话，决不放慢速度，不迁就学生，提高他们对"全中文语境"的容忍度和接受度。大约开学一个月以后，他们渐渐进入佳境。

  口语活动主要分为两种形式：（1）老师与学生之间的交流；（2）学生与学生之间的交流。"沟通式教学法"鼓励将学生分组，不管为了锻炼何种语言功能，两人一组或三人一组，甚至三人以上一组，其重点皆在于让学生能通过有效的沟通活动，达到"老师少说，学生多说"的目的，这对学生人数多的班级，似乎是增加学生"多说多练"的不二法门。据笔者观察，班级人数若超过12人或15人，就不容易进行"老师和学生"一对一的沟通，而为了让学生有更多表达、诠释和沟通的机会，"配对讨论"或"分组讨论"就成了美国外语教学课堂上常见的活动。

  对本实验而言，由于参与者恰巧都在10人的小班里，学生没有大班教学中"缺乏沟通交流机会"的困扰，故"老师与学生之间的交流"和"学生与学生之间的交流"各有其有效性，可交替使用。日常观察结果显示，"老师与学生之间的交流"可能有多于"学生与学生之间的交流"的趋势，也就是"老师与学生之间的交流"多于上课总时数的50%，而"学生与学生之间的交流"少于上课总时数的50%。

当老师与学生一对一交流时，学生早已习惯接受教师立即指正及反馈，能放心自在地马上回答老师的问题，而且不怕犯错，其他学生也都被要求专心聆听，准备随时参与讨论，发表意见或提出评论。若是学生与学生之间交流，则多半采用两人"配对分组"方式，一共五组同时进行口语练习活动，教师得在教室中来回走动，随时注意学生对话、讨论的情况，帮助学生熟练地运用某种语言功能。无论哪一种交流方式，皆希望能提高口语交流质量，增加教师立即反馈之机会，强化语言使用的正确性、适当性以及流利度。

7. 学习教材讲义的编写

本课程使用的课本有详细的语法解释和例句，练习本汇集听、说、读、写四种能力方面的练习。除此之外，教师配合教学课设计，另外编写三种讲义：(1) 语法教学讲义；(2) 口语讲义；(3) 复习及补充教材讲义。

课本的语法讲义，有时过于繁琐，多半是从"规定成文的语法"(prescriptive grammar) 角度来谈论语法的，有很多语法专有名词，可能会成为学生的负担或产生混淆。为避免此现象发生，教师以课本和练习本有关语法的说明和解释为基础，从"教学语法"(pedagogical grammar) 的角度，重新编写语法讲义，深入浅出，举例说明，使语法部分"易懂易学"。语言课的目的，不在于培养懂语法结构、具语法分析能力的学生，而是培养能在真实语境中适当并正确地应用所学语法的学生。语法不是学习的目的，只是利用对语法的熟练掌握，来达到某种沟通目的而已，绝不能本末倒置，以语法为重点，而忽略沟通的最终目标。

口语讲义将每课讨论的口语问题，有条理地依难易程度整理出来。口语问答在语言结构层次上的要求，依据 OPI 的分级，由最基础的单句回答，慢慢延伸至串联几个句子的小段落式的回答，扩大至更多句子结合而成的大段落，进而串联好几个段落。这些口语题目，于新课教学周的每个星期四，皆被融入多样化及整合性的口语活动中，帮助学生练习并掌握预期的口语沟通能力。在复习周期间，口语讲义综合重组两课的问题，整理出常见错误，并在两课的基础上，设计一些进一步发挥口语技能的问题，达到反复复习、延伸扩充语言功能并详细叙述细节的要求。每周的口语考试题目皆列在口语讲义上，而作文题目内容，也以口语讲义上列出来的问题为主，请学生依照每课课文的主题及口语讲义问题的指引，延伸主题范围，写成一篇有条理、具连贯性的作文。因此，口语讲义有三个重叠的用途，不但作为口语练习的讲义，还作为口语评量考试的依据，并兼具作文思路的引导作用，真是"一举三得""一体三用"，有绝对的语言强化学习作用。

复习及补充教材讲义，乃教师观察学生表现、于复习周期间发给学生的讲义，主要目的在于复习容易出错的部分，对症下药，以前两周所学为基础，扩大并延伸语言学习层次及语言功能，详情请看以下章节分析。

8. 中文志愿者计划

中文志愿者计划（Chinese Language Volunteer Program）来自于支持"全面浸泡学习法"（immersion learning）的理念。许多文献支持全面浸泡法提高语言学习能力的观点，认为在全面浸泡式的语言环境里，学习者与以中文为母语的人不断地沟通练习，是最理想的学习方式。笔者鉴于课堂全面浸泡时数的限制，认为一周仅五小时的课堂浸泡式的学习绝对不够。另外，每个学生也都需要个别指导，针对个别需要取长补短。于是设计出此项创举，招募中文志愿者，经过筛选、面谈，确认志愿服务者的意愿及背景，然后将班上美国学生和中文志愿者予以配对，每周见面至少一个小时。每周见面两次为佳，若无法做到，则至少见面一次。每次见面时，得以中文沟通交流，见面目的是帮助美国学生学习中文，而不是美国学生和中文志愿者作中文和英文的语言交换。计划中文志愿者和美国学生都须签名，写下见面时间，并且中文志愿者给出评语和意见，以便老师追踪辅导，作为日后之参考。每次见面，主要需完成以下任务：（1）中文志愿者得根据老师给予的口语讲义练习口语，帮助美国学生准备口语评量考试；（2）美国学生得根据口语问题访问中文志愿者，然后写成一篇作文，报导访问结果。学生写完作文以后让中文志愿者过目，给予意见及反馈，美国学生根据这些意见及反馈，再修订完稿，呈交修改前及修改后的两份作文给老师。作文须包括修改前及修改后两个版本,让教师了解学生修改前及修改后的差距,最后学生所得的成绩是修改前和修改后两次成绩的平均值。

除了完成以上两个主要任务之外,学生在与中文志愿者交流的同时也学到许多课堂上学不到或者没有时间学的文化知识,也多学了一些词汇和用语,有助于体验中国语言文化,有机会与中国朋友接触,熟悉不同的口音与语速,可以加强口语沟通能力。在作文能力方面,学生通过访谈,不但复习问答技巧,而且练习了听力,最后将访谈内容综合整理,根据老师的要求,完成不同的主题。二年级学生作文能力的发挥,已逐渐开始进入表达个人思想看法、需要详细描述的阶段。若教师想充分帮助每个学生,则必须采取一对一的方式,每周须针对每篇不同的作文内容,与学生面对面地详细讨论;否则,单靠老师简单的订正和评语,不了解学生真正想表达的意思,也无法仔细引导学生在词汇、语法、句和句之间的连接以及在段落结构上下工夫,仅草率地让学生过关,实在是无法帮助学生在作文能力上实现明显的突破。

教师常常面临的一个非常实际的问题就是,没有时间与学生作一对一的沟通。若每篇作文平均需要 10~20 分钟的课后讨论时间,那么全班 20 人则每周需花三个多小时至六个多小时。对老师而言,实在是分身乏术,心有余而力不足。基于这样的考虑,有中文志愿者的帮忙,部分代替老师课后作一对一的讨论,替老师解决了课后时间不足的问题,更重要的是,增加语言文化交流的真实经验,这对语言真实经验的累积有极大的助益。

9. 全面有效的语言综合能力评鉴

除了之前介绍的每日每周课堂考试评量以外,于每个复习周结束前,必定有一个综合复习评量考试,包括口语和读写部分。口语部分,有口语问答、口语报告或分组完成某项特定语言任务;书写部分,包括以下题型:

1) 阅读理解;
2) 填充,也就是将适当的字词填入单个句子或整个段落;
3) 根据括号里提示的语法结构和关键词语回答问题;

4）翻译，以段落为单位，包含重要词语用法和句型结构；

5）根据指定词语、语法结构或者引导问题，用段落性的篇章组织回答问题，或根据主题要求和语言功能，完成一篇对话、报导或文章。

前三部分为课堂测验，皆在课堂上完成；最后两部分为课后测验，学生谨守考试荣誉制度，每次签上荣誉宣言，测验时间长短依个人需要而定。无论是中文 201 或中文 202，于教新课的周次当中，每学期一共教 8 课新课，一共进行 16 次汉字听写测验、8 次口语评量、8 次文章书写；在复习周次当中，一共 3 次口语复习评量、3 次读写复习评量，听力部分不另行加考，因为口语评量已经包含听与说的交流互动了；期末结束前，必有期末总评量，包括 OPI 口语评量与 3 次和复习考类似的读写评量。

10. 课程要求

（1）出席

每日按时出席是帮助学生圆满完成课程的必要条件。缺席会影响学生课业的进度、同学和自身的课堂表现，而上课迟到是一种对授课教师和同学不尊重的表现。迟到 5 分钟或 5 分钟以上者，日常上课表现成绩扣 1 分，一次缺乏正当理由的缺席，学期总分扣 1 分，持正当理由缺席者，应有正式证明文件。以下各项原因可当做是有正当理由的缺席：疾病、至亲重大疾病或者死亡、宗教性节日、参加公派的实地考察、运动比赛，还有到弗吉尼亚州以外参加学术研讨会发表论文和工作面谈。

（2）作业

应当准时缴交作业，除了因正当理由缺席的情况外，作业不能迟交。

（3）日常课堂表现

所有的学生都应该主动参与每日课堂上的语言操练，授课老师会就学生每日的表现，用以下的评分标准给分：

5 = 出席并且明显地表现出课前有充分的准备

4 = 出席并且大略表现出课前有良好的准备

3 = 出席并且大略表现出课前有中度的准备

2 = 出席并且大略表现出课前有不足的准备

1 = 出席并且表现出课前没有任何准备

0 = 缺席

(4) 语言实验室的听力练习

学生每日应当听课程录音,并且练习大声朗读生词和课文,以学习辨认汉字及练习发音。学习语言决非一朝一夕可成,唯有经常性、持续性地练习,中文水平才能逐渐提升。在学习新课的周次当中,在语言实验室应当至少有一个半小时的个人听力练习,练习时间弹性自定,若有任何一周不遵守这项规定者,学期总分扣半分,以周次累计。每次进出语言实验室一定要记得签名,期中考复习周期间不必去语言实验室。

(5) 每周小考/大考

学生应当倾全力考好课堂上的每日小考以及特定时间的大考,持正当理由缺席并事前告知授课教师者给予补考,否则不能补考。持正当理由缺席者需要出示正式证明文件,否则亦不能补考。学生应当准时参加考试。

① 分值计算（学期成绩是以下各项成绩的总和）

　　日常表现成绩：5%

　　作业（语法练习）：10%

　　课文朗读：5%

　　汉字听写小考：10%（听写小考最低分可以不算）

　　每周小考：25%（听力测验5%,口试10%,作文10%）

　　期中考：20%

　　期末考：25%

② 评分标准（根据弗吉尼亚大学外语课程规定,至少得持有 C 或 C 以上的总成绩,才能继续选修第三年的中文课程）

　　90 and above = A^-, A

　　80 ~ 89.99 = B^-, B, B^+

　　70 ~ 79.99 = C^-, C, C^+

60 ~ 69.99 = D⁻, D, D⁺
0 ~59.99 = F

附录：每周课程安排

（1）中文 201（大学第三学期）

星期	日期	授课内容	评量测验
第 1 周	8/23~25	课程介绍/自我介绍 复习一年级内容	准备开学
第 2 周	8/28~9/1	复习一年级内容	每日每周评量
第 3 周	9/4~8	第 1 课　开学	每日每周评量
第 4 周	9/11~15	第 2 课　宿舍	每日每周评量
第 5 周	9/18~22	复习与扩展	第一次大考
第 6 周	9/25~29	第 3 课　饭馆	每日每周评量
第 7 周	10/2~6	第 4 课　买东西	每日每周评量
第 8 周	10/10~13 （10/9 阅读日放假）	复习与扩展	第二次大考
第 9 周	10/16~20	第 5 课　选专业	每日每周评量
第 10 周	10/23~27	第 6 课　租房子	每日每周评量
第 11 周	10/30~11/3	复习与扩展	第三次大考
第 12 周	11/6~10	第 7 课　男朋友	每日每周评量
第 13 周	11/13~17	第 8 课　电视和电影的影响	每日每周评量
第 15 周	11/27~12/1	复习与扩展	期末考试准备
第 16 周	12/4~5	复习	期末口语考试

注：第 14 周感恩节放假。

(2) 中文 202（大学第四学期）

星期	日期	授课内容	评量测验
第 1 周	1/18~20	复习	课堂讨论
第 2 周	1/23~27	第 12 课　中国的节日	每日每周评量
第 3 周	1/30~2/3	第 13 课　谈体育	每日每周评量
第 4 周	2/6~10	复习与扩展	第一次大考
第 5 周	2/13~17	第 9 课　旅行 I	每日每周评量
第 6 周	2/20~24	第 11 课　一封信（旅行 II）	每日每周评量
第 7 周	2/27~3/3	复习与扩展	第二次大考
第 9 周	3/13~17	第 14 课　家庭	每日每周评量
第 10 周	3/20~24	第 15 课　男女平等	每日每周评量
第 11 周	3/27~31	复习与扩展	第三次大考
第 12 周	4/3~7	第 16 课　健康	每日每周评量
第 13 周	4/10~14	第 17 课　教育	每日每周评量
第 14 周	4/17~21	补充教材　电影欣赏	每日评量 课堂讨论
第 15 周	4/24~28	复习与扩展	期末考试准备
第 16 周	5/1~2	复习	期末口语考试

注：第 8 周春假停课。

第二章
教学成功模式之探讨与分析

本课程设计,根据 OPI 口语能力测验内容及分类等级,选择主题内容,一方面考虑学生兴趣,另一方面,配合学习渐进难度,决定非正式与正式主题内容的教学顺序。

本课程设计，根据 OPI 口语能力测验内容及分类等级，选择主题内容，一方面考虑学生兴趣，另一方面，配合学习渐进难度，决定非正式与正式主题内容的教学顺序。理想的课程设计，应充分考虑到循环教学和复习统整的必要性，并兼顾四种语言能力的平衡发展，发挥语言与文化彼此辅助的功能，培养学生在真实语境中与以中文为母语的人流利地交谈，吸取文化经验，在适当的场合，对适当的人，说适当的话，表达适当的内容，从而达到语言沟通的目的。以下仅以笔者切身体验和多年从事中文教学的经验，对自己所试验的二年级中文教学模式，作一番评析。评析内容包括学生调查结果及教师反思与反馈。

一、学生调查结果

在 20 个学生当中，有 15 个学生在二年级中文课程结束时，志愿填写一份关于中文学习经验的问卷。问卷的内容设计，主要为多重选择题以及开放式问答题两种。本问卷的设计，主要是让学生可以自由且诚实地回答问题，借此可以从问卷回答之内容，获取更多重要信息。由于学生在回答每一个多重选择题时，可以选择不止一个选项，所以在使用百分比计算回应率时，并非按照百分率为 100 的基准，这个研究里面所计算的百分比，乃根据各选项所出现的次数除以所有回应者的人数，而不是除以回应选项所出现的总次数。

根据问卷结果，每教一个新单元以后，回应者课后得花许多时间完成中文作业。学生一个星期所花的时间 6~12 个小时不等，平均每人每个星期课后总共花了 8.133 个小时。在一个有关学生学习进展的问题上，80% 的学生相信他们进步极大，60% 的学生认为他们对自己的进展很满意。特别在问到他们觉得在听、说、读、写四种技能中哪个方面进步最大时，有些回应者指出在四种语言技能中，有多于一种技能以上的进步。其中，有 67% 的学生选择口语，33% 的学生选择写作，27% 的学生选择听力，还有 20% 的学生选择阅读。

为了更加了解学生们认为哪一种学习管道最有效，从谁那里学习到最多，问卷里提供了四个选项，包括导师、以中文为母语的中国朋友、班上同学或者其他管道。87%的学生把他们的进步归功于导师对他们的帮助，他们认为导师的指导是帮助他们学习中文最有效的方法。60%的学生指出他们跟母语为中文的人交流是仅次于导师指导的有效学习中文的方法。很少的学生觉得跟同学交流有帮助。承接这个问题，在被问到最有效的学习环境时，93%的学生都同意课堂是最有效的学习环境，而在其他的学习环境，像语言实验室、课外学习和其他课外活动都仅次于课堂学习。由此可见，无论在课程设计、教学方法、学习内容的组织还是专业知识方面，学生似乎都感到满意。

中文志愿者计划是对学生学习进步有显著贡献的因素之一，我们可以从问卷回答内容证实这个说法。76%的学生同意他们从志愿者那儿得到了很大的帮助，29%的同学认为这是一个很好的学习经验。事实上，在语言学习上，每个学生都能在某一个方面得到一定的进步。86%的学生觉得这个计划增进了他们的口语技巧，64%的学生觉得他们在写作上有进步，还有差不多一半的学生认为通过与这些志愿者交流，提高了他们正确使用语言、改正错误以及回答问题的能力。另外有21%的学生觉得尽管志愿者对自己学习中文很有帮助，可是他们还需要付出一定的时间去应付沉重的课业，每个学生每个星期平均花了1.808个小时跟他们的语言练习伙伴练习。由此可知，绝大多数学生认为与中文志愿者每周见面的课外学习，有助于提高中文口语和写作能力，而语言能力的提高有赖于时间的付出，若方法得当，时间付出越多，收获越大。学习成效需要学生的动机和配合，大部分学生都愿意每周付出额外时间与中文志愿者见面，讨论课业；只有极少数的学生偶尔觉得力不从心，负担过重。学生只要一周花1个小时与志愿者练习中文即可；而实际上，平均每周见面时间超过1个小时，这也显示了学生学习热情很高。

由于每个星期的功课量都很有规律，学生们都觉得这对他们课前准备很有帮助。星期一和星期二是默写字词测验，星期三是课文阅读测验，星期五则是口试。同样的，由于每周的测验都是很有规律的，这些测验可以有效地帮助学生准备课堂所学的内容。不少同学认为这些测验可以帮助他们跟上课程进度，因为他们每天都要对课堂学习有所准备。此外，测验亦可以让他们每天复习课上的内容。30%的学生发觉每周的小测验让他们更有动力去努力地学习中文。虽然有27%的学生觉得每周密集的小测验复习量很大，13%的学生仍然觉得小测验对他们很有帮助，因为课程要求他们很快地学习上课的内容。

每周评量中的一个重点是学生的口语表现，他们需要回答老师的问题。在学期初，学生会在口语表现评量之前拿到讲义，上面有小测验的问题。93%的学生认为学习材料能有效地帮助他们准备每周和期中考试的口语测验，因为这些材料整理出了每个独立章节的精华与重点。在中文202班里，老师希望在问问题的时候，学生能即兴回答，训练应答自然情境的语言交流能力。为了训练学生的语言熟练程度，导师还鼓励学生用比较长的句子、段落去回答问题。对于这种语言训练方式，很多学生有不同的评价。20%的学生觉得这个练习很让人头痛，可是只有7%的学生认为这个练习很难，33%的学生同意这个练习可以很有效地锻炼语言技巧，13%的学生觉得这个练习增加了语言熟练程度，另外27%的学生认为可以练习日常生活的对话技巧。（见图1）

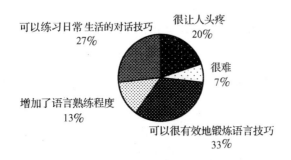

图1　学生对口语训练的评价

在要求学生提供较长答案的练习中，40%的学生觉得可以发展语言技巧，约20%的学生则认为没什么帮助。13%的学生倾向于简洁的回答。尽管这样，47%的学生相信这个练习可以帮助他们改进各方面的语言技巧，还有27%的学生表示他们可以学到怎么去描述事物和有条理地组织思维。综观而言，课堂即席问答练习，需要日积月累的功夫，以培养语言沟通能力,学生有时难免得面对一些压力,对于少数缺乏自信、不愿意冒险的学生来说,克服心理障碍的确是一个不小的挑战,特别是班上两位在听和说方面无法突破的学生,可能更有此感。除了与心理压力有关的因素之外,似乎大部分学生仍然肯定课堂自然对答的价值和帮助。

为了改进学生的口语技巧,老师每天在课堂上听完了学生的回答之后,大部分时间,特别是口语测验之后,都会立刻提供评语,改正学生的错误。93%的学生觉得老师跟学生交流后紧接着有即时的评语跟错误改正的做法,比只有老师跟学生交流更有效。很多学生把这个交流的有效性归功于老师的经验。60%的学生觉得老师的意见和她的评语很有价值。可是,仍有少于15%的学生觉得老师跟学生的交流没有很大用处,因为他们觉得太多压力会影响口语的表现。对于这种态度,其实大概也只能通过老师与学生的个别谈话,帮助学生减少不必要的压力。

在评估期中考试的写作部分时,87%的学生同意这种测验可以测试他们最大潜能的语言能力。这种测验不但测试他们学到的各方面的内容,而且还要求学生流畅地使用文法结构和词汇。期中口语评量部分,学生需要很流利地朗读一个段落,不能有发音上的错误,还要求学生能即席演说或发表意见。在评估这个部分时,93%的学生相信这个测试是对他们的语言能力最大的挑战,主要是因为它需要学生使用复杂的句子结构,以准确地表达自己的想法。虽然完成这个部分的考试会带来某些程度的忧虑和紧张,但是75%的学生相信口语练习所带来的挑战能帮助他们练习和发展语言技巧。

总而言之,上述的分析结果可以用来解释学生如何成功地在二年级中文课程中,增进中文语言能力,其中通过系统的课程内容以及提供不同程度的学习挑战,使得学生在面对各项学习挑战及应付繁重的课程内容时,发挥最大的学习潜能,完成课程要求。40%的学生把他们成功的学习归功于老师的指导,认为她是一个"特别的老师",并"对学生提供了个人的奉献"。另外40%的学生认为他们的成功归功于课程具挑战性的任务及其有系统的组织和设计。最后20%的学生觉得他们的成功是由于同学们的帮助,他们很团结地一起学习,互相推动,一起进步。本课程无疑带给学生很大的挑战,而这样的挑战是鼓励学生把中文学好的良性原动力。有效的课程设计和教学方法是课程的硬件部分;学生众志成城、凝聚心力、向自我极限挑战,是课程的软件部分。

二、教师自我回顾

了解学生的调查结果之后,以下探讨教师自我反思与反馈的部分。笔者回顾书中描述的二年级教学模式及教学过程,深信以下几点是构成提高中文水平的决定性因素。

(一) 教师的教学热忱和精益求精的态度

教学热忱是教学成功的起点,教师表现出极高的教学热忱,必能带动学生发挥最大的潜能。若希望学生保持浓厚的学习热情,教师得先提高自身的教学和研究意识。有了热忱,自然能不断摸索、突破,找寻教学盲点,精益求精,提高教学质量。动机和热忱颇具感染力,虽然无形无体,可是影响甚大。

笔者回顾自己在整个追求探索的过程中,深深感受到所作的努力不仅挑战了自己专业和心理方面的极限,同时也挑战了学生的最大潜能与极限。教学是一个充满变化和惊喜的过程,时常有意想不到的收获,也避免不了尝试挫败。无论如何,教师乐观的态度总是教学最大的原动力,笔者始终秉持着"学生一定行"的坚定信念,只要"用心""多用心",没有学生学不会的道理。笔者上课之前经常有所期待,若教学进行顺利,课后必雀跃欣喜;若进行不顺利,未能达到预期效果及目标,则必定根据每日评量和平常的观察,在适当时机进行补救教学以达到预期效果。语言的教学重在每日的努力和积累,有如盖房,地基必须稳固,否则随时可能会倒塌。所以,追踪观察、弥补教学、试验考核、分析成果,一直都是一个不断循环、始而复现的过程。笔者认为,教师对学生坚定的信心、高度的期许以及对教学的执著与信念,很可能在不知不觉当中,在课堂教学进行或者课后与学生进行一对一的辅导时,通过对学生的鼓励和赞扬得到了升华和体现。

严格的纪律和要求,加上对学生的关心和爱心,也间接帮助学生培养良好的学习习惯和态度。教师对学生的要求必须清楚、明确、公平、一致,宁可先严后松,也不先松后严。学生非常了解笔者对教学品质和学习成果的要求,也深知笔者对他们的期望和设定的标准,有关班级行为管理和例行活动作业等,皆在解释课程表和班级规定时说得非常清楚,彻底执行。若少数学生不能履行,必要时则提醒学生,让学生了解教师非常在乎他们的学习和进步。无论是在美国教学的环境还是中国的教学环境,教师身教与言教对学生的影响力都同等重要。

(二) 学生浓厚的学习兴趣与自觉

教师、课程、学生,是决定教学成功与否的三大环节。一套完整有效的课程,必须加上教师与学生的最佳交流互动,才能展现课程的优质和实践。弗吉尼亚大学的学生,不但资质优秀,而且认真自觉,态度严谨,愿意接受挑战。直至目前为止,其大学排名仍然遥遥领先,为位居全美第一或第二的公立大学。学生学习兴趣浓,潜力无穷,只要教师引导得宜,严格的课程要求必能落实,这是中文教学目标实现的极大助因之一。

全班 20 位学生在修完二年级中文课程之后,续修三年级中文课程的学生有 16 位,比例是 80%,其中 2 位毕业离校,另外 2 位学生在学习方面有某些语言学习障碍,未能继续学习。这个高比例的续学率显示学生学习动机和兴趣皆受到良好的启发和启蒙,虽然课程要求严格,学生继续接受中文语言文化熏陶和训练的意愿仍然相当高,这对整个中文项目的发展都有非常积极的作用和意义。

(三) "预习、学习、复习"三阶段的紧密连接

学生学习的成效,有赖于课前预习与课后复习两部分的紧密配合。学生上课时有备而来,上起课来事半功倍;否则,光靠老师努力地在课堂里唱独角戏,学生不作好课前准备,学习效果仍然相当有限。在课前预习、课后练习、课后复习的安排方面,节奏必须紧凑,环环相扣,其整体设计流程应充分考虑听、说、读、写四种技能的先后顺序及平衡发展,以下就

预习、练习、复习的紧密关系,作更详细的分析与说明。

1. 在课前预习方面

学生正式学习每一课新课以前,一定得预习生词、语法、课文,练习写汉字、听录音。这是每周星期一和星期二例行的准备工作。学生刚开始适应时可能不得要领,准备一次听写所花时间从半个小时到两三个小时不等。不过,一旦养成好习惯,领悟到学习的窍门,一般一次花半个小时至一个小时的时间,就能完成星期一和星期二的预习工作。星期一和星期二的听写考试另外计分,不包含在平时表现的分数内,而星期三和星期四的课堂表现,则算在平时表现的分数内。星期三上课以前,学生得先预习语法讲义内容;星期四上课以前,学生也得先预习口语讲义内容。这两天虽然没有硬性规定学生一定得预习,一般也没有课堂纸笔测验,可是由于每天课堂上的表现多半得仰赖课前的准备,所以大部分学生仍然会根据老师的要求,先看完讲义、作好准备,再来上课。尤其是星期四的口语活动,有时候学生得先完成小组讨论,然后再于课堂时间报告讨论结果,在这种情况之下,预习的准备工作更是必不可少了。

课堂听写一般采用三种考法:第一是整句听写,第二是整段听写,第三是听写填空。

(1) 整句听写

以下是第 7 课以"男朋友"为主题的听写练习,教师依据课文,选取听写重点,包括词汇和语法。

1. 性格开朗,脾气急躁,心情不好。
2. 在兴趣上,球迷跟乐迷不一样。
3. 球迷看体育节目,乐迷听摇滚乐和古典音乐。

(2) 整段听写

以下是第 13 课以"谈体育"为主题的听写练习,教师依据课文,选取听写重点,以下是连接几个句子而成的一个连贯的段落。

每当中国运动员在世界运动会上取得好成绩,打破了世界纪录时，中国人就为此感到骄傲和光荣，上街庆祝。其实，人们之所以参加体育运动，是因为运动有助于身体健康，实在没有必要上街庆祝。

① 重要词汇和短语

    其实

    取得好成绩

    打破世界纪录

    上街庆祝

    实在

    没有必要

② 重要语法结构

    每当……时，……就……

    ……之所以……，是因为……

    ……为……感到骄傲和光荣

    ……有助于……

③ 听写填空

若时间有限或听写内容过长，包括不少以前学过的词汇与内容，则可考虑听写填空，填空的部分即是当课强调重点。

    1. 开学已经两个多月了，我（　　　　）。

    2. 住在我隔壁的人在（　　　）或者（　　　），（　　　　）。

    3. 自从大学（　　）开始以后，我每天都看球赛，常常（　　）得（　　　）。

    4. 这样下去，学习非（　　　）不可。

听写全文：

    1. 开学已经两个多月了，我一直租房子。

    2. 住在我隔壁的人在走廊大声地打招呼或者开玩笑，吵得我睡不好觉。

    3. 自从大学篮球比赛开始以后，我每天都看球赛，常常激动得大喊大叫。

4. 这样下去，学习非受影响不可。

听写结束以后，再针对听写内容，进行沟通交流及讨论，此阶段的讨论，是新课前10分钟的教学，其练习的目的如下：
① 训练学生会听、会写汉字的能力；
② 教师示范发音，要求发音标准、声调正确；
③ 帮助学生掌握重要关键词及句型；
④ 运用简单词语及句型，做基本问答练习。

针对以上第一种句子听写方式，教师提出以下几个问题，确定学生的理解能力。这样的简短讨论，时间不必太长，也不必做延伸扩展式的沟通练习。

1. 我们可以说，一个人的性格怎么样？
2. 我们还可以说，一个人的脾气怎么样？
3. 球迷喜欢做什么？
4. 乐迷喜欢做什么？
5. 球迷跟乐迷有什么不同的兴趣？
6. 我们可以说，在兴趣上，球迷跟乐迷怎么样？

2. 在上课流程进度方面

每一周教新课时，一定要用两天时间将课文中所有生词、语法结构、内容大意，在有意义的语境中作自然的交流和沟通，师生互动和学生之间互动的两种方式频繁交替使用，创造有利于中文听说的学习环境。课文全部教完以后，利用星期三的时间让学生将星期一和星期二所学内容，特别是语法结构，在适当的语境中以问答方式进行小组讨论，完成特定的语言功能任务。让学生再一次练习用这些词语和句型，作有意义的沟通，练习表达他们的想法和意见。接着，是第四天的口语练习活动，再一次巩固并强化学生学习的效果，作综合重整的复习。为了增强学习兴趣，星期四的口语活动，大部分都是针对两人或者小组设计的活动，其活动形式与前三天的不会重复，且具有创意，模拟真实沟通的语境，培养学生在真实情境中所需之沟通交流的能力。

3. 在课后练习与复习方面

除了课前预习和上课学习以外，课后练习也是关键所在。学生于星期一和星期二学完全课内容以后，必须马上练习听力，在星期三上课以前，检验自己在听力方面的理解诠释的能力，其中包括课文内容的听力理解和课文内容以外加深加广的听力理解。如此，做完听力练习作业，也就同时完成课文听力的复习，并有机会练习与课文主题相关的听力理解。星期四以前，学生亦得消化所有语法重点，以便完成语法功课，加强读写方面的练习。最后，在结束新课以前，还有最后一项听、说、读、写的综合练习，也就是学生访问中文志愿者之后，根据访问交谈内容，写成一篇作品。与中文志愿者交谈，应用到听说的技能；写作的时候，应用到写的技能；作品完成以后，得请中文志愿者过目，给予反馈与建议，然后再将稿子重新整理一次，于是又应用到听、说、读、写四种综合能力。

其实，这样的课后练习也兼具课后复习的功效，配合课前预习和上课流程，构成理想的进度流程设计。

(四) "再循环与再回归"的螺旋式教学设计

以上"预习、学习、复习"三阶段的整合接轨，进度适当，由易至难，由小至大，由打好基础至灵活运用，融合听、说、读、写四种语言技能的特点，作单项及多项整合性的教学流程安排。并且教师根据每日经常性评量及每周经常性评量，决定复习周期间循环回归教学的内容重点，其细项如下：

- 生词和语法的循环回归
- 语言功能的循环回归
- 主题延伸扩展的循环回归

在课程表的设计上，笔者经常发现不少教师忽略了教学内容循环回归的重要性，而未能在课程表上列出复习单元的明确进度，于是课程表所呈现出来的理念是"方块式"(block by block) 的课程连接，而不是"螺旋式"(spiral) 的课程整合。方块式的课程连接，顾名思义，仅仅是将每课连接起来，一课上完以后，接着上下一课，其代表意义仅仅是在时间上的连接而已。螺旋式的课程整合大有不同，其基本精神不但有时间上连接的实质意义，更有语言结构功能和内容主题的再连接、再教学、再复习、再重整、再彻底内在化的多层、深层意义。循环回归的理念和贯彻落实，绝对需要明显化、透明化，清清楚楚地列在课程表上，才能显示出循环回归在课程实施方面的具体意义。

循环回归的重点不仅在于生词、语法，而且也必须包括语言功能和主题延伸扩展，以下仅举例说明。

1. 生词和语法的循环回归

学生上中文 201 的第 6 周期间，学了"这就要看……"(It depends on ...) 的句型，运用得很好，一般学生都能在有意义的沟通情境当中，运用此句型表达自己的想法。例如：

中国菜健不健康，这就要看你会不会点菜了。
中国菜健不健康，这就要看你知不知道怎么点菜了。
我明年去哪儿旅行，这就要看我有没有钱。

与以上句型类似的一种表达方式，是当说话者欲表达某种不确定情况，而必须将假设子句置于句子中间时，仍然得用这种肯定与否定结合的结构，正确句型如下：

我不知道明天是不是会下雨。
我还不能决定明年要不要上研究所。

这样的句型，虽然不是教学的重点句型，可是其使用频率亦相当高，学生在自然交流沟通时常犯错误，主要原因是受一年级所学的基本假设语气的影响，譬如"如果明天下雨，我就不出去玩了"这样的句型，而说出以下不正确的句型：

我不知道如果（要是）明天会下雨。

我还不能决定如果（要是）明年要上研究所。

老师注意到学生常犯错误句型后，一定得进行纠正练习。笔者利用复习周时间，以"这就要看……"句型为基础，让学生学会如何正确表达以上不确定情况。学生复习学过的句型，通过沟通式的练习巩固所学知识，彻底改正常犯错误。

除此之外，再举一个二年级中文班学生常犯的错误，作为生词和语法循环回归的说明。

中文201最后一课的主题是"电视和电影的影响"，学生学到"……对……负责"句型时，笔者也补充了"……对……有兴趣"的同类句型。而英文的"be responsible"和"be interested in"与中文的词序和结构正好颠倒，若用中文来说，正确句型如下：

我父母对我的教育负责。（……对……负责）

我对历史有兴趣。（……对……有兴趣）

可是，学生在初学应用阶段，往往受英文词序和结构的影响，产生以下常见错误：

我父母负责我的教育。

历史对我有兴趣/有意思。

其实，第一个句子"我父母负责我的教育"这句话，不能严格算错，不少中国人也可能有此说法，可是，从学习目标达成的角度衡量，由于没有达成句型学习的目的，对此句型尚未产生内化的熟悉度，所以在学期将结束时的期末考复习周，再次进行循环回归教学，使其达到内化效果。第二个句子的错误结构则非常明显，许多美国学生犯此错误，由于这个句型是常用句型，使用频率极高，故必须进行循环回归教学，再次巩固所学知识，达到语言使用内化的层次。

欲防止再犯错误，唯有通过反复练习，使其再循环、再回归，在有意义的沟通情境中，辅导学生运用此句型，清楚且正确地表达自己的意思。

语法在有意义的沟通情境当中的运用，绝对是需要多次循环回归的强化作用的。

2. 语言功能的循环回归

语言功能必须通过语言定式结构完成，OPI 列出各个等级应该囊括的语言功能，兹以"陈述意见、列举说明或解释"的功能为例。中文 201 的教材，有一个跟"买衣服"有关的主题单元，第 4 课课文中有一个例子，列举说明买衣服的标准，一共有两个标准，主题句和列举标准如下：

我买衣服的标准，第一是穿着舒服，第二是物美价廉，是什么牌子的，我不在乎。穿衣服是为了自己，不是为了给别人看。

笔者将以上结构稍加修改，成为一个比较常用的表达结构和模式，示范如下：

主题句：我买衣服有三个标准。
列举第一个标准：第一个标准是……（说明解释，并陈述支持论点）
列举第二个标准：第二个标准是……（说明解释，并陈述支持论点）
列举第三个标准：第三个标准是……（说明解释，并陈述支持论点）

学生依循这个表达模式和结构，大部分都能很顺畅地说出自己买衣服的标准和支持的论点，而且，表达内容的长度都超过课文中的例句。以下是一位学生所说的内容：

我买衣服有三个标准。第一个标准是价钱不贵，我喜欢买物美价廉的衣服，因为我是学生，没有工作，没有很多钱，所以，得买便宜一点的衣服。第二个标准是好看，我觉得一个人的外表很重要，所以，我非常注意我穿的衣服，我觉得穿好看的衣服，给人的第一印象会很好。第三个标准是不一定买名牌的衣服，名牌的衣服都很贵，我不常买，如果我买名牌的衣服，只在减价的时候买，我觉得不是名牌的衣服，质量和样子也很不错。

以上的内容，不仅非常优秀的学生能表达出来，中等程度的学生也能侃侃而谈，这是老师对学生的要求。只要老师要求严格，标准明确，掌握教学要领，让学生有清楚的模式可循，那么学生不但能达到老师的期望，而且会学得很有成就感。

在上完第4课以后，老师于复习周期间，再巩固原有练习基础，帮助学生准备大考——也就是除了每日小考及周考以外的以两课为单位的复习考。这样的表达结构于第7课教学之际，又再循环回归一次，应用于不同的主题。这次的主题是"交男女朋友"。这种说明列举的表达结构，是迈入高级程度的必学结构，使用频率高、非常有用，非学好不可。虽然没出现在第7课的课文中，可是，应用此表达结构陈述说明自己交异性朋友的标准，最恰当不过了。于是，笔者要求学生应用在口语表达和书写作文上，效果极佳。

以下是一位学生口头描述她交男朋友的标准：

> 我交男朋友有三个标准。第一个标准是他得很聪明，很有能力。我喜欢又聪明又有能力的男孩子，又聪明又有能力的男孩子，将来可能找很好的工作，赚很多钱，可以跟我讨论很多事情，我可以告诉他我很多的想法。第二个标准是他得是一个基督徒，我是一个基督徒，信仰耶稣，我星期天去教堂，所以他一定跟我一样，喜欢跟我去教堂唱圣歌、读圣经。第三个标准是，我们得有一样的兴趣，比如说，他得喜欢旅行，因为我非常喜欢旅行，我去过十几个国家，有很多照片，我觉得旅行非常有意思，让我很高兴，心情很好。还有，他得是一个书迷，因为我以后想当作家、写小说，如果他不喜欢看书，他就不会喜欢看我写的书，也不能让我高兴。

以上这段话，与第4课表达内容相比，显得长多了，思想也丰富多了，学生温故知新，运用第4课学过的表达结构，不但增加了运用相同表达结构的机会，而且也增加了流利度和自信心。语言功能循环回归对学生学习语言的好处，实在是不胜枚举。

3. 主题延伸扩展的循环回归

在二年级中文课程里，一般并不强调比较分析的功能，虽然在接近中文 202 结束时,从第 14 课开始,隐隐约约地谈论了一点中美家庭的异同,可是,比较的功能并不明显,得依靠老师借题发挥,引导学生运用比较分析结构,以表达对两件事物和两种制度的意见等。在第 17 课中,也讨论了中美教育的异同,可是,并没有将比较分析的功能结构列为主要教学重点。由于 OPI 对笔者的教学理念和教学实践产生了莫大的影响,所以在进行适当的主题讨论时,皆加入了比较分析功能,扩展原有主题的讨论范围。其实,比较结构一点都不复杂,主要还是在内容思想的层次上,而非语言组织结构上。以下是笔者引导学生学习比较分析功能时所给的例子,主题句和差异比较内容都是由笔者提供给学生的,引导他们进行讨论,分析两种家庭的相同和不同之处。例如:

中国家庭和美国家庭在以下三个方面有一些明显的差异(不相同的地方):

第一,中国家庭有三代同堂的传统,而美国家庭一般都是小家庭,没有三代同堂的现象。(老师补充中国文化背景知识,让学生了解三代同堂的意义和传统。)

第二,中国家庭一般一个家庭只有一个孩子,而美国家庭可以有很多孩子,想生几个就生几个。(老师补充中国独生子女政策的历史文化背景,让学生了解中国一家一个孩子的优点和缺点。)

第三,在家庭教育方面,中国父母比较严,要求比较高;反过来说,美国父母比较不严,要求没有中国父母那么高。(老师补充中国父母家庭教育观。)

为了加深学生对以上主题的了解,老师指定了课外补充阅读学习材料;另外,也设计一些引导问题,请学生访问中文志愿者,听听他们的实际经验、现身说法以及中国人不同的观点。其实,原本第 14 课的内容主要在介绍中国家庭关系和中国父母对孩子教育专业选择的想法,实际教学时,可借此扩展延伸主题,横向、纵向讨论相关主题,如同以上补充的几个中心思想,包括三代同堂的传统和观念,独生子女政策及其影响,以及中国父母和美国父母的家庭教育价值观等,都是非常恰当的讨论范围,既有思想内容方面的讨论，又有词汇、句型方面加深加广的学习，这种有关社会、教育、文化等正式主题的讨论，已经将学生带入高级语言水平的境界了。

总而言之，无论是生词和语法循环回归，还是功能及主题延伸扩展的循环回归，都应符合螺旋式教学的中心思想，其应掌握的原则如下：

1) 今天的教学建立在昨天教学的基础上；
2) 每周最后一天的教学建立在前几天教学的基础上；
3) 每次大考复习单元皆建立在前几个主题单元的基础上；
4) 期末考复习单元建立在其他所有主题单元的基础上。

教师必须确切掌握以上原则，落实于平常教学实践当中，发挥螺旋式教学的全方位功能。

(五) 营造中文听说浸泡式的学习环境

中文听说浸泡式的学习环境对学生听说能力培养的实效已经是不须争论的事实了。欲营造如此的学习环境，教师得有意识地留意自己所说的话，注意是否过于超出学生理解范围。没经验的老师，可能因为不熟悉学生的基础背景而无法掌握得恰到好处，只要借助于经验的累积和不断的观察与努力，必能渐入佳境；而对有经验的老师来说，只要目标明确、理念坚定，绝对可行。学习二年级中文的学生毕竟所学有限，老师得运用一些有效教学策略，协助学生适应从听不懂到听得懂的必经过程。以下提出几个过渡时期使用的有效策略，供老师参考：

(1) 学生必须了解，不能完全听懂老师上课所说的中文，是正常的事情

这样的心理建设，特别是在中文 201 刚开始的第一个月尤其重要。由于经过了一个长达三个多月的漫长暑假，学生忘了不少，可能需要一段时间适应全中文的语境，更何况老师尽量以正常语速说中文，不特意放慢速度，学生可能会因此缺乏信心。在这段过渡时期，老师绝对要坚持营造全中文语境原则，鼓励学生努力学习，千万不可轻易妥协，老师在过渡时期的坚持，绝对能帮助学生在最短时间内进入佳境，建立正确的学习观念和态度，了解这种语言过渡时期的现象。以上是笔者和学生共同的经验和建

议，他们曾经私下向老师表达听不懂中文的挫败感，可是开学一两个月以后他们适应得非常好，深深体会到老师的用意。其实，任何阶段的外语学习，都免不了需要面对诸如此类的过渡时期，这是考验信心和信念的关键时刻，成功的硕果总是留给锲而不舍、坚持到底的有心人。笔者在中文 201 第一天上课讲解课程表的时候，说的几乎全部都是英文；可是，中文 202 第一天上课的时候，连自己也感到惊讶，竟然几乎 80%的课堂时间，用中文讲解课程表和班级规定事宜，而没有任何学生反映听不懂，学生语言能力的快速提高让人感到相当欣慰。

(2) 学生将注意力集中在大意和主旨上，不必逐字逐句地听

老师需要帮助学生学习有效的听力技巧，陪他们度过开学后的适应期，而不丧失信心和学习兴趣。在过渡时期，老师应该鼓励学生，不必逐字逐句地听，只要听懂主旨大意即可，必要时，老师再重复说过的话或辅以板书，在黑板上用中文写下重点字词，提高学生理解程度。鼓励学生，若上课听不太懂，请他们下课以后问同学，或者到办公室找老师帮忙。

(3) 学生需要了解，不自然的语速对听力提高的助益有限，自然的语速最能反映日常交流的真实性

老师逐字逐句慢慢地说，学生听懂的比例可能就增高了。可是，由于不是自然的语速，不能反映真实的交流语境，对长期学习来说，非但没有助益，反而是有坏处的。在此前提之下，老师必须熟悉学生学过和没学过的词汇、语句、主题，以学过的内容为基础，尽量不超过学生学过的范围太多。老师在课堂上使用的中文，不能过于超出学生能力范围，应尽量在学生能理解的范围之内，增加一点挑战和难度。教师必须通过经验法则，适当掌握、拿捏尺寸，界定适当的挑战和难度的范围。

(4) 教师辅以手势、面部表情和肢体语言，帮助学生理解

老师的手势、面部表情和肢体语言是最好的辅助语言，不但可以使上课变得更有趣，也能很有技巧地帮助学生解决过渡时期信心不足的问题。老师与其放慢语速，不如充分发挥肢体语言和面部表情的魅力，激发学生学习的兴趣，使课堂始终维持全中文的语境。

(5) 学生必须学习沟通策略,有助于沟通信息的取得与理解

当学生对老师说的内容产生困惑和无法理解时,学生应该懂得使用沟通策略,如澄清语义、确认理解、寻求协助等。这种沟通策略的使用,在学生语义协商过程当中起了很大的作用,也最能真实地反映日常沟通语境出现的即时之需。有关沟通策略的说明,请见以下章节沟通式教学法的讨论。

(6) 全班学生达成共识,履行语言誓约规定

语言誓约所代表的意义是一种向心力、约束力和凝聚力。中文201开学一两个星期以后,老师向全班同学解说语言誓约的重要性,与同学讨论如何在每次上课时切实履行。开始实施语言誓约的几天之内,老师必须随时提醒学生,注意学生履行语言誓约的进展,最好利用上课前几分钟时间,早一点到教室,在教室门外听一下,注意全班学生是否一进教室就只说中文而不说英文。若听到学生说英文,则马上指正,记录下来,给予警告,提醒学生累记次数;对于只说中文的学生,应该公开表扬,适时赞扬,给予奖励。以下是语言誓约英文原文,英文原文之后,附有中文翻译。

LANGUAGE PLEDGE

I, the undersigned, understand that in order to help maintain an ideal immersion language environment, all students must agree to speak only Mandarin Chinese for the duration of the program. I understand that the pledge takes effect immediately following the first day of instruction and that it remains in effect until the last day of the instruction.

I understand that I should make all possible effort and try all my might to use Mandarin Chinese as the only acceptable communication means in class. I further understand that I might encounter some difficulty in expressing technical or professional terms in Chinese, and that it is only under such circumstances that I will be permitted to speak English occasionally. Even so, I hereby agree to try to speak in Mandarin Chinese insofar as it is possible.

I further understand that any violation of the pledge may bring serious consequences, and that any such violation is harmful in itself insofar as it:

1. deprives my peers of opportunities to practice communicating in Chinese,
2. disrespects my peers' rights to listen to and speak Chinese,
3. hinders my own and my peers' progress towards the acquisition of the Chinese language.

Therefore, I, the undersigned, here by pledge, in accordance with the above, to speak only Mandarin Chinese for the duration of the program.

_____   _____

(Print your name and add signature)   (Date)

  我，于下方签名者，了解为了维持一个理想的语言浸泡环境，所有的学生都当同意在课程进行中只说中文。我也了解这项语言誓约从课程的第一天开始就立即生效，并且将持续至课程进行的最后一天。

  我了解我应当倾全力，在课堂上只使用中文，以中文作为唯一许可的沟通方式。我也了解我有时会遇到无法用中文来表达专门术语的情况，而这也是我唯一可以使用英文的特殊情况。即便如此，我仍同意在能力范围内只说中文。

  我也了解违背这项誓约会导致严重的后果，并且任何违约的举动都在以下几方面有其弊害：

  1. 我的同侪练习使用中文沟通的机会；
  2. 尊重我的同侪听、说中文的权利；
  3. 自身及同侪在中文习得上的进步。

  因此，我，于下方签名者，在此承诺，按照上述条文，在课程进行中只说中文。

_____   _____

（姓名和签名）   （日期）

(六) 中文志愿者的积极参与与义务帮忙

中文志愿者每周的积极参与和义务帮忙，真是弗吉尼亚大学中文班学生的福气。笔者于开学前的暑假期间，开始与在弗吉尼亚大学就读的中国大陆研究生联络，收集名单，并通过学校单位协助，利用电子邮件公布此项中文义务活动，招募志愿者。这是一个有组织、有承诺、有责任感的志愿团队，志愿参加者必须每周与美国学生见面，接受采访，帮助他们顺利完成作业和任务。执行结果效果显著。因为教师随时追踪观察、提供协助，若偶尔有中文志愿者临时有事，不能如期见面，或者偶尔不方便见面，可以电话访问代替。另外，教师也会另行安排一位中文志愿者与学生见面，或者让学生访问任课教师。许多美国学生和中文志愿者在学期结束时，都成了非常好的朋友，日后经常保持联络。

课堂教学时间非常有限，每天都得与时间赛跑，课后为学生提供在真实语境中实际练习中文的经验，实在有其必要。学生与志愿者见面，听、说、读、写四种技能都练习到了。首先，根据教师提供的引导问题访问志愿者，这样的活动包含听和说的双向交流沟通。其次，学生根据访问内容写一篇作文，先读访问摘要整理思绪，再书写表达，是读和写的双向表达演示的沟通活动。最后，再让中文志愿者阅读所写的采访内容，看看是否能准确无误地表达他们所说的内容，若符合事实，再由中文志愿者帮忙指正。这样的讨论过程，听、说、读、写都有：中文志愿者阅读文章，给予意见，互相讨论，有听有说；然后美国学生做笔记，修改文章，有读也有写，是四种语言技能的交叉混合使用。

以下仅以中文201开学以后所上的第2课为例，学生于开学时，就拿到每一课的口语讲义，讲义上列出学生必须回答的问题，固定在星期四以沟通式的小组讨论方式进行，学生可以事先作准备。继星期四口语练习整合活动以后，学生得根据星期四讨论内容，马上准备星期五的口语评量。学生在记忆犹新的时候，趁热打铁，又与中文志愿者见面，以同样的问题访问他们相关的主题，然后写成一篇描述中文志愿者的文章，完成教师指定任务。教师很清楚地告诉学生：口语讲义上的问题仅具引导作用，学生访问时，亦可针对个人需要，酌情增加其他内容和话题；文章思路的表达顺序，不一定依照口语讲义上的提问顺序，须根据中文志愿者回答内容来整理，写成一篇连贯通顺的文章。

第 2 课《宿舍》口语讲义引导问题

1. 你住的地方大不大？安不安静？吵不吵？
2. 你现在对学校熟不熟悉？
3. 你是从哪儿来的？
4. 你的房间里有哪些家具？请用 existential sentences 说一说，至少六个句子。
5. 你的房间有没有空调？
6. 你的书桌上摆着什么东西？
7. 教室离这儿走路（坐校车）差不多要多久？
8. 这儿洗衣服（买东西）方不方便？
9. 学校餐厅的饭怎么样？
10. 大学附近中国餐馆做的菜地不地道？
11. 你今天有没有胃口？你今天怎么没有胃口吃饭？
12. 你喜欢什么样的房间？

以下是学生根据口语讲义，访问中文志愿者之后所写的一篇文章：

徐红住的地方不大，是一室一厅。住的地方里有一间客厅、一间卧室、一间厨房、一间厕所，另外，还有一个阳台。她住的地方很安静，一点儿也不吵。她客厅里有一张双人沙发，沙发前面摆着一个茶几，旁边是一个书架，架上放着很多书，还有一些地图。这些地图包括一本美国地图和一些州地图。书架的旁边摆着一张大桌子，他们用这张桌子吃饭或者读书、看报。客厅的书桌上摆着一盏台灯和一个地球仪。徐红比较喜欢学地理，她的房间里有空调，她觉得这儿洗衣服非常方便，因为洗衣房就在地下室。

徐红是从四川省来的，是在中国的西南地区。现在她对学校比较熟悉。

徐红今天有胃口，有时候在学校餐厅吃饭，有时候在家里吃饭，还有有的时候带饭来吃。她觉得学校的饭不太好吃。Charlottesville 附近中国餐馆的饭也不太地道，她喜欢吃辣的食物，因为她的家乡天气比较潮湿，而吃辣的食物可以帮助出汗。

学生很明显地配合访问内容和沟通目的，自学了如下一些生词和词组：

阳台	州	一盏台灯
地球仪	地理	大陆
地区	出汗	

这篇文章并不一定是全班最好的文章，但极具代表性，故附录于此，用来举例说明学生与中文志愿者见面后，借助他们的真实语感与及时协助，写下的采访内容。对一般只学完一年级中文课程的美国学生来说，能写出这样水平的文章，实属不易。其包括以上课堂未学过或提过的生词及词组，确实是学生应访问过程的需要，为了完成教师指定作业，而课后额外学习的。

就完成写作任务的流程来说，其实兼具多重功能和螺旋式设计之特色，仅将流程摘要如下：

1）课前准备口语练习；
2）课堂口语沟通练习；
3）课堂口语评量；
4）学生根据口语引导问题讲义，应用口语习得技能，访问中文志愿者；
5）访问结束后，学生根据访问内容写成一篇文章，请中文志愿者加以指导；
6）学生根据中文志愿者反馈，完成第二稿，交给老师。

由以上流程看出，一项单纯的写作练习，其实是完全建立在之前听说练习的扎实基础上，加上有一致性的口语评量考试发挥监督验收功能，学生听说的学习产生了效果，会描述自己的经验，介绍自己的情况，在访问中文志愿者时，又能熟练地问问题，写下别人的经验。在与中国人真实的交流情境中，将自身经验延伸至他人真实经验，扩大学习内容，延伸学习

第二章 教学成功模式
之探讨与分析

经验，并将这些学习经验，通过每课最后一项评量的写作方式，呈现为课堂内学习和课堂外学习的总成果，为每篇新课的基础教学画上暂时的句点，待复习周时，再对同一主题展开螺旋式的复习扩展和延伸。

为了有效辅导美国学生与中文志愿者的交流并监督学生完成任务，教师设计一张表格，每次见面时，中文志愿者得签名，并写下每次谈话内容、个人评语及需要改进之处，美国学生也得依据学校的荣誉制度签名。教师每隔几个星期随机抽查此表格，学期末时再作总检。其实，学生为了完成每周任务及作业，绝对得与中文志愿者见面讨论，而此表格发挥书面追踪作用，让教师能从另外一个层面了解学生与中文志愿者交流情况以及每周学习的盲点及进展。

以下是中文 201 即将结束时，教师邀请中文志愿者继续参与此项计划的信函，在英文版本之后，附有中文翻译。

November 14, 2003

Dear _____ ,

On behalf of all Intermediate Chinese learners, I am writing to express my sincerest gratitude for the tremendous efforts that you have made to help them improve their Mandarin Chinese in whatever form throughout this semester. I would like to take this opportunity to let you konw that has benefited from weekly meetings a lot and has surprisingly made great progress in oral performance and writing. We are all most appreciative of your time commitment this semester and feel fortunate to have you join this endeavor.

The last week of the meeting will be the week of November 17, the week before the week of Thanksgiving. To help continue the Chinese Language Volunteer Program, I would like you to let us know if you are able to continue to serve as a volunteer in the spring semester, 2004. Please complete the following form, detach it, and give it to your partner. Your continued help is deeply appreciated.

We all hope that you enjoy the rest of the semester. Also, Happy Thanksgiving! We are all looking forward to seeing you again next semester.

Sincerely,
Tseng laoshi

---------- PLEASE DETACH HERE AND GIVE IT TO YOUR FRIEND ----------

My English name：   Chinese name：

Major：   Degree you pursue (Ph. D or Master's)：

E-mail：

Telephone：_____(Office) _____(Home)

Please circle your answers：

1. Would you like to continue your voluntary service next semester?

    A. Yes, I'd like to. (Go on to the next question.)

    B. Sorry, I can't continue my voluntary service. (Stop here.)

2. Would you like to continue helping _____ next semester?

    A. Yes, I'd like to.

    B. No, I'd prefer another student. (Please write down your requirements for sex, major, hobbies, etc. of the student.)

_____   _____

(Print your name and add signature)   (Date)

2003年11月14日

亲爱的_____同学：

学期即将结束，我谨代表二年级中文班全班同学，对您这学期以来提供的所有帮忙和努力，表达最诚挚的谢意。我的学生每周与您见面，受益良多，在说和写方面，进步显著惊人。我和我的学生希望借此机会，让您了解，我们对您这学期所作的奉献十分感激，也万分庆幸。

11月17日那一周，也就是感恩节之前的一周，是最后一周见面的时间，若您愿意继续参加中文志愿者计划，请您让我们知道，麻烦您填好以下表格,将表格撕下,交给与您见面的同学。我们非常感谢您的帮忙,希望您期末愉快,也祝您感恩节快乐,我们期待下学期与您再见面。

曾老师敬上

请将下条撕下,交给您的朋友
_____

我的英文姓名:　　　　　　　中文姓名:
专业:　　　　　　　　　　　就读学位(博士/硕士):
电子邮件地址:
电话:_____(办公室)_____(家里)

请圈选:
   1. 下学期您是否愿意继续志愿服务?
      A. 非常愿意(请继续填写)
      B. 不能继续志愿服务(请就此停止)
   2. 下学期您是否愿意继续与____见面,提供协助?
      A. 非常愿意
      B. 希望与另一位同学见面,提供协助(请列出您对性别、专业、爱好等方面的要求)

_____　　　　　_____
　　(姓名和签名)　　　　　　　　　　　　　(日期)

(七)教学、评量两者一致并紧密结合

评量是检验教学成果和学习成果所不可或缺的一项要素,是手段,亦是目的。每日、每周或期中考之类的平时经常性的评量(formative assessment),属于手段式评量,主要用意是检验学生在学习过程中是否能充分掌握每个单元应该掌握的语法结构和语言功能,达到预期的沟通交流目的,并应用在实际的语境中。根据评量结果,教师可得知每个学生学习的进度及改进的空间,有利于日后的长期追踪辅导,更重要的是,能帮助教师进行有效的诊断和补救教学,随时修正教学内容和重点,针对学生最新

的学习情况，制定教学方案并设计教学活动。整个课程结束时所作的期终考试评量，则是属于目的式的评量，主要用意是在检验学生学习一学期之后的总成果，是全面综合性的总评量（summative assessment）。平时经常性的评量与全面综合性的评量，两者缺一不可。全面综合性的总评量需要以平时经常性评量为依据，为平时经常性评量的延伸及总结，起"面"的作用，而平时经常性评量是全面综合性评量的基础，起"点线"的作用，将点线连接起来，就构成面，成为学期结束时的总评量。

无论是平时经常性的评量还是全面综合性的评量，皆与教学密不可分。由于教学重点是培养学生能做什么、说什么，以及能说得好、做得好的沟通交流实力，评量的重点也以此为中心指导原则，反映教学的内容、教学的方式和教学的活动设计。有一个观念必须纠正，评量的重点不在测量学生对于所学的语言知道多少、懂得多少，而是学生是否能恰当地使用语言，达到交际目的。在此中文课程里，教学最重要的目标之一，是培养学生能在适当的场合，在适当的时间，对适当的人，用适当的表达方式，说适当的话，达到预期的沟通目的。懂语言并保证能适当地使用语言，这也是评量的手段和目的，与教学内容和活动方式具一致性。简单地说，就是教什么考什么，上课所强调的重点即是评量所强调的重点，教学活动欲达成的特定沟通目的，也就是评量所应囊括的特定沟通目的。以此推理，若学生能掌握上课所学内容，也就能顺利通过评量，从容应付。评量考试的目的不是要考倒学生。

在评量标准方面，应兼具透明化及公平性的原则。教师应归纳学习重点，在评量之前清楚地告诉学生准备方向、范围和题型，包括评分标准、给分及扣分细节，而不应模棱两可，让学生自我摸索、猜测重点、摸不着方向。教师应事前准备，以有效率、有组织、有系统的方式，引导学生准备，宁可事前多花时间，设身处地从学生角度思考，也不要事后费力弥补，避免学生怨声载道或对学习丧失信心。

以下针对教学与评量一致性的理念，提出具体说明。首先，以语法教学与评量为例，再以口语教学与评量为例，谈谈教学与评量的紧密结合。

1. 语法教学与评量

沟通式的教学法不强调教语法，而强调语用，也就是能适当地在真实语境当中使用语法。因此，课堂教学不谈论语法，将谈论语法的时间减至最低，尽量创造适当的教学语境，制造机会，让学生灵活地使用语法结构，表达自己的想法和意见。语法教学重点，不是要培养语法专家，而是培养会在实际情境中使用语法、达到某种沟通目的的学习者；否则，只懂语法而不会在实际情境中灵活运用，仍然不具备口语交际能力。

在本课程设计中，语法教学时常就地取材、随机教学，这样的教法不但省去教师制作教具的时间，将精力集中在内容架构上，而且融合学生的切身经验，教学效果亦十分显著，极符合实际情境的语言教学。

(1) 对比

例一：……没有……那么 + 形容词

① 以两个同学身高作对比

老师：小白高不高？

学生：不高。

老师：小王高不高？（老师指着一个比较高的同学）

学生：很高。

老师：好，"……没有……那么……"？

学生：小白没有小王那么高。

② 以住在学校的宿舍和校外的公寓作对比

老师：住在学校的宿舍方不方便？

学生：住在学校的宿舍很方便。

老师：住在校外的公寓方不方便？

学生：住在校外的公寓有时候不方便。

老师：为什么？

学生：因为得坐校车。每天等校车，得花一点时间。

老师：很好，所以，"……没有……那么……"可以怎么说？

学生：住在校外的公寓没有住在宿舍那么方便。

③ 以纽约和夏威夷的天气作对比

老师：纽约冬天的天气怎么样？

学生：纽约冬天的天气很冷，非常冷。

老师：夏威夷冬天的天气怎么样？

学生：夏威夷冬天的天气很热。

老师：好，所以，用"……没有……那么……"的句子可以怎么说？

学生：夏威夷冬天的天气没有纽约冬天的天气那么冷。

④ 以两个同学的外表作对比

老师：林修的头发长不长？

学生：林修的头发很长。

老师：李家成的头发呢？

学生：很短。

老师：好，"……没有……那么……"？

学生：李家成的头发没有林修的头发那么长。

以下比较式的语法结构亦可用以上的方式进行教学：

A 比 B + 形容词

A 不如 B + 形容词

A 跟 B（不）一样，……

例二：有的……，有的……

① 以同学们喜欢吃什么样的菜作对比

老　师：你喜欢吃中国菜吗？

学生1：喜欢。

老　师：喜欢吃辣的中国菜吗？

学生1：喜欢。

老　师：你呢？你喜欢吃很辣的中国菜还是不太辣的中国菜？

学生2：我喜欢吃不太辣的中国菜。

老　师：你也喜欢吃不太辣的中国菜吗？

学生3：对，我喜欢吃不太辣的中国菜。

老　师：所以，怎么说"有的……，有的……"？

学生4：有的同学喜欢吃很辣的中国菜，有的同学喜欢吃不太辣的中国菜。

② 以同学们在什么地方看书作对比

老　师：你常常在哪儿看书？

学生1：我常常在宿舍看书。

老　师：你呢？常常在哪儿看书？

学生2：我常常到图书馆看书。

老　师：很好，所以，可以怎么样说"有的……，有的……"？

学生3：有的同学喜欢在宿舍看书，有的同学喜欢到图书馆看书。

③ 以同学们买不买名牌的衣服作对比

老　师：你常常买名牌的衣服吗？

学生1：常常，我很喜欢穿名牌的衣服。

老　师：你呢？你常常买名牌的衣服吗？

学生2：不常，名牌的衣服太贵。我是大学生，没有很多钱。

老　师：好，还有谁喜欢穿名牌的衣服？

学　生：我。（好几个学生回答）

老　师：还有谁不常买名牌的衣服？

学　生：我。（好几个学生回答）

老　师：所以，"有的……，有的……"可以怎么说？

学生3：有的人喜欢买名牌的衣服，有的人不喜欢买名牌的衣服。

(2) 语义连锁

① 除了……以外，还/也……（包含两件事情或两者）

老　师：你平常喜欢做什么？

学生1：我喜欢看小说。

老　师：除了看小说以外，还喜欢做什么？

学生1：看电视。

老　师：好，说一说他喜欢做的事情，"除了……以外，还……"？

学生2：他平常除了喜欢看小说以外，还喜欢看电视。

老　师：你喜欢做什么运动？

学生3：游泳。

老　师：还有呢？

学生3：偶尔也打篮球。

老　师：好，他除了游泳以外，还喜欢做什么？

学生4：打篮球。

老　师：好，说整个句子。

学生4：他除了游泳以外，还喜欢打篮球。

老　师：谁昨天去听音乐会？

学生5：我室友。

老　师：昨天还有谁也去听音乐会？

学生5：我室友的男朋友。

老　师：所以，除了她室友以外，谁也去听音乐会？

学生6：除了她室友以外，她室友的男朋友也去听音乐会。

② 除了……以外，……都……（在"除了……以外"中，被提及的人、事物被排除在外）

老　师：你们都是学生。我呢？是不是学生？

学生1：不是，你是我们的老师。

老　师：所以，除了谁以外，你们大家都是学生？

学生1：除了老师以外，我们大家都是学生。

老　师：你们是学生，都得考试，对不对？

学生2：对。

老　师：可是，教室里，只有一个人不需要考试，是谁？

学生2：老师，老师不必考试，老师让学生考试。

老　师：是啊，所以，可以怎么说？

学生2：除了老师以外，我们都得考试。

老　师：谁会说俄文？

学生3：我学过。

老　师：其他人都没学过俄文吗？

学　生：（摇头）

老　师：所以，怎么说？

学生4：除了他以外，我们都没学过俄文，都不会说俄文。

③ 无论……，都……

老　师：你们觉得他穿的这件衬衫，样子合适不合适？

学生1：我觉得样子很合适。

老　师：价钱呢？你这件衬衫多少钱？

学生2：12块钱。

老　师：所以，他穿的衬衫，样子很合适，价钱也很合适。

　　　　那么，怎么说"无论……还……，都……"？

学生3：他穿的衬衫，无论是样子还是价钱，都很合适。

老　师：你在学中文吗？

学生4：是。

老　师：你也在学中文吗？

学生5：对。

老　师：你们呢？

学　生：我们也都在学中文。

老　师：所以，怎么说"无论……，都……"？

学生6：无论是谁，都在学中文。

老　师：你需要吃饭、睡觉吗？

学生7：需要。

老　师：好，你是哪国人？

学生7：美国人。

老　师：好，美国人需要吃饭、睡觉。你是哪国人？

学生8：中国人。

老　师：你需要吃饭、睡觉吗？

学生8：我需要吃饭、睡觉。

老　师：好，你是哪国人？

学生9：我是从日本来的，是日本人。

老　师：所以，怎么说"无论……，都……"的句子？

学生9：无论是哪国人，都需要吃饭、睡觉。

另外，还有以下延伸句型，也可采用以上方式，进行练习：

无论是什么时候，我都会想家。

无论坐飞机去哪儿，旅行社都能帮你订到最便宜的机票。

无论是什么事情，我都有兴趣。

(3) 一问一答

老　师：你今天想去哪家饭馆？

学生1：这就要看我的女朋友要去哪儿。她想去哪儿，我就去哪儿。

老　师：你今年夏天想去哪儿旅行？

学生2：我想去哪儿，就去哪儿，都可以。

老　师：去旅行以前，你得买机票。你想买哪家旅行社的机票？

学生2：哪家旅行社的机票便宜，就买哪家旅行社的机票。

老　师：旅行的时候，你打算跟谁去？

学生2：我想跟谁去旅行，就跟谁去旅行。我非常好相处，跟什么人去都可以。

"既然……就……"的句子，也可以用问答方式，引出以下主要句型。

老　师：我今年夏天想在中国找一个实习的机会，你觉得我应该怎么找比较好？

学生1：既然你今年夏天想在中国找一个实习的机会，你就应该先上网试试，找一些教英文的机会。

老　师：真糟糕，我的钱掉了，怎么办？

学生2：既然你的钱掉了，你就应该打电话告诉你父母，请他们再寄钱给你。

(4) 完成句子

老　师：如果明天下雨，你就怎么样？

学生1：如果明天下雨，我就在家看电视，不出去看电影。

老　师：如果你毕业以后很有钱，你就会怎么样？

学生2：如果我毕业以后很有钱，我就会住很大的房子，开BMW的车，常常出国旅行。

老　师：既然你想念医学院，你就得怎么样？

学生3：既然我想念医学院，我就得选一些生物学的课，有很好的成绩。

老　师：既然你想去中国工作，你就应该怎么样？

学生4：既然我想去中国工作，我就应该学好中文，找一个中国女朋友。

除了以上技巧之外，真实图片或者表格亦是非常有效的方法之一，教师应善加利用。在课堂里，语法的统整练习，除了分组活动以外，多半时间皆通过教师与学生之间的口语问答方式完成，完全符合真实情境中沟通交流的方式，同时又可以提高听说能力，一举两得。评量方式也与课堂练习的方式一致，凡期中考试和期末考试，皆采用问答方式，考核学生是否能灵活运用特定的语法结构，恰当地回答问题，请看以下中文202第9课的语法测试例题：

1. 你姑妈今年要不要出差去做生意？（除非……，否则……）
2. 你们想订哪家航空公司的机票？（哪……，……哪……）
3. 你放假的时候，都去哪儿玩？（……不是……，就是……）
4. 我很想到美国来，你可不可以帮我办移民手续？（既然……，就……）
5. 出国旅行以前得做哪些事情？（……先……，然后……）

语法重点复习讲义在学期开始时已全部发给学生参考，上课复习语法时以此讲义为主要依据，教师课前设计口语问答方式，以期能顺利地在自然的语境中导引出语法结构，达到沟通的目的。语法讲义列出每一课的重点和例句，帮助学生了解并掌握学习重点，顺利完成课后语法练习作业。至于课堂操练和运用，则有赖于教师有效的问答和活动设计。以下是中文202开学以后所发的第一篇语法讲义，有的例句选自课本，有的例句由教师另行编写：

第9课《旅行I》语法讲义

1. 过：1) past experience； 2) completion
(1) 我们在一起学过英文，我知道他的英文很好。
(2) 你去过中国，请给我们一个建议，去哪儿旅行最好。
(3) 那本书，我已经看过了。
(4) 我吃过晚饭了。

2. 除非……否则/要不然/才
(1) 除非你来接我，否则我不去（要不然我不去/我才去）。
(2) 除非天气特别好，否则我不出去散步（要不然我不出去散步/我才会出去散步）。
(3) 这本书我这个星期一定要看完，除非我得陪我女朋友。
(4) 他一般11点就睡了，除非第二天有考试。

3. 什么都可以，你想吃什么，就点什么。
(1) 每天姐姐去哪儿，我就去哪儿。
(2) 你什么时候有空，就什么时候来。
(3) 这个问题，谁会谁就回答。
(4) 怎么方便，就怎么走。

4. 既然……就 (The second clause expresses a conclusion that is derived from the fact or circumstance mentioned in the first clause.)
(1) 既然你同意，那（么）咱们就决定了。
(2) 既然你不舒服，就回家休息吧。

5. 然后（two consecutive actions）
(1) 你们先复习这一课的语法，然后再复习下一课的生词。
(2) 你得先念硕士，然后才能念博士。
(3) 他们认识了一年多，后来就吹了。("然后" is inaccurate.)

6. 从来不/没
(1) 我弟弟性格很开朗，很容易相处，从来不会生气。
(2) 他是在美国出生长大的，从来没去过中国。

7. 他的父母曾经多次让他去中国大陆看看。(indicate past action)

8. 飞机就要起飞了，我们赶快走吧！

9. 她每年夏天不是去日本就是去法国。
(1) 黄月明只买名牌的衣服，不是 Republic Banana 的就是 Gap 的。
(2) 这个学期我很忙，不是在图书馆看书，就是在商店工作。

10. 夏天南京的天气很热，像一个大火炉一样。
她的眼睛很美，像月亮一样。

11. 你要还书吗？我现在要去图书馆，可以顺便帮你还。(in passing)

2. 口语教学与评量

口语教学活动与评量也具有一致性，每周或两周一次的口语评量内容、题目和题型皆反映教学内容、题目和题型。在开学初，语法讲义已发给学生，以便学生提早准备与复习。在课堂上，教师与学生之间的口语沟通交流，无时无刻不在进行。这里所提的口语活动，指的是新课教学时，每周四的口语综合运用活动。以下以中文201《租房子》一课为例：

第6课《租房子》

1. 你每个月的房租多少钱？
2. 你住的地方环境怎么样？交通方不方便？离学校近不近？

3. 大不大？吵不吵？贵不贵？安不安静？
4. 带不带家具？包不包水电？有没有空调？可不可以养小动物？
5. 你跟同屋住还是自己一个人住？
6. 你喜欢跟同屋住还是自己一个人住？为什么？
7. 你觉得找什么样的同屋最理想？
8. 请你谈一谈租什么样的房子最理想。

语法讲义所列的题目，是学生在"租房子"这个学习单元中必须掌握的重点内容。星期四口语综合复习活动时，以讲义上的问题为核心，设计多种形式的口语交流沟通活动。学生的准备工作分为课前准备、课堂练习以及课后复习，并且于星期五的时候展现沟通实力，教师于课堂中进行与教学一致的经常性评量。

（1）课前准备

① 学生事先准备一张或几张公寓图，公寓图必须有以下信息：房租、地点、环境、交通、带不带家具、离学校远近、空调设备、大小、厨房、餐厅、卧室、浴室。公寓图可以上网下载，也可以自行拍摄。

② 学生事先预习口语讲义上面的问题，以便课堂讨论、交换意见。

③ 学生先填写一份自我调查表（如下），准备课堂上与同学讨论彼此住的地方。

1. 你现在住在哪儿？
   A. 校内宿舍
   B. 校外的房子
   C. 校外的公寓

2. 你住的地方离学校近不近？
   A. 很近
   B. 有一点远
   C. 很远

3. 住的环境怎么样？

A. 环境优美，很理想

B. 还可以

C. 环境不太理想

4. 交通方不方便？

A. 很方便

B. 还可以

C. 不方便

5. 你每天是怎么去上课的？

A. 走路

B. 坐校车

C. 乘坐其他交通工具

6. 你住的地方离校车站多远？

A. 很近，校车站就在门口

B. 很近，走路到校车站，10分钟以内就到了

C. 不近，走路到校车站，要10~20分钟

D. 我住的地方，没有校车站

7. 你每天走路或坐校车，要多久到教室？

A. 10分钟以内

B. 20分钟以内

C. 20分钟以上

8. 你住的地方大不大？

A. 很大

B. 刚好

C. 很小

9. 你住的地方带不带家具？

A. 带家具

B. 不带家具

10. 你住的地方，有没有空调？
    A. 有
    B. 没有

11. 你住的地方包不包水电？
    A. 包水电
    B. 不包水电

12. 你住的地方安不安静？能睡好觉吗？
    A. 很安静，能睡好觉
    B. 有点吵，可是睡觉睡得还不错
    C. 有点吵，睡觉睡得不太好
    D. 很吵，受不了，睡不了觉

13. 你住的地方，每个月房租是多少？
    A. 很便宜，一个月才$（   ）
    B. 还好，一个月$（   ）
    C. 有点贵，一个月$（   ）
    D. 贵死了，一个月$（   ）

14. 你住的地方可不可以养小动物？
    A. 可以
    B. 不可以

15. 你自己一个人住还是跟别人住？
    A. 自己一个人住
    B. 跟别人住，有（   ）个室友

16. 想一想，你喜欢一个人自己住还是跟同屋一起住？如果你喜欢有同屋，喜欢跟什么样的同屋一起住？为什么？

17. 想一想，你觉得住什么样的房子最理想？为什么？

18. 要是你有足够多的钱，你希望搬到什么地方住？为什么？

（2）课堂口语沟通交流活动

① 两人分组活动，交换调查结果

教师将学生分组，两个同学彼此交换课前自己调查的结果。

② 四人分组活动，讨论理想住所

教师将学生分成四人小组，每个组员介绍自己所准备的公寓住所图，组员之间讨论，讨论哪一个地方是最理想的住所，并说明原因。

③ 分组报告每组的理想住所

④ 全班投票表决，选出最理想的住所

⑤ 重新分组，各组讨论以下开放式的问题

你喜欢跟同屋住还是自己一个人住？有什么好处和坏处？
你觉得找什么样的同屋最理想？为什么？
请你谈一谈租什么样的房子最理想。

⑥ 分组报告讨论结果

（3）口语评量：角色扮演

继星期四的口语练习活动之后，紧接着是星期五的口语评量考试，房东与租户之间的对话，其对话内容必须包括口语讲义上面的问题。评量活动进行以前，学生得同时准备两个角色，他们可能扮演房东的角色，也可能扮演租户的角色。其他同学必须履行义务，仔细聆听同学所说的内容，做好笔记。教师在每组同学角色扮演完毕时，会依照惯例准备几个问题问其他同学。因此，同学一方面得准备好自己的角色，另一方面也得注意听同学报告的内容，学生说与听的表现皆当做是评分的依据。

（4）后续写作评量

星期五口语评量活动结束以后，学生于下个星期一缴交写作练习，经过星期四课堂口语练习活动及星期五的口语评量活动，学生对这篇写作练习的内容以及应该掌握的词汇和句型，应该是驾轻就熟了。此篇写作题目是"介绍我住的地方"，并加上口语讲义上最后三个开放式的问题，发表个人意见,作为全文结尾。

(八) 充分发挥讲义整理、补充、扩展之功能

学生语言的习得是按部就班、循序渐进的,没有教师适当时机的引导、充分的课前准备和有系统的教学,学生常常会摸不着头绪,掌握不了学习要点。笔者针对每课主题内容,准备语法讲义、口语练习讲义以及补充扩展课文内容之讲义,在现有的学习基础上,重新作有系统、有条理的组织,增加一些主题相关性强的扩展议题,帮助学生组织篇章结构,运用语言组织能力,有条理地表达想法和观点。这样的补充教学,于中文201课程开始后,也就是大学第三学期中文课程开始至结束前,即培养说明、论述的口语及书写能力。

请看以下教师为学生准备的讲义,补充并扩展课文原有的语言功能。在上课时,教师引导学生充分讨论、交换意见。学生不但学到作文的篇章组织结构,也了解到中国人和美国人在交异性朋友方面观念上的差异。

第7课《男朋友》 (中文201,第三学期课程)

扩展主题:美国人和中国人在交异性朋友上有什么相同和不同的看法?
TOPIC SENTENCE:

<u>在交异性朋友上(方面),美国人和中国人有一些不同的看法。</u>

第一,中国的高中生没有时间跟异性朋友交往,因为他们最重要的事情是高考,所以得花很多时间准备功课和考试。

可是,美国的高中生……

念高中的时候,有很多时间参加各种活动、跟异性朋友交往。参加生日庆祝会、舞会或者看电影等等。所以,男孩子和女孩子都有很多一起相处的经验。

第二,中国父母比较传统,所以中国人跟异性朋友交往的时候,常常得听父母的意见。父母会影响子女选择异性朋友的看法和标准。

但是,在美国……

美国父母比较开放,尊重子女的意见和看法,不一定要他们的孩子选父母喜欢的人。

TRANSITOINAL SENTENCE：

<u>虽然中美的文化背景不同，可是在跟异性朋友交往上（方面），也有几点相同的地方。</u>

比如说，<u>无论是</u>中国女孩子还是美国女孩子，一般都喜欢找长得好看的男孩子，也比较喜欢身高比自己高、年纪比自己大一点的男孩子。

还有（另外）……

看完以上引导内容，不难看出教学重点是在比较中国人和美国人在异性朋友交往上的差异。这样的主题，学生可在与中文志愿者见面时，作更深入的了解，而以上课堂教学上所用的讲义，主要是在教学生如何表达具比较性质的主题句和转承句。这样的结构，唯有通过显性式教学（explicit instruction），学生才能真正学会使用，单单依赖课文结构，让学生自我摸索、自我学习，作隐性式的学习，是达不到最佳效果的。

另外，再以第8课的主题"电视和电影的影响"为例，谈谈教师如何在现有课文的基础上，帮助学生作更进一步的发挥。

第8课《电视和电影的影响》（中文201）

扩展主题：我最喜欢的电视节目或电影

1. 你最喜欢看什么电视节目？为什么？

补充词汇：

| 新闻节目 | 体育节目 | 脱口秀（talk show） | 卡通片 |
| 连续剧 | 肥皂剧 | 电视剧 | |

引导问题：

- 你最喜欢看的电视节目是什么时候播的？
- 一个星期播几次？
- 每次播多久？
- 节目里有什么人物？是什么样的人物？
- 人物的性格怎么样？有什么特别的地方？
- 介绍电视节目内容和剧情。

2. 你最喜欢看什么电影？最不喜欢看什么样的电影？为什么？

补充词汇：

艺术片	纪录片	爱情片	商业片	科幻片
恐怖片	教育片	喜剧片	悲剧片	武术片(功夫片)
演员	男主角	女主角	导演	配角
情节/剧情	结局			

引导问题：

- 你最喜欢看什么样的电影？
- 你多久看一次？
- 一般都去哪儿看？
- 你常常跟什么人一起去看电影？
- 介绍一部你最近看过的电影，讨论下面的问题：
    → 介绍电影里的三个角色：男主角、女主角和配角。
    → 说说他们的性格、脾气、工作、住的地方和其他特色。
    → 仿照下列格式介绍电影的情节：

    在这部电影里……

    电影开始的时候……

    后来……

    最后……

    电影的结局是……

　　课文里主要广泛地讨论电视和电影的正面和负面的影响，所学内容仍然非常有限，不足以帮助学生表达自己对电视、电影的看法和喜好，其关键是缺乏必要常用词汇。于是，教师补充以上讲义，作为讨论、学习的依据，列出的引导问题本身包括学过的词汇及句型，帮助学生再次运用与复习，并能完整地用叙述性的文体，描述自己最喜欢的一个电视节目或电影。有了补充词汇和明确的引导问题，学生则有方向可循，掌握教师预期内容。

第13课《谈体育》（中文202，相当于AP中文课程）

扩展主题：我参加过的一场球赛或看过的一场球赛

第二章 教学成功模式
之探讨与分析

1. 在哪儿看的球赛？
2. 什么球赛？高中的球赛吗？
3. 什么队跟什么队（比）赛？什么人跟什么人（比）赛？
4. 速度怎么样？
5. 教练的经验怎么样？（丰富）
6. 球员身体怎么样？（强壮）
7. 开始的时候，什么队领先？
8. 最后赢的队一直领先吗？
9. 比分是多少？
10. 后来比赛怎么样？
11. 这场球赛很紧张，很精彩吗？你觉得怎么样？
12. 看比赛的人大喊大叫吗？激动吗？
13. 令人失望吗？还是令人高兴？
14. 结果怎么样？什么队赢了？什么队输了？比分是多少？

学生学完第13课以后，会介绍自己喜欢的运动，解释理由，简单说明学习经过。可是，受语言能力的局限，无法详细地描述球赛详细的经过和自己参加体育运动的经过。详细描述过程的能力是达到高级语言水平的重要指标。于是，教师事先设计以上引导问题，清楚地指引学生思考的方向，学生根据引导问题回想球赛进行的过程，才能具体详细地描述细节。这些引导问题非常有用，不但包括重要词汇，也包括球赛可能进行的流程，为一个球赛从开始到结束的过程提供一个非常具体的架构，启发学生想象整个球赛经过，不遗漏任何细节。如果教师只是告诉学生一定要详细描述球赛经过，而没有提供具体详细描述的定义，则学生很可能就各自为政，自我下定义，其产生的结果必然是标准不一，质量参差不齐。对于初学者来说，引导性的问题尤其在写作教学上，特别重要；若学生程度高，则或许不需受引导问题的限制。

（九）培养语言能力的技巧与策略

根据 OPI 的主要精神，学生在语言结构的进阶练习上，得经过几个步骤，也就是，先会说一个完整的句子，再从一个句子扩展至几个句子，进而将几个句子串联起来，成为一个段落，最后将几个段落串联起来，成为一篇组织架构完整的口语报告或者文章。课堂每日的语言结构练习，不外乎在此范畴内寻求进步和突破。以下是课堂教学时所运用的几个有效策略和技巧，老师帮助学生练习时，让学生增加说话长度，同时培养流利度，习惯即兴式的对话，以求应答如流，模拟日常生活中的真实语境。课堂教学以频繁的听说练习为主，培养内化的听说能力，待语言结构与功能通过听说两种语言技能的培养，产生"内化"而驾轻就熟时，写作能力的培养也就水到渠成，只要加上会写汉字的能力，即可应付自如。

学生上中文 201 时，已达到中级口语水平，能一问一答，用几个句子回答与日常生活有关的问题。为提高学生口语水平，教师对学生说话长度和内容的要求是学生进步的关键。以下列出教师在课堂练习时，要求学生做到的几个要点：

1) 学生上课时，习惯用中文问问题、回答问题，履行语言誓约的承诺，沉浸在全中文的语境中；

2) 强调学生回答课堂问题时，不能只说一两个句子，得说好几个句子；

3) 告诉学生"除非老师请你停，否则你不可以停"，得继续说下去，以增加流利度和说话长度；

4) 训练学生组织一个小段落的能力和习惯，例如，练习以下语言功能时，给出以下几个关键词，连成一个具连贯性的小段落：

① 描述心情不好的情况：可是，……看起来好像……，心情不好……，原来……（分手/闹翻/吵架）

② 表达自己对住在校内和校外的看法：有的……，有的……，其实……，认为……

③ 谈论中国菜的优点和缺点：……同意……，……对……（没）有好处，我认为……，总的来说……，……这就要看……

④ 教师提问时，除了问题本身以外，再加上"为什么""什么""怎么""谁""怎么样"或者"什么时候"等问题。

5) 口语报告时，规定学生说话的字数及长度，鼓励学生在内容上加深加广；

6）提供一连串的引导问题，帮助学生组织篇章的架构，丰富内容并增加长度；

7）训练学生上课练习时不怕犯错，勇于尝试并接受指正，让学生了解"犯错是进步的必经之路"；

8）教师在严格要求的同时，不忘奖励学生，肯定学生的努力和进步，鼓励学生再接再厉，更上一层楼。

在中文 202 课程进行期间，学生经过不断努力和进步，已渐渐由中级口语水平迈向高级口语水平，从组织一个小段落跃升至贯穿几个小段落。教师可引导学生在以下几方面下工夫，继续寻求语言能力的突破和进阶：

（1）组织表达顺序概念的连接词

学生学习表达意见或阐述说明自己的论点时，必须学会使用以下的语言结构，整理思路，贯连思想，井然有序且有条不紊地表达自己的观点：

第一 = 首先
第二 = 另外，其次
第三 = 除了以上两点以外，……也/还……
第四 = 最后
主题：
　　选择异性朋友的标准
　　买衣服的标准
　　选择大学的标准
　　其他须依序陈述观点的有关主题

（2）描述过去发生的事情与经验，所用的惯用连接语

过去发生的事情，必有时间先后顺序，举凡成语故事、生活小故事或过去的生活经验等，皆须借助一些惯用的时间顺序连接词，使描述内容成为具时间逻辑性和连贯性的篇章结构。以下是学生于中文 202 的课程中，练习过的时间顺序连接词及主题。针对每个主题的发挥，学生也必须习得相关词汇，除了在课堂上所学之外，学生也经常使用词典，增加课外补充词

汇量，提高描述细节的能力，这是学生达到高级口语水平的一个相当重要的关卡。若不能扩大词汇量，则无法详细描述过去的经验和发生的事情，将永远停留在中级口语水平，而无法突破现状。

很久以前，……
三年以前，……的时候，……
原来（本来）……，后来……
那时候，……
（过）两天以后，……
先……，然后再……
……以后，就……
有一天，……
隔一天，……
结果，……
最后，……

(3) 练习与过去经验和时间有关之主题

上课一开始，教师可与学生话家常，询问他们上课以前做什么，前一天做什么，或者周末做什么。以下仅提供一些与过去经验有关之主题，教师应结合主题单元，设计扩展复习之活动：

- 最喜欢做的事情是什么？是怎么开始喜欢这件事情的？参加过表演吗？说一说表演的经验。
- 最喜欢的运动是什么？是怎么开始喜欢这种运动的？参加过比赛吗？说一说比赛的经验。
- 最大的爱好是什么？是怎么开始培养这个爱好的？说一说你学习的经验。
- 是怎么认识你最好的朋友的？
- 是怎么决定选什么高中，选什么大学的？
- 是怎么申请大学的？
- 是怎么决定住在校内或者住在校外的？

- 是怎么决定大学专业的？
- 说一说你的大学生活，有没有什么印象最深刻的事情？
- 说一说对你影响最大的人。
- 说一说对你影响最大的一件事情。
- 说一说最快乐的事情。
- 说一说最难过的事情。
- 说一说最难忘的事情。
- 说一说最难忘的一次旅行。
- 说一说最（不）喜欢的老师。
- 说一说最（不）喜欢的课。

三、结 语

以上大学二年级教学模式实验进行时间为 2003 年秋季至 2004 年春季，当时 AP 中文尚未开始策划，美国外语教学学会的五大外语教学目标以及三个沟通模式仅应用于高中中文教学，大学中文教学并未将五大外语教学目标以及三个沟通模式作为教学准则。实质上，本书所讨论的中文 201 及 202 的教学，无论是课程设计还是教学活动、评量作业等，都与所提倡之五大外语教学目标以及三个沟通模式精神吻合，每个教学单元皆有三个沟通模式，语言、文化相辅相成，融入课程设计。文化比较及语言比较，经常在教学活动中体现，学生亦有充分的机会参与中国社区语言文化活动，并与中国朋友作经常性的沟通交流等等。在教学方法上，本课程设计以沟通式教学法为主，经常进行以学生为中心的合作性学习（cooperative learning）活动，并配合每课主题，辅以真实性教材。继 2004 年 AP 中文正式策划以来，笔者在教学上不断突破，积极落实美国外语教学学会所提倡之五大外语教学目标以及三个沟通模式，详情请见第五章以后的讨论。

第三章

大学二年级中文
语言能力实例之探讨

本章主要介绍弗吉尼亚大学二年级中文班学生的口语能力的内涵与层次，介绍口语能力之余，也辅以书写能力的介绍。

第三章 大学二年级中文
语言能力实例之探讨

本章主要介绍弗吉尼亚大学二年级中文班学生的口语能力的内涵与层次，介绍口语能力之余，也辅以书写能力的介绍。由于口语表达能力是本实验的焦点问题，所以口语介绍所占篇幅，将多于书写能力的描述，期望能让读者对美国大学学生上完两年中文课程的口语及书写两种表达能力有具体的了解。

前文提及，弗吉尼亚大学二年级中文班学生于课程修毕时，所展现的口语能力，大部分皆能达到高级初的水平。根据笔者推测与长期观察，与口语能力平行发展的听、读、写三种语言能力，即使稍有些许差别，也离不开同等语言能力上下的范畴，此与课程设计目标重点和教学法的运用有极大的关系。

本课程设计注重听、说、读、写四种语言技能的平衡发展，学生从零起点开始，四种语言能力同时均衡发展。教学的中心逻辑是"以听说能力的培养带动读写能力的培养"，极力创造有意义的沟通语境，学生每日上课皆沉浸于听说的自然语境中，进行符合真实语境的沟通交流活动。课堂教学活动以听说为主，读写活动为辅，课堂时间多半进行听与说的交流，而读写的活动多半于课后进行。

一、口语能力实例介绍

课程结束时，每位同学皆能作流畅的自我介绍，报告自己的兴趣、爱好、专业、学校生活情况、住的地方以及其他与个人和学校生活有关的经验。而是否能详细描述日常生活所发生的事情，叙述过去的事件与经验，并比较人、事、地等各方面的异同，则成为是否得以进阶高级口语能力的关键了。参加本实验的学生当中，凡口语水平停留在中级高而无法进入高级阶段者，皆因为缺乏详细描述过去经验的能力所致，与描述过去经验相关的比较能力，亦为关键之一。最后，是否具有解决复杂情况的语言能力，亦是高级口语能力者必须通过的最后检验关卡。以下仅以二年级中文课程结束时，于期末所作的口语访问实例作为实际语料，提供进一步的说明和佐证。

期末考的口语访问，依照惯例，占整个期末考试评量的30%。口语访问内容囊括中文202整个学期的主题内容，每日每个单元的主题，都是可能访问的内容，若不是有平常扎实的准备和日积月累的巩固，学生在访问的时候，绝不可能听懂每个问题，也绝不可能马上对答如流，从容不迫地回答每个问题。况且，口语访问内容的任何题目，学生事前完全不知情，无法预期，老师也丝毫没有透露，只告知学生是整个学期的内容。这种即席应答能力，充分挑战学生整个学期的口语学习的潜能。其实，说得更确切些，应该说包含整整两年中文课程的学习内容。口语访问内容采用渐进式，由浅入深，不少一年级中文课程涵盖的主题，也于二年级中文课程中出现，加广加深，如在餐厅、租房子、谈兴趣等。口语访问开始时，有一段暖身阶段的访谈，帮助受访者进入访问情境，消除不必要的紧张和压力，并且熟悉访问者的口音、声调。访问内容之核心内容始于自我介绍，从受访者非常熟悉的个人自我介绍话题入手，导引出一连串相关和不相关的访问主题。自我介绍的能力于一年级开始培养，与二年级所培养的自我介绍能力相比较，前者依赖记忆性的语言结构，缺乏创造性的语义表达，而二年级中文班同学能脱离依赖语言记忆的阶段，能自我创造语义，侃侃而谈，并有细节的叙述。请看以下有关自我介绍部分的实例，访问者的真实姓名仅以×××代表：

老师：好。我想先请你介绍一下你自己。

学生：我叫×××，今年是二年级UVA的学生，我是从马来西亚来的。我爸爸、妈妈、弟弟和我……1993年……移民过来美国。因为他们想我们上好点儿的大学。我先跟我的姑姐一起住，因为他们申请我们过来的。然后再搬出去住，住在我们……住在一个……公寓，在我姑妈的楼下……那儿……两三年，上……中学的时候才搬出去。所以，我……开始中学的时候是一个新……中学。然后，好像我的朋友一起……去……高中才……来UVA，因为我的爸爸妈妈让我来这里，让我申请……上UVA。

老师：你们来的时候住在哪儿呢？

学生：我们来的时候跟我的姑姐一起住，他们有一个……屋子，他们

第三章　大学二年级中文
语言能力实例之探讨

有……两……两三门，所以我们住在楼下，他们有……有一个房间，我们……我的爸爸妈妈……在一个小房间，所以我的……我和我的弟弟……睡在外面。（笑）

老师：你们是在加州还是……

学生：在 Virginia 的……在北边……

老师：好。你平常喜欢做什么呢？

学生：我平常喜欢看书，常常……我小时候常常……去运动，做……跆拳道，去游泳。上高中的时候也要……游泳。我参加一个游泳队，还有……去跑步，做很多运动。可是……来 UVA 的时候，我爸爸妈妈不允许我做运动，所以没做。（笑）

老师：好，现在住在哪儿呢？

学生：现在住在……在大学？（老师：对。）现在我住在校外，在 UHeights 住。那儿有很多亚洲人，（笑）不太多白人。因为很方便，因为……旁边有……公共汽车站，所以我每天都在那儿……坐公共汽车来学校。

老师：决定专业了没有？

学生：决定了。我的专业是物……生物化学，想当药……药剂员。

以上自我介绍的部分，是由访问六个相关问题导引完成的。访问者聆听受访者说话内容，提出适当问题，搜集需要的充分信息。第一小部分，受访者谈到她的姓名、年级、就读大学、原籍和刚开始移民来美国的住所，这只是自我介绍的开端而已，访问者仍需要其他个人相关信息，所以第二个问题请受访者接着细谈当初住的地方，第三个问题帮助澄清受访者对第二个问题回答内容不清楚之处，第四个问题请受访者谈平常喜欢做的事情，第五个问题介绍现在住的地方，最后一个问题请受访者说说自己的专业。

以上作自我介绍的学生，是跟父母由马来西亚移民至美国的，所以访问内容自然谈到移民的一些事情。尽管她出生于中国家庭，可是由于在马来西亚长大，中文水平仍未能达到被编入华裔学生班的标准，所以仍被编入非华裔学生班。以下自我介绍的另一实例，是访问一位在美国出生的半华裔学生，其母亲是上海人，其父亲是爱尔兰人，可是由于其极少有机会与母亲用中文交流沟通，所以语言能力分班测试结果显示，仍然应该在非华裔学生班学习中文。当他被问到第一个问题时，学生已主动介绍了自己的家庭、成长背景和爱好，可是尚未提及自己的专业和级别，所以访问者的第二个问题和第三个问题，就是针对这两点而提出来的，以便搜集可供进一步发挥的信息。接着，访问者问受访者是否除了打球以外还有别的爱好，比如说旅行等等。在搜集自我介绍的基本信息方面，一共问了四个问题。

老师：我想先请你介绍一下你自己。说一说你自己。

学生：好。我中文名字是×××，我是……我是在华盛顿DC来的，出生……在Virginia北面长大的。我……我妈妈是个中国人，她是从上海来的。我爸爸是从Pittsburgh来的，可是他的老家是在爱尔兰。他们在芝加哥大学……在那儿认识和……他们在那儿给我大哥出生。我也有两个弟弟，他们是在Virginia北面出生的，他们比我，比较小。他们现在……11岁和12岁，所以我对他，可能……好像一个爸爸。我的爱好是……我最喜欢的……爱好是……打球。我总是……我从……差不多……五岁的时候……总是常常……常常……运动。我……我最喜欢就是足球和橄榄球，可是我还……我也打……打篮球……棒球、网球。

老师：好。你的专业是什么？

学生：我的专业，我还未……我还未作……注册，可是我……我希望……拿生物学位和东亚……东亚学位。

老师：你是几年级呢？

学生：我是二年级，所以我只有两个星期可以选专业。

老师：那你除了打球以外，你还喜欢旅行吗？

学生：嗯，我不太喜欢旅行，可是……可是我很喜欢……去我……我……我爸爸的……妈妈的家，我也喜欢去中国。可是我不喜欢……我不喜欢去……名胜古迹，因为我觉得……常常有太多游客，所以没有什么意思。可是我喜欢……在中国的时候，我

第三章 大学二年级中文语言能力实例之探讨

喜欢……住……住在那儿……几个月，住在那儿……我觉得很好玩儿，中国对我来说很有意思。

访问内容继自我介绍之后，即开始试探受访者描述细节的语言能力，包括对现在情况、过去情况和未来情况的描述。非华裔学生对这三种时态的掌握没什么困难，唯一具挑战性的就是描述过去经验的口语能力，这一点待会儿再详细讨论。普遍而言，描述现在事实以及未来的计划，对上完二年级中文的学生来说，并不造成任何明显的难度，不管是具中级高口语水平的学生还是高级水平的学生，都能顺利完成预期语言功能。在描述现在情况方面，自我介绍是一例，描述一周作息与活动亦是一例，请见以下内容：

老师：我想，请你说一说你星期一到星期五每天做的事，好吗？

学生：好。我每天都有差不多三四节课考试……四节课。我这个学期选了五门课，有中文课、美国文学、英文作文、中国文学和政治学。我每天10点上中文课，星期二和星期四下午1点有美国文学课，英文作文一个星期有三次，是早上11点，所以，我上完中文课以后，得很快到另外一个大楼去。我……我每天都跟我朋友吃早饭，吃晚饭。还有，我星期三有一个活动，我参加一个活动，这是一个讨论美国文学的活动，我非常喜欢，因为这跟我的专业有关系。还有，我星期一、星期五常常去体育场做运动。

另外，在描述未来计划的口语能力方面，也是学生可以轻易掌握的部分，请看以下与未来经验有关的内容：

老师：这个学期结束以后，你暑假打算做什么？

学生：我今年夏天回韩国，可是，我来……我得回来美国，差……差不多7月的时候，7月，因为我下学期开学以前，要去很多地方旅行。我跟几个朋友要一起去法国、英国、德国，还有欧洲一些国家旅行，我们已经订好机票和房间了，是自助旅行，一定很好玩，我现在感到非常激动。

老师：好，那么你毕业以后打算做什么？

学生：毕业以后，我的……我的父母告诉我，得上研究所。可是我不同意我父母的意见，因为我想赚钱，所以，我喜欢找工作，先找工作，有一点工作……工作……经验……经验，然后再上研究所，比较有意思。因为……我在美国念四年大学，觉得应该要先休息，做点不一样的事情，我觉得学习很重要，上研究所很重要，可是一直念书，实在很没意思。

一般在口语访谈中，学生叙述未来可能发生的事情虽然有比较简短的倾向，不过只要达到语言功能与目的，便不造成任何可顾忌的条件。根据笔者的经验，这种较为简短的倾向，其实也是其他语种的口语访问可能存在的现象。

最具挑战性和难度的部分，非描述过去所发生的事情和经验莫属了。前面提及，这个部分是口语能力是否能达到高级水平的一个重要的门槛，其难度表现在描述细节所需的词汇量。由于过去所发生的事情和经验，内容广泛，可能涵盖各种不同主题，若缺乏特定主题所需词汇，则无法达成预期语言功能。另外，也须恰当地使用连接词，顺畅地连接几个段落，清楚地表达语义。语言能力的培养是循序渐进的，若词汇量不够，则仅能非常粗略地交代大概，要么不能畅所欲言，要么说话结结巴巴，过于省略。以下是因缺乏描述过去经验的能力，而未能达到高级口语水平的实例：

老师：你刚才说到，你很喜欢练武术，请你说一说你是怎么开始学习武术的，好吗？

学生：我练武术已经练了两年多了，我很喜欢练武术……练武术是一种很好的运动……我两年以前，是在 Charlottesville 跟一个中国老师学，他武术练得很好。现在每个星期六跟朋友一起练武术……练习……学……学……很多不一样的……

以上被访问的学生在被问到练武术的经验时，语言表达开始显得流利度不佳，有好几次无法将自己欲表达的经验用现阶段的语言能力表达出来。从以上的内容判断,这个学生可能想表达练武术的动作和细节,可是由于牵涉到一些专用术语,还没学过,也就无法作详细的描述了。学武术的经验,与个人的爱好有关,由于课堂时间有限,无法针对个人特殊兴趣作充分的讨论,因此,得靠个人课后努力增加词汇量,补充课堂学习之不足。由于此主题亦与个人经验有密切的关系,动机强和自觉性高的学生,应该都能利用课外时间,根据老师指定的主题,扩充词汇量,增强练习描述过去经验的能力。上完二年级中文的学生应该都能充分发挥独立学习的精神,在课后完成学习目标。

以下实例与以上实例不同,是出自于一位具高级初口语水平的学生,其描述过去经验的能力达到标准,能描述细节及发生经过,具叙述故事的能力。具高级初口语水平者,一般都是一个能说故事的外语学习者,在词汇使用上虽显粗糙,可是描述细节的能力已构成高级初口语水平的要素之一。以下是一个具高级初口语水平者描述过去经验的典型实例:

老师:好。你刚才提到你在高中的时候参加游泳队。(学生:对。)那么参加过比赛吗?

学生:参加过很多比赛。

老师:太好了。你……可不可以请你说一说……最精彩的一次比赛?

学生:我……我不记得很多精彩的,可是每个都……很精彩,因为我们……有一年有四五个,no,六七个……游泳比赛。我们……有分两……队,一个男队和一个女队。我们的男队很壮,常常有很多好游泳员,所以他们常常赢。可是我们女队……没有这么多……壮的游泳员,所以常常都会输。(笑)可是……我们没关系,一直……很……很好玩,帮朋友一起,所以……我们没关系。

老师:好。除了游泳以外,你还……学跆拳道。(学生:对。)你是怎么开始学跆拳道的?

学生:是我爸爸、妈妈让我……因为……我学一年……跳舞,可是我不太喜欢,所以他……他们……让……让我和我的弟弟一起去……试试……跆拳道,看我们……喜欢不喜欢。我和我的弟弟都很喜欢,所以……是这样开始,这样开始的。

以上的访谈内容，谈的是受访者参加游泳比赛和跆拳道的经验，其描述内容，有其连接性，也有一些细节，具故事雏形。以下两个访问实例，一个谈的是印象最深刻的一次旅行，另外一个谈的是在韩国教英文的经验：

老师：好，很好。喜欢旅行吗？

学生：很喜欢旅行。

老师：去过哪些地方？

学生：去过很多地方，去过……英国、法国……加拿大……新加坡、马来西亚。

老师：好，请说一说你印象最深刻的一次旅行。

学生：是，印象最深刻是……有一次我爸爸、妈妈、弟弟和我一起去……英国，这是我印象最深刻的，因为我去那儿的时候看见我的表姐啦，这是我第二次看……看见她。因为我很小很小的时候看……看见她，可是……我忘了。她，我的表姐……是……比我两年大，所以我们有很多一样，喜欢一样的东西，所以我记得她……英国的时候看见她，我很快乐。我们一起……做很多东西去玩。

老师：你在韩国教英文，是吗？

学生：我在农村……教英文。

老师：所以说说你在那儿教英文的经验好吗？

学生：经验……

老师：说一说你在那儿教英文的事情。

学生：哦，好。我……在韩国教英文，教了两个星期了。没有 second one。（笑）……我们……我差不多……50个学生，他们是……小孩子……差不多八岁。所以他们……很年轻。可是虽然他们很年轻，但是他们也很聪明，也很用功，都……都要学中英文。所以，我……我今年夏天……回来……回韩国……教英文，所以我很高兴，可是我有一点儿紧张，因为……去年夏天我们有一个……教 GMU 的老师……他是我们的 director，可是

> 今年我是 director，不知道（笑）是不是很好的……哈哈哈。我……我很喜欢……很喜欢我们……的学生，还喜……喜……喜欢说英文，所以我们的……工作比较容易。（笑）

除了描述过去的经验以外，口语访问内容也须充分显示出比较的语言功能，方能跃升至高级口语的阶段。以下第一个访问对话比较韩国和美国在各方面的不同，而第二个比较性语言功能的实例，以在上海的经验为例，比较中国和美国两个方面的不同：

老师：很好。你是在韩国出生长大的。那么现在在美国已经两年了。我想请你说一说韩国跟美国这两个国家在环境方面、交通方面或生活习惯方面有什么不同的地方呢？

学生：在生活方面我觉得韩国人比美国人很有钱。还有韩国人都住在很小的公寓，可是在美国人……美国……在美国美国人都有很大的房子。还有……吃的方面，韩国……韩国人……都用……一样的……一样的盘子，可是……美国人觉得这是不好的事，他们……喜欢自己的，他……他们喜欢吃自己的饭。还有……在交通方面，韩国没有那么多那么多的高速公路，可是这儿……在这儿……美国人都……都开车……开自己的车，所以很……在美国……美国有很多高速公路。

老师：在环境方面呢？

学生：在环境方面，我觉得韩国比美国很……很安静，还有很干净很干净。可是，总而言之，我还是喜欢住在美国。

老师：去中国看了很多地方，我想请你说一说中国人跟美国人他们的文化或者生活习惯方面有什么相同和不相同的地方。

学生：我想……在上海……我想……上海人一般……你不能说……你不会说上海话的时候，他们就……对你……说话说得比较……重。可是……比如说……我……我们最后……去上海的时候，我妈妈跟我跟我哥哥……在一个出租汽车，那个……那个开车的人……跟我妈妈说话，他们开始说普通话。可是……我妈妈知道他……就好像不喜欢我们，所以我妈妈……继续……换，她说……上海话。那个开车的人他……他开始……跟我妈妈……他们说到很多东西。还有他……他说我们不用……付钱，所以我觉……我觉得……那有很……有意思。我也觉得……我觉得……中国人……中国人……他……他们的……他们比较重视……他们……如果他们家里干净不干净，因为……因为中国……中国的外面比较……比较脏，所以他们喜欢家里有一点干净，可是在美国你可以去外面，要坐在什么地方就可以坐在……那儿，所以……马路很干净，什么地方都很干净，所以……家里……干净不干净不太重视。

老师：那么在其他交通环境方面呢？

学生：在交通的方面，中国人……一般来说他们都……坐地铁或……或者坐……出租汽车或骑自行车，可是在美国，几乎每个人都开车。可是在纽约很多人是跟上海差不多，很多人……坐出租汽车或……地铁，可是在别的美国的城市……几乎每个人都开车。

老师：在住的方面呢？

学生：在住的方面，美国人……美国人的家庭比较大的地方，因为中国很挤，所以他们不能，中国人不能住在很大的地方。中国人常常住在公寓，可是……放不了书。美国人……美国有……比较多……美国可能买很大的……房，很大的房子，也可以住在……也可以离城市离很近，所以……所以住在大的房子没有什么问题。

在整个口语访问接近尾声时，必须有一段角色扮演的对话，以检验受访者是否真正达到高级口语水平，并确认访问者的判断。以下角色扮演的模拟情境是在餐厅发生的一个意外的情况：受访者在餐厅吃完饭，准备付钱的时候，才发现忘了带钱。这时，受访者得对餐厅服务员解释这个意外的情况，解决问题，根据口语访问的专门术语来说，是考验学生是否具有解决复杂问题的语言能力。

角色扮演进行步骤是：访问者先给受访者一张角色扮演的英文卡片，

第三章 大学二年级中文
语言能力实例之探讨

请受访者看完，确定受访者完全了解此特定情境后，双方即开始进行角色扮演的对话。以下是两个角色扮演的对话实例，两位受访者皆充分展现解决复杂问题的语言沟通能力，符合高级口语水平的要求。

学生：小姐，对不起，我现在没有带零钱，我不可以付钱。
老师：怎么可以呢？
学生：对不起，我……我忘了，可以做什么……付……在这里做什么？
老师：我怎么知道你可以做什么？你应该付钱啊。
学生：我整天帮你洗碗，可以吗？
老师：我们不需要人洗碗，我们已经有很多人了。
学生：嗯，我就把我的东西留在这儿，好吗？
老师：什么东西啊？
学生：我的弟弟。我留我的弟弟在这儿，回家……拿钱。
老师：我怎么知道你会回来呢？
学生：是我的弟弟啊。（笑）我想我该回来拿他。（笑）
老师：嗯，我不相信你，因为我不认识你。
学生：一定要相信我。我留我的弟弟这儿，这是一个人。我应……应该……我的妈妈、爸爸会很生气，如果留他在这儿，不回来带他回家。所以……我很快很快的。我住在……饭馆的旁边，很快就会回来的。
老师：是吗？你们家住在哪儿？
学生：嗯，在……在……饭馆的……的旁边。
老师：你等一下，我想想看。我跟我们经理说一说。嗯，好。他说，你弟弟留在这儿，但是我们还要你把证件留在这儿，（学生：可以。）电话号码。（学生：好，可以。）
学生：留我的ID卡，这是很贵的东西。（笑）
老师：好，可以，谢谢。
学生：嗨，对不起。我没有……我现在没有，我……没带我的信用卡，我忘了，我怎么办？

老师：你怎么可以没带钱呢？你得自己想办法。

学生：对不起，对不起。这个地方离我的家……不太远，我可以明天……带……给你钱，给你付钱吗？

老师：不可以，不可以。我怎么知道你是好人还是坏人？

学生：我可以给你……我的名字，我的名字，或者我的号，或者……我可以给你我的学生证，可以吗？

老师：不可以，你可能给我不是真的，可能是假的。你是第一次来这儿吃饭，我不认识你。

学生：嗯，我怎么办啊？啊，还有……我可以用你们的电话吗？

老师：哦，用电话，你要做什么？

学生：我……我，因为你们不……不让我……回家……带我的钱，所以我……那我得……给个电话，给……我的父母或我的朋友一个电话，告诉他们来付他们……他们的钱。

老师：他们住在哪儿？

学生：他们住在，他们跟……我跟他们一起住。

老师：很远吗？

学生：不太远，差不多五六分钟。

老师：哦，那很好，好，你去用电话吧。

学生：哎，谢谢。

二、口语访问的进一步探讨

以上所探讨之口语访问内容和步骤，有理论支持，亦有定理可循，其重点在于测试受访者对整体语言功能的掌握，由浅入深，由非正式主题进入正式主题，由个人相关主题进入与社区、社会、国家相关之主题。对高级初的口语水平而言，应完全具有描述个人经验的能力，具描述故事和过去经验的能力，由于词汇量尚未累积至相当程度，虽然稍具谈论某些与社区、社会、国家相关主题的能力，仍须扩展词汇量，在正式的书面语言的使用方面持续下工夫，方能突破高级初的口语水平，促进口语能力的晋升与提高。

第三章 大学二年级中文语言能力实例之探讨

口语访问着重语言功能整体性的掌握，反映语言沟通交流的实际需要，但并不是提高口语能力的"万灵丹"，教师必须首先对口语访问的主要精神和语言功能的层次有深入的了解，熟悉其语言功能使用之特征及可能的限制，方能应用于实际教学当中，发挥语言功能实践的最大效能。比如，口语访问的问题和内容，有时候让学生无法充分地使用课堂学过的语法结构和重要词汇，即学过的语法结构和重要词汇不太容易在口语访问的模式中有完整的体现。若测量重点是所学语法结构或重要词汇的使用能力，必得辅以其他以经常性的成就测验为导向的测量工具。例如，"既然，就……""无论……都……""除非……否则……"或"之所以……是因为……"等重点句型结构，在写作练习和每周口语评量时，教师通常规定学生必须使用某些特定的定式结构和词汇，以完成预期的语言功能任务，检定是否达到特定的学习成效。然而，口语访问的主要精神在于语言功能的体现，而非语言结构的使用，若使用不具某种特定预期语言功能的结构，即使结构完整无误，但由于语言功能未能发挥作用，也必定无法达成某种特定预期的沟通目的，造成沟通中断或沟通不良的结果。另外，与语法结构和词汇出现的情况类似，副词的使用频率似乎也呈现比例较低的倾向，例如，"的确""实在""十分"等，虽然是平常性评量强调的某些副词，但在口语访问的过程中，也不一定会出现。

反过来说，若以上论点得到理论实验的证实，那么是否就意味着以口语访问为指导原则的课程设计，不必重视口语访问中出现频率较低的语言定式结构与副词呢？这是一个值得深思的问题，需要进一步的实验研究方能证实。根据笔者多年的教学经验，个人认为，无论是语言定式结构的正确使用还是词汇以及副词的正确使用，皆与语言综合能力的整体水平有密切的关系，也就是语言结构掌握的熟悉程度越高、词汇量越大和副词的掌握能力越强，整体综合的语言沟通运用实力则越强，这样的假设，已由学生期末的学期总成绩得到初步的证明。期末总成绩的累计算法，以平时每个主题单元的经常性评量为基准，加入期末综合性评量的总成果而定。举凡局部性的语法结构重点和主题单元强调的副词以及其他重点词汇等，皆是评量必定囊括的范围。凡是期末总成绩得 A 者，口语访问成果必达到高级初甚至高级中的水平，而期末总成绩未能得 A 者，其口语访问的结果，必定在高级初之下。由此得知，整体语言功能的掌握能力与局部掌握的结构、副词和其他重点词汇使用率，理应呈现某些相关性。此问题有待日后有关研究的证实，对语言功能的实践与语言结构的运用，进一步提出清楚的说明和指引。

三、书写能力实例介绍

书写能力必须以口语能力为基础，书写能力明显地不同于口语能力的是，书面语言比口头语言正式，其句法结构比口语结构更为严谨、标准。本课程设计的书写能力发展与口语能力发展同时进行，课程结束前学生必须掌握与口语能力对等的书写能力，例如：能详细描述日常生活所发生的事情，叙述过去的事件与经验，并比较人、事、地等各方面的异同，表达、解释并说明对某件事情的看法及观点。在中文 202 的课程中，有一半的主题单元内容已渐渐脱离口语阶段，而进入书面语阶段，探讨与社会文化相关的主题。以下仅选取一些作文书写实例，帮助读者了解学生的书写能力，其语言功能的发挥着重在表达、陈述、解释、说明、比较等。

1. 作文练习：谈交异性朋友的标准（中文 201 课程练习主题之一）

实例一

交男朋友或者女朋友是我们迟早都得面对的问题。乔友庆现在没有女朋友。他很挑剔，交女朋友有很多标准。第一个标准是得有相似的教育程度。教育对乔友庆很重要。第二个标准是在兴趣和价值观方面，他跟他的女朋友要相似。他喜欢运动、看电视和听音乐，女孩子应该也喜欢。第三个标准是性格又开朗又友善。她得是一个很开朗、很友好的女孩子。第四个标准是相似的文化背景——台湾。第五个标准是不要太矮，因为他很高。最重要的标准是沟通很好。如果沟通不好，男朋友和女朋友就会吵架或者闹翻了。乔友庆的父母对他交女朋友没有大的影响，可是他觉得亚洲的父母对儿子或者女儿交男朋友、女朋友有比较多的影响，这一点跟美国的父母不一样。再说中国人和美国人的价值观也不一样。中国父母比较保守、传统。美国人比较开放独立，父母对子女没有很大的影响。美国人交异性朋友的时候比较自由。中国和美国的文化背景不同是不同，但是在选异性朋友方面，也有几点相似的地方。无论是中国人还是美国人，一般都喜欢性格很好、长得好看和兴趣相似的人。

实例二

　　IRIS选择男朋友有四个标准。第一是他的脾气不可以急躁，因为她的动作很慢，而且她喜欢很温柔的男生。第二是兴趣爱好要相同，这样才可以一起做很多的活动。如果兴趣爱好不同，很容易吵架。第三是他的性格要十分开朗，这样和他在一起会很快乐；还有她的性格很害羞，所以他可以让她变得很开朗。第四是他要成熟负责任，她不喜欢比她年纪小的男朋友。她觉得中国人和美国人在交异性朋友上相同的是：他们希望交兴趣爱好都一样的异性朋友，而且他们也都喜欢很好看的异性朋友。如果他们很有钱，那就更好了。另外，他们也都喜欢脾气温和的异性朋友。从另一方面来说，她觉得中国人和美国人在交异性朋友上有很多不同的看法。中国人比较保守传统，可是美国人比较开放自由。她也觉得美国人对感情比较不认真，常常玩玩而已；但是中国人因为比较保守，所以不会常常换异性朋友。最后，中国人交异性朋友比较会受父母影响，而美国人不太在乎父母的看法。

实例三

　　我的中国朋友选择男朋友有几个标准。她的第一个标准是她的男朋友的脾气要好，要又温柔又体贴。她别的标准是他也要比较幽默。个子不能太矮，长得不能太丑。要勤快，能吃苦耐劳，而且可以做好吃的菜。她认为在选择男（女）朋友的标准上，美国人和中国人也许有相同的看法，但是在跟异性朋友交往的看法上既有相同的地方也有不同的地方。

美国人和中国人在交异性朋友的方面有很多不同的看法。在中国，因为大人们认为谈恋爱会影响学习，父母和老师觉得年纪太小不宜交异性朋友。但是在美国，人们很小的时候就开始交异性朋友了，比如说在中学的时候就开始了。另外不同的看法是，在中国人们对自己的恋爱对象比较忠心，他们一般一次只和一个对象交往，他们不会同时和几个异性朋友谈恋爱；可是，在美国一个人可以同时和几个异性朋友谈恋爱。

中国人跟美国人在交异性朋友上也有相同的看法。在中国和美国，小女孩和小男孩们比较害羞，所以一般都和自己的同性朋友交往。可是他们长大以后就愿意和异性朋友交往了。其实在中国和美国，人们到了一定年纪都希望与异性朋友交往，这是一种自然的生理和心理现象。

2. 作文练习：谈中美家庭之异同

实例四

我的中国朋友认为美国家庭跟中国家庭有很多不同的地方。第一，中国的父母对小孩子比较严格，对他们管得很多。可是，美国的父母给孩子更多的自由。第二，中国家庭里有比较明显的长幼之分，晚辈一般都要尊敬长辈；然而，美国的家庭中父母可以与孩子成为比较平等的朋友。第三，中国的家庭对小孩子的期望都很高，比如说，希望他们学习成绩优秀。虽然美国的父母也希望孩子有好的学习成绩，但是他们对优秀的定义却有所不同。比如说，中国的父母认为如果不拿 A+ 就是学习不用功的表现，而对于美国的父母来说，小孩子得到 B 他们就已经感到很骄傲了。最后，中国家庭相对来说比较稳定，父母即使合不来也很可能为了孩子而勉强维持；可是，美国却有很多单亲家庭。正因为如此，有一些中国父母会反对他们的子女跟美国人结婚，因为他们觉得两种不同文化中成长起来的两个人很容易产生矛盾，影响婚姻的稳定。但是，我的中国朋友认为结婚是一个人一辈子的事情，选择的权利在于子女。只要他们是真心相爱，能够幸福就不应该反对他们和美国人结婚。

3. 作文练习：谈男女平等

实例五

在我中国朋友的家里，主要由她的妈妈负责带孩子，特别是他们还小的时候。在她家里，她的父母都会教他们，比如说，父母都会教他们做人的道理。每次放学回家父母都会询问他们在学校的表现情况，然后督促他们做功课，最后还要检查他们的作业。从这些现象可以看出，现在的社会已经更趋向于男女平等，而在以前的社会，存在很多男女不平等的现象。

以前中国有男尊女卑的观念，男性的地位高于女性。举例来说，以前男性可以娶好几个女性为妻，可是女性却没有这种特权。旧社会对女性有很多约束，比如说，要求女性相夫教子、要笑不露齿、足不出户。在美国也有男女不平等的现象，比如说，以前女性没有投票选举的权利。而且，很多工作单位给女性提供的就业机会比给男性提供的少。另外，男性和女性不同工同酬。

我的中国朋友认为，如果对男性和女性都采用相同的评价标准，赋予他们相同的权利和义务，那么就有希望实现男女平等。

4. 作文练习：谈中美教育

实例六

在美国学校里，学生的压力比较小，比较轻松。在美国中小学有很多课外活动，比如说，有很好的条件学习音乐，掌握各种乐器，例如，学习拉小提琴、弹钢琴。以上这些是美国中小学的优点。

但是，美国的中小学也有缺点。在美国的小学，因为学习的基础知识太简单，功课太少，所以小学的学生养成许多不好的习惯。比如说，因为他们有很多空余时间，所以他们会比较贪玩，看很多垃圾电视。再说，因为小学功课很少，所以他们不容易适应中学相对紧张的学习。

中国的中小学跟美国的中小学一样，也有优点。比如说，中国学校学习的知识比较有深度，而且老师比较认真负责，经常激励学生努力学习。

可是中国的中小学也有一些缺点。首先，在中国学校，学生的压力比较大，学生的功课负担比较重。其次，学生所学的知识实用性不强。有时候老师教育的方法很枯燥。另外，因为课程和学习内容在程度上都是以考试为中心，所以学生很难得到全面发展。

5. 复习评量书写能力题型实例

实例七

中国家庭和美国家庭有什么不同？（请说出至少三点不同的地方：mention at least three examples，200个字）

中国家庭和美国家庭有很多不同的地方。首先，在中国父母对小孩要求很严格，他们觉得他们的孩子的学习成绩要很好，而且，中国父母觉得孩子的学习是最重要的事。可是在美国，父母常常希望他们的孩子多参加课外活动。比如说，美国的父母希望他们的孩子参加体育运动，有时候父母还当他们的教练。其次，中国家庭很大，他们一般都会包括很多代人，有很多亲戚，而且，亲戚之间经常来往。可是在美国，家庭比较小，美国家庭成员见面的机会比较少，因为他们住得很分散，他们经常都是在节日的时候才见面。最后，在美国孩子有更多自由，可是在中国父母对孩子管得很多，这是因为美国父母比较开放。

实例八

你认为交什么异性朋友最合适？什么时候结婚最合适？（100个字）

我认为念高中的时候最适合交异性朋友，因为孩子应该到了一定的年纪交异性朋友，而且，他们应该开始成熟。再说，他们应该知道怎么处理与异性朋友之间的关系。我也认为上大学时最最适合交男朋友或者女朋友，因为女子跟男子更成熟。还有，我觉得人们最适合结婚是25岁的时候，因为他们的生活应该开始稳定。

你认为以前中国的社会有哪些男女不平等的现象？（150个字）

　　中国以前的社会有很多男女不平等的现象。第一，中国以前就是一个重男轻女的社会。在家里，女子出嫁以前要服从父亲，出嫁以后要服从丈夫，丈夫死了女子还要服从儿子。第二，女子出嫁以前没有地位，比如说她们的婚姻完全由父母做主。第三，以前男性可以娶好几个女性为妻，可是女性却没有这种特权。最后，男性和女性不同工同酬。

你认为先生跟太太在家里应该怎么样才算平等？（100个字）

　　我认为先生跟太太在家里应该做一样的事情才算平等，比如先生应该帮他的太太分担家务，太太不应该自己一个人做家务。除了分担家务以外，先生也要帮他的太太带孩子，教育孩子。在现在的社会里，太太经常都要自己带孩子，教育孩子，因为她的先生常常花很多时间工作。

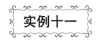

你觉得过日子应该靠什么？（100个字）

　　我觉得过日子应该靠钱也靠兴趣。我觉得过日子应该靠钱，因为如果一个人没有钱，他怎么能生存呢？如果一个人没有钱，他不能买房子、穿衣服或者吃饭，他会过一种很难过的生活。可是反过来，我也觉得过日子应该靠兴趣。如果一个人不靠兴趣过日子，他会容易觉得他的生活没有意思。

第四章

AP中文语言与文化课程考试之介绍

> 本章针对AP中文语言与文化课程及考试作概略性和深入浅出的介绍,希望借此增进海内外各阶层中文教育者对AP中文语言与文化的了解及认识。

第四章　AP 中文语言与文化
　　　　课程考试之介绍

自 2003 年美国大学理事会（College Board）正式宣布开设 AP 中文语言文化课程（AP Chinese Language and Culture）及举行 AP 中文语言文化考试后，AP 中文各项准备、研讨活动纷纷在政府和民间机构展开，成效卓越。以下是笔者在美国各地巡回演讲时，针对现场听众对 AP 中文语言文化课程及考试提出的问题所作的说明和解答，事后汇总整理，集结成章。这些说明和解答，融合了笔者参与 AP 中文语言文化筹划过程所吸取的宝贵经验和多年在美国大学从事中文教学研究和实务的心得，并参考 AP 中文网站（AP Chinese Central）、《AP 中文教师指引手册》(*AP Chinese Language and Culture Teacher's Guide*)、课程大纲（Course Description）以及大学理事会和教育测验中心（Educational Testing Center）所提供的信息，其中少部分内容已刊登在期刊《国际汉语教学动态与研究》中。本章针对 AP 中文语言与文化课程及考试作概略性和深入浅出的介绍，希望借此增进海内外各阶层中文教育者对 AP 中文语言与文化的了解及认识。为讨论方便起见，"AP 中文语言与文化"以下皆简称为"AP 中文"。

一、美国 AP 课程考试的一般性介绍

1. AP 课程有什么优越性？

AP（Advanced Placement）课程是开设在高中的大学先修课程，无论是深度、广度还是难度均高于一般的高中课程，每年皆吸引许多学业成绩优秀且具竞争力的高中生修课。由于 AP 授课内容具相当大的挑战性，AP 课程通常由优秀资深的教师授课。一般学生都将 AP 课程或者 AP 考试的成绩视为一种荣誉，对申请大学而言，无论是修过 AP 课程还是考过 AP 考试，均占很大的优势。大多数的美国大学和学院，在考虑学生入学、学分与升级时，都将 AP 成绩纳入考量，使 AP 成绩具有很强的代表性及优越性。修过 AP 课程或者考过 AP 考试的学生，在很多美国大学及学院，可以得到大学学分，选修更高一级的课程，提前达到大学对外语或者其他科目的要求，而免修一些学科。学生可以用合格的 AP 成绩在三年到三年半的

时间内完成大学规定课程，提早毕业。目前，90%的美国大学和学院已经建立起相关的 AP 学分及课程的认定制度，鼓励成绩优秀的学生在高中选修大学的先修课程，以发挥他们未来的学术潜能。

2. 美国有哪些 AP 外语相关课程？

美国大学理事会推动所谓的"世界外语"（World Languages）之前，统筹规划的外语项目而且在美国高中已经开设的 AP 外语相关课程及考试有法语、德语、西班牙语，其中以选修西班牙语的学生人数最多。另外，还有独立于语言以外的文学课程及考试，目前只有法国文学和西班牙文学，尚未有德国文学。美国大学理事会于 2003 年 6 月 22 日宣布，开始计划推出四种新的 AP 外语课程，包括意大利文、中文、日文和俄文，皆以"语言文化"为课程核心，这四种外语尚未推出以"文学"为核心内容的 AP 课程。

3. 目前美国大学理事会一共推出多少 AP 课程和考试？

至 2005 年春季为止，美国大学理事会一共推出了 34 个 AP 课程和考试，2005 年秋季开始增设 AP 意大利文课程，2006 年 5 月 AP 意大利文首度举行考试。继 2006 年秋季推出 AP 中文课程及 AP 日文课程之后，2007 年 5 月将首度推出 AP 中文及 AP 日文考试，届时将累计达 37 个 AP 课程及考试。AP 俄文课程设计不由美国大学理事会规划，而由俄语教师相关学会负责，开课及考试时间待定。目前俄文教师学会正在紧锣密鼓筹划当中，预计很快即可成为第 38 个大学理事会正式推广的 AP 课程及考试。

二、AP 中文课程考试之源起、筹设过程、未来计划

1. AP 中文开设前，中文教学在美国的地位如何？

在美国，学习中文的人数明显增长，还是近二三十年的事情。回顾中

文教育在美发展历史，自17世纪至20世纪早期，中文教育发展相当缓慢，尚未进入主流学校。当时，学习中文主要是满足西方传教士传教的目的。中文正式成为美国高中课程，乃是1980年代的事，得归功于Geraldine Dodge Foundation 所发起的"中文教学启蒙方案"，赞助约60所高中成立和扩大中文教学课程，至今，受惠于此项方案的高中学校，大多数都还保留中文课程。随后，美国教育测验中心接受大学理事会委托，于1994年举行第一次SAT中文能力考试（SAT Subject Test in Chinese），鼓励高中生学习中文，参加考试，其考试成绩有助于大学期间选修更高程度的中文课程。

2003年6月，美国参议院响应外国语言文化推广对国家经济发展和国防安全之重要性，提出170号议案。该议案宣布，将2004年和2005年定为美国全民的"外语学习年"（The Year of Foreign Languages Study），由布什总统将外语学习推广至小学、中学、大学、政府部门及工商团体。该议案通过后，美国外语教学学会将2005年定为"语言年"（The Year of Languages），全力在美推广一系列的外语教学宣传活动，无论政府机构、各级学校还是民间团体组织，皆感受到这股外语热潮和使命，为推动或从事外语教学人员带来莫大的鼓舞。美国大学理事会借此时机，于2003年扩充大学先修课程项目（Advanced Placement Program），成立"世界外语推动"（World Language Initiative）小组，宣布将中文、日文、意大利文和俄文四种外语，增列为高中的大学外语先修课程。自此，在美掀起有史以来最大的中文教育高潮，整个中文教学界纷纷动员，举办一系列相关活动。其影响层面扩及美国和美国以外国家的学术界、政府部门、教育立法单位、中文教学和教师学会组织，甚至民间有关团体。

2. AP中文课程及考试筹划基金来源为何？

AP中文课程及考试的设立乃是全美中小学中文教师协会（Chinese Language Association of Secondary-Elementary Schools，简称CLASS）的资深中学中文教师以及历任会长与中国国家对外汉语教学领导小组办公室（National Office for Teaching Chinese as a Foreign Language，简称NOCFL）

经过几年的联系沟通而完成的历史性创举。这是海外中文教学发展史的一件大事,对中文教学的提升和专业化皆产生划时代的意义,将在未来几年内加速带动美国学习中文的热潮。筹设 AP 中文的基金总共 137 万美元,分别来自于三个管道,包括中国国家对外汉语教学领导小组办公室(汉办)、台湾方面以及 Starr 基金会和 Freeman 基金会,由美国大学理事会统筹基金,全面策划。

3. 美国大学理事会是什么样的机构?

美国大学理事会成立于 1900 年,是一个致力于平等、优质的高中教育,帮助高中学生迈入大学成功之路的非营利组织。每年为约 22 000 所高中、3 000 所大学及 300 多万高中生和家长提供服务,服务范围包括大学入学许可、入学指导、入学申请考试、学费补助、教学和学习等。其中最重要的服务项目是大学先修课程项目,为高中生提供机会,于高中学习期间选修大学先修课程,提前接受大学课程的挑战。学生进入参与 AP 项目的大学以后,可以获取学分,选修高级课程。2004 年,来自于约 15 000 所高中的 100 多万名学生参与 AP 项目。2004 年 5 月,这些学生总共参加了 190 万分 AP 考试,他们的成绩寄至 3 000 多所大学和学院。

4. AP 中文课程及考试策划过程为何?

大学理事会自 2003 年 12 月 5 日宣布将中文列入高中大学先修课程起,立即积极展开一系列 AP 中文的计划与活动,于 2004 年初开始筹措成立 AP 中文专案小组(AP Chinese Task Force)事宜,在美国正式迈出推动中文语言文化教学成功的第一步。此专案小组成员主要包括 CLASS 中小学中文学校协会以及 CLTA(Chinese Language Teachers Association)中文教师学会的成员,一共 15 位专家学者及优秀、资深的中文教师。此专案小组在 2004 年秋季至 2005 年春季期间,于纽约举行三次两天半的会议。每次会议期间,高中教师代表及大学中文教授充分交换意见,主要完成的任务包括确定选修 AP 中文课程的学生来源、参加 AP 中文考试之资格、选定 AP 中文考试测试的语言技能、草拟 AP 中文课程之教学大纲及考试试题样本。会中决议AP中文课程相当于大学第四个学期开设的中文课程，涵盖大学两年的中文能力。会中并一致通过繁体字及简体字并存方案，无论是课程或者考试，教师及考生皆可根据不同需求及学习背景任选一种，以符合公平性及普遍性的原则。AP中文考试形式突破传统的纸笔测验，为了配合语言测验发展趋势，考生将在电脑房进行电脑网上考试，用汉语拼音或注音符号输入汉字皆可。继AP中文专案小组任务完成之后，大学理事会马上成立AP中文考题制定委员会（AP Chinese Development Committee），一共六位成员，主要任务乃确拟课程大纲，并依据统计科学上的效度和信度，建立考试题库。此项工作，预计将持续四年，于2008年完成预期任务，委员聘任采取一年或两年的轮流更换制。

5. 为配合AP中文课程及考试，大学理事会还做了哪些方面的努力？

1）大学理事会于2006年公布的《AP中文教师指引手册》初稿，共有五个章节，包括① AP中文课程说明；② AP中文考试说明；③ 课程设计及教学活动范例；④ 课程设计、教学及有关方面之建议；⑤ 教学参考资源、专业学习机会管道、中文教学相关专业组织等。此教学指引由本人担任作者，并向优秀、资深的高中中文教师及大学教授邀稿，提供教学课程表及教学建议。

2）聘任大学和高中资深、优良的中文教师担任大学理事会咨询顾问（College Board Consultant），协助组织培训项目。从2006年春季开始，负责培训中文教师的工作，提高AP中文教学效率和质量。其培训项目包括一天的AP中文及Pre-AP中文课程，四天或五天的AP中文及Pre-AP中文暑期学院；一天的Pre-AP中文课程又包括"外语水平"及"垂直团队"两大主题。

3）成立AP中文专业发展咨询委员会（AP Chinese Professional Development Advisory Group），根据不同时期机动性的需要，不定期聚会讨论各项事宜。从2005年春季至2006年春季为止，已分别在纽约、新奥尔良以及圣地亚哥三地举行讨论会，会中针对专业训练、在职训练以及师资培养及扩充有关方面的问题，提出及时性的建言和更具体的方案。另外，同时针对专业培训内容作详细讨论，确定为期一天的培训以及一星期五天的暑期学院课程训练和活动内容。

4）设立AP中文网站，及时向所有关心AP中文的教师、行政人员、家长和学生等海内外人士提供充分的AP中文相关信息，服务大众。

5）与美国及海内外政府及民间有关单位，充分联系合作，为推广美国和世界各地的AP中文教学及考试作最大努力。

6. AP中文网站

AP中文网站提供丰富的资讯，随时会刊登各种与AP课程与考试有关的最新消息，为高中教师提供全面、完整的资讯。除了一般性的资讯以外，还特别刊登AP中文专业方面的信息，包括教学资源（Teachers' Resources）、课程大纲（Course Description）、在职专业培训机会（Workshops and Summer Institutes）、AP中文问答（Frequent Questions and Answers）和网上讨论（Electronic Discussion Group），教学资源为AP中文教师提供教材短评及教学课程设计样本，供教师作为参考。课程大纲除了对课程目标、内容、选材及评量方式作综合性的介绍以外，还附有考题样本，教师可从考题样本看到一份完整的考试雏形，获得具体概念，帮助学生作最充分的准备。在职专业培训机会资讯方面，教师可查到大学理事会在美国六大地理区域所提供的半天、一天的在职训练机会以及四至五天的暑期学院进修机会，教师可根据时间及任教学区参加专业培训。教师应随时上AP中文网站，以便获得大学理事会最新公布的消息。

三、AP中文课程介绍

1. AP中文课程主要教学目标为何？

AP中文纲要的设计，与其他美国许多外语教学一样，皆以美国外语教学学会所公布的五大外语教学目标为最高指导原则。以下摘要列出美国中小学中文学习目标的中文翻译，刊登在该学会于 1999 年出版的 *Standards for Foreign Language Learning in the 21ˢᵗ Century*（第 114 页）。

第一外语教学目标

沟通，也就是运用中文沟通（Communication）

  1.1 语言沟通（Interpersonal Communication）

  1.2 理解诠释（Interpretive Communication）

  1.3 表达演示（Presentational Communication）

第二外语教学目标

文化，也就是认识中国多元文化（Cultures）

  2.1 文化习俗（Practices of Cultures）

  2.2 文化产物（Products of Cultures）

第三外语教学目标

贯连，也就是贯连其他学科（Connections）

  3.1 触类旁通（Making Connections）

  3.2 博闻广见（Acquiring Information）

第四外语教学目标

比较，也就是比较语言文化之特性（Comparisons）

  4.1 比较语言（Language Comparisons）

  4.2 比较文化（Culture Comparisons）

第五外语教学目标

社区，也就是应用于国内与国际多元社区（Communities）

  5.1 学以致用（School and Community）

  5.2 学无止境（Lifelong Learning）

由于五大外语教学目标的英文皆以 C 开头，所以，在美国普遍简称 5C's，代表 Communication, Cultures, Connections, Comparisons 和 Communities。以下是英文原文和笔者加注的中文翻译。

外语五大学习目标

Communication

Standard 1.1: Students engage in conversations, provide and obtain information, express feelings and emotions, and exchange opinions in Chinese.

Standard 1.2: Students understand and interpret written and spoken language on a variety of topics in Chinese.

Standard 1.3: Students present information, concepts, and ideas to an audience of listeners or readers on a variety of topics.

Cultures

Standard 2.1: Students demonstrate an understanding of the relationship between the practices and perspectives of the cultures of the Chinese-speaking world.

Standard 2.2: Students demonstrate an understanding of the relationship between the products and perspectives of the cultures of the Chinese-speaking world.

Connections

Standard 3.1: Students reinforce and further their knowledge of other disciplines through the study of Chinese.

Standard 3.2: Students acquire information and recognize the distinctive viewpoints that are only available through the Chinese language and its culture.

Comparisons

Standard 4.1: Students demonstrate understanding of the nature of language through comparisons of the Chinese language with their own.

Standard 4.2: Students demonstrate understanding of the concept of culture through comparisons of Chinese culture with their own.

Communities

Standard 5.1: Students use the Chinese language both within and beyond the school setting.

Standard 5.2: Students show evidence of becoming lifelong learners by using Chinese for personal enjoyment and enrichment.

针对英文原文，翻译成中文如下：

沟通（运用中文沟通）

目标1.1：学生用中文参与对话，提供并获得信息，表达感受和情绪，交换意见。

目标1.2：学生理解并诠释不同主题的书面中文和口语中文。

目标1.3：学生用中文对听者或读者报告不同主题的信息、观念和想法。

文化（认识中国多元文化）

目标2.1：学生了解在以中文为母语的世界各区域中具代表性的中国文化习俗及其意义与价值。

目标2.2：学生了解在以中文为母语的世界各区域中具代表性的中国文化产物及其意义与价值。

贯连（贯连其他学科）

目标3.1：学生通过学习中文的过程增加并强化其他学科的知识。

目标3.2：学生吸取新的信息并认识中文语言文化独特的观点。

比较（比较语言文化之特性）

目标4.1：学生通过比较母语和中文的过程实现对中文语言的了解。

目标4.2：学生通过比较母语文化和中文文化的过程实现对中文文化的了解。

社区（应用于国内与国际多元社区）

目标5.1：学生在学校和学校以外的环境使用中文。

目标5.2：学生丰富学习中文的乐趣和经验而成为终身的学习者。

2. 五大外语教学目标对AP中文教学有何特殊意义和影响？

五大外语教学目标针对以往课程内涵重新作系统化的整理与介绍，提供最新外语课程内涵指导准则，每个目标之间有相当密切的关联性和连接性，彼此相辅相成，其中沟通和文化两大目标构成AP中文教学和考试的核心。以下是在多次AP中文巡回演讲后，笔者认为需要强调的几个重要的观念：

1) 五大外语教学目标是现今外语课程内涵之总指导准则，并不直接阐述教学方法、明确预期学习成果或提供标准评量模式。现今外语教学方法以沟通式教学法为主导，重视实际语境中的沟通交流能力，此教学法有不少论著，得另行阐述与说明。在预期的学习成果和评量模式方面，美国外语教学学会所公布之Proficiency Guidelines、Performance Guidelines以及Integrated Performance Assessment皆提供指导性的原则。

2) 五大外语教学目标对课程重新作系统化的综合归纳，其实质内容并非出于全新观念，不少中文教师在外语教学目标正式公布以前，实际上已经在课程规划上，同时考虑两个和两个以上的外语教学目标，针对不同主题单元作课程设计。举例说明，以第一个目标为例，许多老师在课堂及课外进行听、说、读、写四种语言能力的活动设计，早已顾及单向及双向的沟通。而五大外语教学目标的第一个目标，以三个沟通模式为出发点，将以往听、说、读、写四种技能重新打破，不将四种语言技能视为单独分开的语言技能，而强调有无双向互动关系，有无语义协商特性，有概念上的创新与突破，然而，绝非全新观念。在其他四个外语教学目标方面，文化融入语言教学当中，音乐、文学、科技等与中文课程之贯连，语言及文化上的比较，以及语言文化学习扩展至社区活动层面等，在外语教学目标公布前，早已成为专业中文教师课程规划上时常考虑之要素。五大外语教学目标的统整理念架构，对现今外语教学之发展，仍有其深远之影响与举足轻重之地位。

3) 五大外语教学目标运用于教学单元活动设计时，应配合单元活动主题及学生需要，尽可能涵盖五大教学目标，值得注意的是，涵盖所有11个子目标并非是每个单元活动的必要或绝对条件。无论主题单元为何，课程的设计皆须充分考虑沟通和文化两大目标，因此，此两大目标绝对是各个主题单元课程设计的核心。其他三大目标，则可能因为主题单元有所不同，而有不同程度的运用与发挥，只要教师熟悉五大外语教学目标，累积足够的经验，必可有效地作周全的课程设计。

3. 在沟通目标方面，三个沟通模式所代表的具体意义为何？

五大外语教学目标当中的"沟通"目标包括三个子目标，其最大不同点可从以下三点作详细分析：

- 语言技能（language skills）：听、说、读、写
- 沟通管道（communication channels）：双向或单向
- 语义协商（negotiation of meaning）：有或无

第一个沟通模式： 沟通交流（Interpersonal）

指的是听、说、读、写四种能力，也就是"听与说"的双向交流互动，"读与写"的双向交流互动和"听与写"的双向交流互动，沟通者的角色为听者和说话者，读者和作者，听者和作者，其包括两人或两人以上语言交流讨论的双向沟通过程（negotiation of meaning）。

第二个沟通模式： 诠释理解（Interpretive）

指的是听、读两种能力，也就是听和读的单向语言活动，沟通者的角色是听者和读者，其不包括两人或两人以上语言交流讨论的双向沟通过程。除了两种语言能力以外，阅读各种代表中文文字和文化的印刷品也列入此类沟通模式当中。

第三个沟通模式： 表达演示（Presentational）

指的是说、写两种能力，也就是写和说的单向语言活动，沟通者的角色是作者和说话者，其不包括两人或两人以上语言交流讨论的双向沟通过程。除了两种语言能力以外，肢体语言的表达也列入此类沟通模式当中。

以上介绍的三个沟通模式，有几个重要观念有待澄清，兹说明如下：

1) 三个沟通模式不但是教学活动设计遵循的模式，而且也是评量应该遵循的模式；

2) 三个沟通模式打破传统听、说、读、写四种技能独立分开的模式，

从有无双向沟通及语义协商的角度思考,反映四种语言技能在实际交流情境中的特质及其真实性;

3) 三个沟通模式彼此有密切的相关性和连接性,构成表现式教学 (performance-based instruction) 及表现式评量 (performance-based assessment) 的主要模式;

4) 三个沟通模式主要依据的教学法是沟通式教学法。

4. AP 中文课程在沟通目标上希望达成什么具体目标?

以五大外语教学目标为课程指导准则,培养学生三种沟通模式的中文语言沟通及文化应用能力,帮助学生能在实际生活中,在适当的场合和时间,对适当的人,用适当的方式,表达适当的内容。以下根据《AP 中文教师指引手册》初稿(2006) 所列之教学目标,翻译成中文。

(1) 语言沟通模式:听、说、读、写

① 学生对于在各种不同的人际沟通与社会文化等语言情境中的口语和书面中文能作适当的理解和推论。

② 学生在不同的文化情境中能适当地沟通交流。

③ 学生在语义协商的过程中,能运用分析、归纳、评估等抽象思考能力。

④ 学生能运用抽象认知能力,从语言情境中适当地揣摩语义。

⑤ 学生有效地运用沟通技巧和策略,如澄清或者说明,提出假设并必要时修订假设,用另一种方式表达婉转的说法等。

(2) 理解诠释沟通模式:听、读和看

① 学生对于在各种社会文化情境中所听到的与日常生活相关的口语中文能作适当的理解和诠释。

② 学生对于各种与日常生活相关的非专业性的书面中文能作适当的理解和诠释。

(3) 表达演示沟通模式:说、写和表演

① 学生能在自然且不须刻意准备的情况下提供与自己的家庭、学校、

社区和国家相关的信息。

② 学生能使用正确的语言,用很通顺连贯的方式来描述事件和活动。

③ 学生以篇章性的结构,展示口语和书写的能力,表现对文化的适当认识与了解。

④ 学生以适当的文化表达方式对某种现象的因果关系,提出合理性的解释。

⑤ 学生比较两种情况,并针对自己的选择作出解释和说明。

5. AP 中文教学主题与内容为何?

AP 中文教学,应该将语言教学与文化教学并重,因为语言教学与文化教学两者相辅相成,大文化与小文化亦相辅相成。"小文化"与语言运用沟通能力有极为密切直接的关系,"大文化"与增进中国文化了解有整体性的关系,两者缺一不可。

内容及主题应涵盖大学两年中文课程(语言与文化相结合)。

(1) 在不同公共场合

在宿舍	在餐厅	在邮局
在飞机场	在图书馆	在火车站
在旅行社	在学校里	在教室
在医院	在其他公共场所(公园、音乐会、博物馆、美术馆等)	

(2) 以自我为中心的主题

自我介绍	逛街	买东西
看病	天气	租房子
问路和方向	做客	邀请/约时
旅行	说故事	体育运动
电视	电影	假设的情况
交通工具/状况	生日舞会/其他聚会	打电话(不同目的)
我住的地方和城市	校园活动与社区活动	找工作/生涯规划
暑假/寒假生活	交朋友(同性/异性)	访问朋友/到朋友家
选课/选专业	去中国留学	

描述过去经验和发生的事情
学校生活（上课及课外活动）
介绍某人（老师、父母、同学等）
写信、写卡片、写便条（表达感谢、歉意、解释，电子邮件或手写书信）

(3) 社会文化相关主题

家庭　　　　　教育　　　　　　名胜古迹
婚姻　　　　　知名人物　　　　中国代表节日
健康　　　　　饮食文化　　　　重要成语故事
典型的中国文化艺术活动
其他社会文化主题

6. AP 中文预期达成的语言沟通运用能力为何？

　　AP 中文预期达成的语言沟通运用能力应根据美国外语教学学会所颁布的 Performance Guidelines 和 Proficiency Guidelines 而定。学生上完 AP 中文课程以后，其语言能力应达到 Performance Guidelines 中的准高级水平（pre-advanced level）。Performance Guidelines 与 Proficiency Guidelines 相互衔接，用简单的话来说，Performance Guidelines 的准高级水平亦相当于 Proficiency Guidelines 的中级高的程度，也可能介于中级高至高级初的程度之间。美国大学理事会并未根据这两个 Guidelines 针对 AP 中文预期的语言能力提出明确的预期标准。不过，从语言专业的角度分析，教师不难明显地定出 AP 中文预期的语言沟通运用能力。

　　Performance Guidelines 提供三个等级的语言能力：

　　　　Novice = Grade K-4, 5~8, or 9~10
　　　　Intermediate = Grade K-8, 7~12, 9~12
　　　　Pre-Advanced = Grade 9~12

　　Performance Guidelines 将语言习得能力划分为六大范畴，这六大范畴皆在三个沟通模式的基础上下定义并作解释。

(1) 可理解性（Comprehensibility）
沟通者沟通内容能被理解之程度。
How well are they understood?

(2) 理解能力（Comprehension）
沟通者理解沟通内容之能力。
How well do they understand?

(3) 语言正确性（Language control）
沟通者使用语言之正确性。
How accurate is their language?

(4) 词汇使用（Vocabulary use）
沟通者使用之词汇量及适当性。
How extensive and applicable is their vocabulary?

(5) 沟通策略（Communication strategies）
沟通者维持沟通顺畅之策略。
How do they maintain communication?

(6) 文化了解（Cultural awareness）
沟通内容显示对文化之了解。
How is their cultural awareness reflected in their communication?

Proficiency Guidelines 一般是大学外语教学所依循的准则，其将语言习得能力根据语言任务、功能、结构以及正确性分为四个等级，其定义及说明已于第一章中说明。总而言之，根据个人专业判断 AP 中文课程和考试预期的理想中文能力，根据 Performance Guidelines，应该达到准高级的程度；若根据 Proficiency Guidelines，应该至少达到中级高的程度而迈入高级初的阶段。

7. AP 中文相当于大学第几年的中文课程？

根据 2006 年公布的《AP 中文教师指引手册》初稿及大学理事会在 AP 中文网站所公布的课程大纲，AP 中文相当于大学第四学期的中文课程，修完高中 AP 中文课程，即等于修完大学第四学期的中文课程，满足了两年大学中文课程的要求，总共是250个授课时数。值得注意的是，美国大学中文部各自独立，维持某种程度上的自主性。第四学期的中文课，每周授课时数不一，少至一周授课3次，多至一周授课7次。每次以50分钟计，若以一学期15周为例，从第一学期至第四学期，一周3次，每次50分钟的课程，累计时数是150个小时；一周7次，每次50分钟的课程，累计时数则是350个小时。综观美国中文部，大抵可能还是以一周授课5次为标准授课时数，一周7次实属少数，所以取其中庸。若以一周5次，每次50分钟计算，则达250个小时。

8. AP中文课程相当于大学第四学期的中文课程，其真正内涵为何？

高中AP中文教师对此应该有正确的了解和诠释。笔者建议AP中文教师应该从"完成大学两年中文课程"的角度思考，而避开"等于大学第四个学期的中文课程"的思路，以决定适当的授课内容和方向。说得更确切些，AP中文授课内容应涵盖大学两年的内容，而不应该只教相当于大学第四学期中文课程的内容。一般而言，大学第四个学期所讨论的主题已经逐渐脱离"口语"层次，而进入"书面语"层次，如果将AP中文与大学第四个学期的中文课程画上等号，则很容易误导为"强调正式书面语"的教学方向，而忽略迈入正式书面语之前的前奏教学。仔细审视AP中文教学大纲和考题，不难发现，其范围应该包括大学第一学期至第三学期学过的主题，并融入大学第四学期的新主题，融会贯通，循序复习，重点应该放在语言交际功能的表达和灵活使用。为达成多种语言交际功能，词汇、语法、句型、语用的适当性和正确性、沟通技巧策略以及语言在不同社会、文化、心理等层面上的体现，小至个人日常生活作息、学校生活、家庭生活等，大至与社会相关的文化、教育、社会、交通、环境等方面的问题，皆应融入教学，纳入学习范围之内。口语及书面语，非正式与正式语言，皆应纳入教学课程，两者并重，方能符合AP中文真正的教学目标。详情请见本书以下章节的探讨分析。

9. AP中文课程及考试，语言与文化两者相比，孰重孰轻？

在观念上，两者相依相存，彼此互补，缺一不可，应该得到同等的重视。在教学设计和过程中，应仔细斟酌考量，寻取最佳平衡点，以达到最佳教学效果。由于AP中文考试以"语言沟通运用能力"为核心，语言能力的体现围绕在三个沟通模式上，也就是"沟通交流""诠释理解"和"表达演示"，因此，很明显地，在课程时间比重的分配上，应以语言沟通运用能力的培养为主。切记一个重要原则：这种掌握语言功能的沟通活动，必须在教室里，通过适当的社会文化教学情境，来达到学习目的。在一般情况下，语言教学与学习，多半时间得靠教师在教室的教学情景中，进行有效的教学活动和指导，而很多丰富多样的中国文化活动，却往往可以通过参观访问等课外活动来体现。

10. AP中文课程内容包括历史、文化、诗词、文学、音乐、民俗文化、书法、艺术等等，内容非常广泛，包罗万象，教学该如何准备？

为了丰富语言的学习及内涵以及充分体验中国语言之奥妙，对于历史、文化、诗词、文学、音乐、民俗文化、书法、艺术等等的了解不可或缺。与语言沟通运用有直接关系的，诸如文化、诗词、文学作品和音乐歌词，应该融合语言活动，进行综合性和统整性的教学活动。这些内容其实不会是考试的核心，可是，绝对会增加学习内容的广度和深度，使学生深受优美文化传统的影响，更能掌握语言的灵活性和多样化。教师可选择符合学生程度的重要代表作品作为教学内容，深入浅出地介绍，必能达事半功倍之效。

11. AP中文教学应该采用简体字还是繁体字？

与AP中文考试一致，简体字和繁体字两者皆可采用。教师应根据学生需要，弹性教学。另外，应建议学生，书写时最好固定选择其中一种，以免产生混淆，同时也应该具备辨认两种字体的能力。

12. AP中文应该教多少汉字、词汇和语法？

大学理事会并未针对此环节的问题提出明确的说明或解释，因此有待专家学者作进一步的论述。依据AP中文课程大纲，可以确定的是，上完高中的 AP 中文课程，等于上完了 250 个小时的大学中文课程，具备了上完大学两年应有的中文语言沟通运用能力。美国大学中文部各有其自主性及教学理念，无论在教材、教法、课程设计规划和考试评量各方面，虽具共通性，也具差异性，很难一言以蔽之，作统整性的描述。若在一个有优良口碑、教学严谨、成效显著的大学中文部上完两年课程，则应该有机会学习到将近 1 500 个左右的汉字，甚至有过之而无不及，若加入课外补充及学生自学部分，则可能高达 2 000 个左右。目前没有研究报告针对全美国的大学中文部作过这方面的问卷调查，以 2 000 个汉字作估算乃基于笔者十多年大学一二年级中文教学累积之经验，也是有所根据的。2 000 个汉字或者高于 2 000 个汉字的教学目标，不但并不严苛，而且非常务实，学生在准备 AP 中文考试之际，习得 2 000~2 500 个汉字，应该是绝对可行的。总而言之，AP 中文是具高标准、高挑战性的大学先修课程，教师及学生应该效仿成功的大学中文课程设计及教学模式，全力以赴，多吸收词汇及汉字，宁可多作万全准备，也不能降低标准。另外一个值得思考的观点是，现代语言教学及评量皆强调语言功能的习得以及其在各种真实交际场合中语言运用沟通能力的掌握，汉字、词汇和语法的学习固然重要，可是语言教学主要任务应在于灵活掌握语言功能，而非单单掌握汉字、词汇和语法。汉字、词汇和语法乃达成语言运用沟通能力的手段，灵活掌握语言功能才是目的。当谈到应该教多少语法的问题时，绝对必须同时与应该掌握多少语言功能进行讨论，甚至应该先界定应涵盖多少语言功能，再谈实现语法功能的语法结构和形式。有关此问题的详细讨论，请参考以下章节。

13. AP 中文应用什么教材？

美国大学理事会并没有推荐任何教材，教师应该根据 AP 中文网站上所公布的课程大纲和目标以及中文教材方面的评述，并参考《AP 中文教师指引手册》第五章中教学资源的建议，作综合性的考量，选用适合学生程度和背景的教材，同时也应向大学部中文教师咨询，并与高中中文教师交换意见，集思广益。教师选择教材时，除了考虑经编写而成的教材以外，更应考虑真实性的教材。AP 中文教学的最终目标是培养学生在真实语境中沟通交流的能力，所以真实性教材的适当使用绝对是教师必须了解的课题。

14. AP 中文课程只在美国开设吗？

AP 中文课程主要开在美国，可是并不限于美国。根据美国教育测验中心 2004~2005 年的统计数据显示，除了美国以外，全世界还有其他 27 个国家的 72 所高中表达了开设 AP 中文课程的高度意愿，其中以加拿大和亚洲以中文为母语或者为重要外语的国家最为积极。笔者预估，只要有 AP 中文师资、有经费，也有足够学生人数选修 AP 中文课程，这些学校也将使尽全力，赶在 2006 年秋季开课。若师资、经费、学生三者未能具备充分条件，待时机成熟，也是指日可待的。在美国以外开设 AP 中文课程的学校，也将会争取在学区范围内服务考生，设 AP 中文考场。

15. 2006 年，美国大概会有多少所高中开设 AP 中文课程？

根据 Beth Ruggiero 于 2005 年暑期所公布的统计数据，在美国，开设 9~12 年级中文课程的公私立高中学校共有 182 所，这 182 所高中可能都计划于 2006 年秋季开设 AP 中文课程。实际上，此统计数字略为保守，由于问卷调查采取自由参与的方式，有些早已开设中文课程的学校，并未参与问卷调查，所以实际数目应该高于 182 所。笔者估计，2006 年首度开设 AP 中文课程的高中，应该将近 200 所，而且每年绝对会有增加的趋势。目前看来，开设 AP 中文密度最高的几个州可能是加州、麻州、纽约州、新泽西州等，其次为伊利诺州、明尼苏达州、德州、马里兰州等，预测以上各州及其他各州将会有越来越多的高中学校，在学区教育委员、家长及学生的呼吁之下，采取最高行政效率，在最短的时间内解决师资短缺问题，以最快速度满足家长和学生的需求，开设 AP 中文课程。读者可根据以下的统计数字，进一步预估 AP 中文课程发展的前景。

16. 美国中小学和大学学习中文之总人数是多少？

根据美国现代语言学会（Modern Language Association）于 2002 年公布

的数据显示，1998~2002年之间，美国大学生学习中文的人数大约增加了20%，2002年有34 153名大学生选中文课。亚洲学会（Asia Society）于2005年7月公布的新闻稿指出，全世界以中文为母语的人口约占13亿，可是目前在美国中学7~12年级选修中文的学生只有24 000人左右，约占中学人数的1‰左右。以此数据估计，至2005年为止，全美大中小学正规学习中文学生人数大约6万人左右。根据2006年1月2日美国CNN报导，美国中小学学习西班牙文约300万人，学习中文人数与此相比，简直是天壤之别。学习法文和德文人数目前仍遥遥领先。根据亚洲学会2005年7月发布的新闻进一步分析，目前在高中选法语的学生约100多万人，可是世界上以法语为母语的人口只有8 000万人左右。

以上是美国主流学校的学习中文人数，在非主流学校学习中文的人数远远超过主流学校。在美国，为华人子弟创办的社区中文学校或者周末中文学校目前是中文学习者最多的来源。据2005年的数据统计，在非主流学校学习中文的学生，全美约有16万人左右。综观这些数据，不难发现，中文教学其实存在着很大的潜力和发展空间，只要将中文纳入学校正式课程，必然在学习人数上会有很大的突破。在近几年以来，这个趋势已充分反映在许多方面，比如，各大学中文课程开班总数的增长，高中生和大学生短期及长期留学中国的热潮，美国学生及家长对中国语言文化持续增长的热爱，大学在中国语言、文化、政治、经济方面教学职位的增加，以及中小学纷纷表示出对开设中文课程的浓厚兴趣等等。

17. 随着中文重要性的突显，美国政府采取什么具体措施培养中文专业人才？

以前，中文在美国是"较少列入教学的外语"（Less Commonly Taught Languages）之一；近几年来，已摇身一变，成为美国国家教育安全项目（National Security Educational Program，简称NSET）长期规划具紧急需求性的关键语言（critical language），美国总统布什已于2006年1月5日宣布启动国家教育安全语言项目，加紧培养美国中文及其他关键语人才，将要求国会在 2007 年财政预算中批 1.4 亿美元，推动学校关键语的教学，派遣美国学生到海外学习语言。

目前，美国国家教育安全项目领导的国家旗舰计划（Flagship Programs）设在四所大学，分别是俄亥俄州立大学（Ohio State University）、杨百翰大学（Brigham Young University）、密西西比大学（University of Mississippi）和俄勒冈大学（University of Oregon）。俄亥俄州立大学和杨百翰大学的旗舰计划目标是通过两年的密集培训，招募大学毕业生，培养美国政府需要的各项领域专业人才，在汉语沟通、跨文化交际和专业领域上，学有专长，满足政府所需。参加的学员入学以前必须具备高级程度的汉语沟通运用能力，入学以后，在美国本地修课一年，俄亥俄州立大学学员到中国青岛继续修课并实习，强化语言文化经验，取得高级汉语语言文化硕士学位。杨百翰大学学员到中国南京大学修课，也在上海等大都市吸取实习经验，成为汉语专业人才。密西西比大学的旗舰计划有别于以上两所大学，其目标是录取优秀高中毕业生，重点在于四年大学中文专业人才的培养计划。俄勒冈大学的旗舰计划是美国国家教育安全项目当中，唯一从幼儿园至大学的 17 年中文语言文化人才培育方案（Chinese K-16 Pipeline Project），由俄勒冈大学领导，与当地中小学（Portland School District）密切合作，获得美国国防部（The Defense Department）于 2005 年秋季开始的每年 70 万元美金经费资助，有系统地进行连贯性的中文语言文化教学，培养政府需要的专业人才。1998 年属萌芽期，尚未获得国防部经费支持，在小学学中文的学生大部分都是被美国家庭领养的中国孩子，而在 2006 年，学生背景已渐呈现混合的趋势，当地许多家长希望孩子学习中文，可是还可能挤不进去。另外，旗舰计划在中小学高年级的某些科目（如数学及科学）全以中文授课，大学课程则希望大部分专业科目亦以中文教学，大学二年级学生转至中国南京学习，培养全方位的中文专业人才。这个 K-16 的连贯教学模式已成为中文教学界众所瞩目的焦点之一，也是媒体新闻争相报导的主题，许多人期待这个模式能为美国中小学阶段的中文教学起带头示范作用。

18. 继 2006 年秋季第一年开设 AP 中文课程以后，AP 中文有多少发展空间？

根据美国教育测验中心于 2003 年所调查的统计数据显示，在全世界 14 000 多所高中当中，有 2 374 所高中表现出开设 AP 中文课程的强烈兴趣，其中有 72 所是位于美国以外世界各地的 27 个国家中的高中学校，美国高中表现出开设 AP 中文课程的强烈兴趣者有 2 302 所。这项数据比大学理事会原先预测的数字高出 10 倍左右。这项调查统计同时也调查愿意开设 AP 俄文、AP 日文和 AP 意大利文课程的高中学校统计数据。对开设 AP 俄文课程表示有兴趣的高中仅约 50 所，对开设 AP 日文课程表示有兴趣的高中有 173 所，而表示有开设 AP 意大利文课程兴趣的高中学校有238 所，这项数据充分显示中文成为未来世界强势外语的可能性及乐观性，非常有可能成为未来在美国继西班牙语之后，由少数人学习的外语跃升为最最炙手可热的外语，如果各方面行政、教学资源、师资培育等条件配合得当，赶上时机，甚至有可能居德语和法语之上。

随着中国近年来在政治、经济、文化方面快速的崛起，中国在世界上已占据一个举足轻重的地位。美国报章杂志等各项媒体相继报导中国各方面的发展，介绍中国语言文化突显的重要性，对其未来惊人的发展潜力及对世界政治经济的影响实力，均作了非常深入的报导，中国目前及未来政治经济发展的趋势必定带动学习中文和了解中国文化的必要性与急迫性。面对挡不住的"中国语言文化热"的潮流，美国两位参议院议员 Joseph Lieberman 和 Lamar Alexander 于 2005 年 5 月提出一项积极促进中美文化交流议案(the United States-China Cultural Engagement Act，简称 China Bill)，提议联邦政府拨款资助 13 亿美元，支持美国有关中国语言文化教育、科技等方面的交流计划及活动，希望借此交流，增进美国人对中国语言文化等方面的了解。亚洲学会提出非常前瞻性的具体计划，希望 2015 年以前，在高中学习中文的人数能达到 5%的预期目标，也就是希望 100 个中学生当中，就有 5 个人选修中文课程。在 2005~2015 年 10 年期间，美国高中生学习中文的人数由 1‰左右增至 5%。为落实此项史无前例的中文教育推广计划，亚洲学会已于 2005 年 6 月出版了一本《美国推广中文语言能力》的计划书，约 25 页，预计于 2006 年再出版一本"如何在高中筹设中文课程和教学部门（Chinese Language Program）"方面的手册，与第一本相互呼应，为各州教育行政人员、高中校长和教师以及所有关心中文教育推广者提供可行的方案，加速中国语言文化教育在美的普遍落实。种种迹象和数据显示，学习中文的人数绝对有相当大的发展空间。

四、AP 中文考试介绍

1. AP 中文考试是根据什么模式设计的？

AP 中文考试是根据美国外语教学学会于 1999 年公布的五大外语教学目标和三个沟通模式而设计的。五大外语教学目标乃 AP 中文课程设计所应遵循之准则，包括沟通、文化、贯连、比较和社区。详细来说，也就是学生必须具备运用中文沟通的能力、认识中国多元化文化、贯连其他科目、比较语言文化之特性并应用于国内及国际多元化社会。三个沟通模式环绕在五大目标当中的"沟通"目标上，分别包括"沟通交流""诠释理解"和"表达演示"。根据《AP 中文教师指引手册》以及 AP 中文网站上所公布的 AP 中文专案小组开会报告，AP 中文专案小组成员和出题委员在研拟考题过程中，以"沟通"的目标为重心，并且配合"文化"的目标，严谨出题，在语言和文化两者间斟酌其平衡性、应用性和恰当性。"沟通交流"的题型占 30%，"诠释理解"的题型占 40%，"表达演示"的题型占 30%。（见图 2）考生看到的完整的 AP 中文试题是依据听、读、说、写的顺序来考试的，而不是根据三种沟通模式。出题委员出题的时候先根据三种沟通模式研拟题型，待出完题目以后，再将代表三种沟通模式的题型重新调整分配，顾及答题的流畅性和方便性，拟定出听、读、说、写的答题顺序。

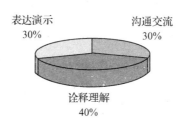

图 2　AP 中文考试题型

2. AP 中文语言部分怎么考？

根据 2006 年公布的《AP 中文教师指引手册》初稿及大学理事会在 AP 中文网站所公布的课程大纲，AP 中文考试包括选择题和口语书写两大部分。选择题有听和读两部分，口语书写有说和写两部分，其考题安排顺序为听、读、写、说。

1）听的部分：都是选择题，选项有的是中文，有的是英文，考生需要听几小段完整或者不完整的对话，然后选最适当的中文选项；还要听一段对话、独白、报告、广告、说明或公共场合广播等等，然后选最适当的英文选项。

2）读的部分：包括看广告、便条、海报、公共场合标示，阅读文章、信件、电子邮件和故事等等。阅读完毕以后，选最适当的英文选项。

3）写的部分：看图写故事或者叙述图片中发生的事情，故事得具连贯性和衔接性，而不是单一叙述每张图片。回复笔友的信件，以学校生活为主题，描述上课情形、课外活动、日常作息、在学校发生的事情等等。另外，还包括读一封电子邮件以后，用电子邮件回信；还有听一段电话录音，再根据指示，写下内容摘要。

4）说的部分：考生得完成一段对话，也就是先扮演听者的角色，然后回答问题。如此，一听一说，一来一往，经过几次问答之后，才结束对话。另外，学生得根据题目说明和锁定的主题，作两个口语报告。这两个口语报告，一个与特定的中国文化习俗主题有非常紧密的结合，另一个是比较两项选择或者计划，针对两者发表意见，提出优点和缺点，并解释作如此选择的原因。

3. AP 中文听、说、读、写比例分别是多少?

根据 2006 年公布的《AP 中文教师指引手册》初稿及大学理事会在 AP 中文网站所公布的课程大纲,第一部分是选择题,包括听和读的能力测试,一共 70 题左右,占 50%,听和读两部分的题目约占各半。第二部分是自由发挥题,包括说和写的部分,占 50%,其题目比选择题少得多,可是每题所花时间明显比选择题多得多,写的部分有四大题,说的部分有三大题。听、说、读、写各占 25%。

4. AP 中文考试时间长达多久?

根据 2006 年公布的《AP 中文教师指引手册》初稿及大学理事会在 AP 中文网站所公布的课程大纲,AP 中文考试长达 3 小时左右。选择题部分,包括听和读两种语言能力测试,约占 1.5 小时;自由发挥题部分,包括写和说两种语言能力测试,也约占 1.5 小时。

5. AP 中文文化部分怎么考?

AP 中文,顾名思义,考语言也考文化。语言能力方面的考试皆围绕语言沟通能力与运用能力出题。文化方面的测试,并没有独立于语言运用和沟通考试以外的题型,也就是所有与任何文化内涵有关的题目,皆与测试语言的题型相结合,以测试语言能力的题型显示出来。主要目的在于测试考生是否能在最适当的文化交流情境当中,使用最恰当得体的语言来达到某种特定的沟通目的。换句话说,AP 中文考试没有诸如中国社会、地理、历史等所谓"大文化"方面的题目,基本上锁定在"小文化"的范围,也就是与个人、家庭、日常生活作息、社会交际活动、应对进退礼节与文化习俗等等息息相关的主题。文化体现的内涵反映在语言使用者是否能在适当的场合和适当的时间,使用适当的语言,对适当的人说适当的话。

6. AP 中文考试是笔纸测验还是电脑网上测验?

AP 中文考试完全采取电脑网上测验,考生不必用手书写汉字。汉语拼音和注音符号两种输入法，考生可自由选择，自行决定采用任何一种输入法。

7. AP 中文电脑网上测验对汉字书写和辨识有何意义和影响？

AP 中文考试完全电脑化，汉字不须手写，而以汉语拼音和注音符号输入。意在"打拼音（或者注音符号），认汉字"的汉字教学，拼音打字能力和汉字辨识能力将成为手写汉字能力将以外不可或缺的能力。虽然考试不要求学生手写汉字，可是汉字的学习及巩固仍须由部首教学开始，为了帮助学生学会写部首并了解部首所代表的意义，汉字教学仍须仰赖手写练习，学会汉字基本结构和笔画顺序。等熟悉汉字结构和笔画顺序以后，多写多练，再进入"打字识字"的阶段，掌握"多打字多识字"的原则，期能"打得快，认得准"，提高打字和识字速度。汉字输入电脑化并非鼓励教师完全摒弃汉字手写方式，而以电脑打字代替汉字教学。手写汉字绝对有帮助记忆及辨认汉字能力之优点，若仅仅训练学生"打拼音，认汉字"的能力，恐怕无法为汉字学习打下扎实的基础。这样的预测，有待将来汉字教学有关研究来证明。无论其实质影响如何，在实用价值方面，汉字的学习不必依赖手写，自然而然减轻了许多美国学生甚至是华裔学生"记不住汉字"和"写不出汉字"的忧虑，让写汉字不再成为学习中文最大的困难。汉字学习的记忆能力一直是学生和老师最头痛的问题，即使学生习得短期的汉字记忆能力，也很难保证长期的汉字记忆能力，这种现象可由学生暑假结束回到学校以后，第一堂课的汉字手写测试得到印证。即使汉语程度相当好的学生，也难保记得牢、写得对，即使认得出大部分汉字，恐怕大多数学生经过一个暑假，也写不出所学汉字的一半。电脑打字所带来的简易性和方便性绝对有助于中文教育在美国的推广，吸引更多美国学生学习中文。这是电脑科技发展的必然趋势，得因势利导，大概也是传统汉字教学的价值观无法抗拒的事实。

8. AP 中文考试成绩满分是多少？

根据教育测验中心的计分标准，在学生的成绩单上，AP 中文的计分，以 5 个等级表示，也就是 1~5 分，最低 1 分，最高 5 分。这个 5 分的等级，是由原始分数转换而成的。但是，学生的成绩单上，看不到原始分数，只能看到以阿拉伯数字"1、2、3、4、5"代表的考试成绩。

9. 在考试成绩方面,以英文为母语的学生是否处于绝对劣势?

大学理事会在刊登于 AP 中文网站上的 AP 中文专案小组开会报告中表示，以英文为母语的学生不处于绝对劣势，而华裔学生也未必处于绝对优势。在统计分析中，美国大学理事会充分考虑考试的公平性，会采取科学方式，谨慎处理统计分数的过程。在决定统计常模以前，会把华裔学生的成绩置于一旁，先用以英文为母语的学生的成绩做基础，设定出一个统计常模。

10. 以英文为母语的学生，有能力考好 AP 中文吗?

根据笔者多年教学经验以及研究心得，以英文为母语的学生，绝对有机会和能力考好 AP 中文，甚至拿到 5 分的好成绩，达到学习两年大学中文的水平。在美国，比较健全的大学中文部所开的课程，多半采取"双轨制"。也就是说，根据学生生长及学习背景，设计两套并行的课程，满足华裔学生和非华裔学生的要求。说得更精确些，一套课程是为了已有相当听、说基础的学生而开设的，另一套课程是为了不具有足够听、说基础的学生而开设的。前者强调读、写能力的培养，后者强调听、说、读、写四种能力的培养。所谓"零起点"的学生，也多半是非华裔学生。在完成大学两年扎实的中文课程以后，听、说、读、写齐头并进，绝对有可能具备 AP 中文预期的语言沟通运用能力。对此说法持怀疑态度的人，首先应该检查中文课程和教法的有效性以及教师专业训练的完整性。只要中文课程和教法具相当的有效性，以及中文教师接受过完整的中文教学专业训练，绝对能把 AP 中文的课程教好，帮助完全没有基础的学生在高中毕业之前学好中文，达到大学两年预期的语言沟通运用能力，考好 AP 中文。拿到满分，绝对不是梦想，关键完全在于完整而有效的课程设计以及配套的教材教法和评鉴方式，详情请看以下章节的讨论。

11. AP 中文跟 SAT 中文有什么不同？

AP 中文和 SAT 中文都是美国大学理事会委托教育测验中心策划的中文能力测验。两者基本差异如下：

1）两者最大的不同在于 AP 中文有课程，也有考试；而 SAT 中文没有开设任何课程，只有中文能力测验。

2）另外一个最大不同点与学分承认有关。一般来说，在许多美国大学，AP 中文分数可得到不同程度的学分认可，而 SAT 中文没有此项优惠。SAT 中文的好处是，有的大学设定门槛分数，高中生进入大学，凭其分数，只要达到标准，即可自动免修大学两年中文课程，如果分数未能达到标准，还是得参加大学里头的能力分班考试，凭考试结果决定修什么程度的课。但是有的大学不管 SAT 中文分数多少，一律要求学生参加大学里的能力分班考试，再根据程度分班。不管哪一种情况，皆不授予学分。AP 中文的分数则具较高的肯定性和优越性，大部分的大学设定分数承认制，满 5 分即免修大学前两年中文课程，有些大学甚至不需满分 5 分，也准入学者免修两年中文课程，并可取得学分。无论如何，各大学将根据成绩优劣，承认某些学分，所以学生可以少修一些课。如果考生在高中还修过很多 AP 课程或者考过 AP 考试，则可提前大学毕业。不过，也有极少数大学不承认 AP 中文学分和考试成绩，仍然得凭学生入学的中文能力测试来决定是否免修或决定修课难易程度。总而言之，AP 中文的考试分数，基本上会得到美国大部分大学的学分认可。

3）两者在考试内容上有些差异。AP 中文考题包括听、说、读、写四种综合能力的测试；SAT 中文只包括听、读和语法三部分的能力测试，不包含写和说的能力测试。

12. 是否得上过 AP 中文课程之后，才能参加考试？

不是。参加 AP 中文考试的高中生，并不限于上过 AP 中文课程的学生，即使没上过 AP 中文课程的学生，也有资格参加考试。

13. 什么时候报考 AP 中文最合适？

美国大学理事会并没有规定高中哪一年才能考 AP 中文，考生和家长可以自行决定。一般而言，最理想的时间可能是高中最后一年，如果想分散最后一年申请大学及修课的压力，或许可以考虑在高中第三年参加考试，极少高中生第一年或者第二年就参加 AP 考试。因为高中生一进高中后，得循序渐进，根据各科能力，修进阶课程，等学科能力足以达到选修 AP 课程的要求时，大概也到高中的最后一年了，所以高中最后一年参加 AP 考试符合修课时间表。可是，对于自小即在中文语境的家庭中成长，并在非正式的社区中文学校利用周末时间或者课后时间上过多年中文课的华裔学生而言，可能就另当别论。学生应可在考虑经济效益和时间效益方面的问题后，选择最适当的时间参加考试。

14. 考过 AP 中文，可以取得多少大学学分？

各个大学将自定学分给予政策，明文规定取得 5 分满分以及 4 分、3 分等非满分情况的学分承认及授予制度。

15. 考题作答说明是英文还是中文？

英文。考题作答说明旨在清楚地提供作答指引，越清楚越明确越好。如果考题作答说明是以中文交代，则可能会同时也考学生辨识作答说明的能力。如此，就违背考试原则，与考试目的不符了。

16. 如何才能考好 AP 中文？

考好 AP 中文，必须同时具备"语言实力"和"非语言技能"的应考策略。首先，最重要的是得具备语言实力，语言运用沟通能力必须充分满足大学两年中文课程的要求，若空谈"答题技巧"而不具语言实力，是绝对不可能考好 AP 中文的。其次，在非语言技能的应考策略方面，必须熟悉考试模式、题型类别、题目顺序和电脑操作技能，并充分掌握答题时间。AP 中文考题，力求模拟真实情境，反映沟通交流时的"真实性""适当性"和"多样性",其挑战性是不难想象的。唯有平常累积语言实力,扎扎实实地打好基础,方能从容应考,临危不乱。至于教师如何通过有效的课程设计和教学活动,帮助学生培养语言实力,详情请见以下章节。

17. AP 中文对美国中文教学界的影响如何?

(1) 促进美国高中与大学中文教学专业经验的整合与交流

AP 中文课程培养的中文能力相当于大学两年中文课程的要求。AP 中文课程及考试的成立,自然促进了高中和大学教师之间的专业性对话,高中及大学两个层级的中文教师已经开始热烈积极讨论"K-16"中文课程教学的衔接性和连贯性的问题。"K-16"指的是从美国幼儿园、小学、中学至大学四年级整个大环节的中文课程中的教学目标、设计、内容、准则、方法、评量方式等等。美国中文教师学会和中小学中文教师学会已于 2005 年 11 月美国外语教学学会举行年会之际,在巴尔的摩举办第一次公开正式的 K-16 中文教学综合论坛(K-16 Articulation Joint Forum)。参加成员包括来自中文教学界三大主流代表,有大学教师、高中教师以及社区或周末华人子弟的中文学校教师团体。会中除了简介 AP 中文现阶段发展情况以外,各方代表纷纷建言,列举各中文教学项目之特色,指出高中和大学现存教学理念之隔阂,并提出未来合作空间及可行的教学研究计划。这次应 AP 中文之需,首贻先例的良性互动及专业性的讨论,将为未来每年的论坛及不定期的频繁学术交流奠定坚实的基础。

(2) 加速推动 AP 中文教学专业化,迈入"中文教学专业化"的领域

教学质量的提高和中文教学项目的成功,需要专业化的知识和前瞻性的理念。以往许多 K-12 中文教师缺乏专业培训的机会,没有正式有效的管道与同行交换教学经验。AP 中文的诞生提供了无数机会,使教师可以吸收到最新专业知识,改进教学。配合 AP 中文课程及考试,美国外语教学学会提倡的"五大外语教学目标"及"三种沟通模式"将继续影响着 AP 中文及 Pre-AP 中文教学。虽然五大外语教学目标及三种沟通模式提出了 AP 中文课程考试理应遵循的重要依据,但是在此课程理念之外,我们还应

该严肃认真地思考一个更重要的课题：如何进行成功有效的教学，帮助学生培养最好的中文综合能力，认识并了解中国文化内涵，适当地应用在语言沟通交际的自然情境中。为达此目标，"课程设计"与"教学方法"须并驾齐驱，相辅相成，以期能迈入专业化教学的领域。本书前三章应迈向AP中文专业化教学的需要，以一个大学二年级中文成功教学模式的实证研究成果为例，展开一系列理论和实践相结合、研究与经验相印证、语料与分析相呼应的详细探讨。继此章节后，探讨AP中文教学专业化的理念和教学实例。

(3) 中文师资需求量逐增，有志教师积极进修取得合格教师资格

美国布什总统自公布"No Child Left Behind"的教育法案之后，对教师资格的规定和审核更为严格。凡是在公立高中任教之教师，皆得具有正式教师资格，私立高中除外，不受此限。目前美国至少已有10个培养中文师资的项目，分别授予硕士学位或给予学分，采取学期修课制或暑期修课制，有志从事中文教育者，只要具备大学学历即可，并不一定需要有硕士学位。比较值得注意的是，美国各州教育监督权有其独立性，各州对教师证书取得的规定略有些许出入，有兴趣者可上网查询有关资讯。中文教师取得资格虽然各州有所差异，亦有相同之处，取得教师资格证明的过程当中，规定课程及专业知识的养成教育，包括教育课程、中文专业知识以及实习经验。一般教师资格考分为两个阶段，有基本能力测试，也有中文教学专业知识的测试。参加正式教育学程者，可通过学校辅导，按部就班地完成每个阶段的需要与考核。若非参加正式教育学程者，则应与各州教育厅联络，得知学分认可制度，依照规定，修补不足之课程，取得学分，或者依循应急措施与特殊立法，在最短时期之内，取得临时证书。除了美国本地所开设的学期制和暑期短期班以外，中国国家对外汉语教学领导小组办公室也组织了志愿者项目，派遣中文教师志愿者赴美国解决中文师资短缺的问题，预计此合作计划将由阶段性的发展进入长期性的发展。

现列出部分美国大学和学院中文师资培训联系人名单，仅供参考：

- New York University

  Contact person: Dr. Frank Tang

- University of Mass at Amherst
    Contact person: Dr. Yun Xiao
- University of Iowa
    Contact person: Dr. Michael Everson
- Ohio State University
    Contact person: Dr. Gala Walker
- California State University at East Bay
    Contact person: Dr. Louise Gu
- George Mason University
    Contact person: Dr. Karl Zhang
- University of Pennsylvania
    Contact person: Shuhan Wang
- California State University at Long Beach
    Contact person: Dr. Tim Xie
- Middlebury College
    Contact person: Dr. Jianhua Bai（Home university is Kenyon College.）
- Seton Hall Univesrsity，New Jersey
    Contact person: Dr. Dongdong Chen

(4) 随着中小学中文课程的增设，学习中文的学生人数将逐年显著增加

AP中文课程必将带动中小学中文课程的开设，让中文课程成为美国主流学校的外语核心课程，而不再只是在美中国人社区团体提倡的非主流中文学校课程。随着美国中小学中文课程之启动以及孔子学院相继成立，将吸引更多华裔学生与非华裔学生学习中文：在主流学校学习中文，取得正式学分，或参加海外短期和长期的中文学习项目、社区成人教育之中文语言文化课程及活动、非主流社区、周末学校等，提高他们对中文语言文化的了解。我们期待，因AP中文的连锁效应，美国将掀起一股不可抵挡的中文学习热潮。

(5) 增进主流和非主流学校的密切合作，直接或间接加速非主流学校的转型

社区中文学校及中文学校联合组织，联合向当地学区及有关教育单位呼吁，开设主流中文课程。在 AP 中文课程及考试正式展开、全面筹划之际，非主流学校立即开始与主流学校中文教师进行史无前例的交流与合作，相继举办无数的演讲及座谈会，邀请高中合格中文教师与社区中文学校非正式中文教师交换教学经验并传授师资证书取得之宝贵经验。在未来几年之内，非主流中文学校的中文教师将陆续转型成功，通过中文教师资格考试，取得梦寐以求的合格中文教师执照，合法地在主流学校中担任中文教师。而继续在非主流学校任教的中文教师，即使取得合格中文教师执照的意愿不强，也必将不断进修，参加各种专业座谈会，熟悉并改进教材教法，帮助学生顺利通过 AP 中文考试。在主流学校任教的中文教师，亦应善用社区周末中文学校的资源，联合举办中文语言文化活动，邀请中国家长积极参与主流学校的语言文化活动，宣扬中文语言文化的重要性，增进美国学生与华人子弟交流的机会。

（6）积极建立有效垂直教学团队（vertical teams），巩固 AP 中文先修课程（Pre-AP）

AP 中文课程的成功与否建立在 AP 中文先修进阶课程的基础之上，不可能呈现中空状态，因此，整个垂直团队的努力是成功的关键所在。AP 中文课程绝对不能独立于 AP 中文的先修课程之外，Pre-AP 与 AP 中文课程必须考虑主题单元、教材教法、考试评量以及课程设计等完整配套，以螺旋式的课程设计方式为主轴，作垂直连线的最佳设计，唯有巩固 Pre-AP 的良好基础，方能保证 AP 中文教学的有效性。所谓的 Pre-AP 中文，实际上指的是一种概念，不是课程本身，不特别锁定在某个年级所开设的中文课程，只要是在 AP 中文之前所开设的任何课程，都可以被纳入 Pre-AP 的范围之内，从幼稚园至高中 11 年级（K-11）所开设的 AP 中文先修课程皆可以说是 Pre-AP 的中文课程。

（7）繁荣中文教材出版事业，促进电脑辅助教学以及远程教学的发展

中文教材出版事业将因 AP 中文的带动，加快出版的速度与良性竞争，开发多元化的网上教学资源，无论是教材、教具、电脑辅助教材、多媒体

教学还是远程教学（E-learning）等，都必将成为研究发展的焦点，未来的中文出版事业，将呈现百花齐放、百家争鸣的现象。

（8）促进中美双方政府、学校、民间正式和非正式的教育、经济、文化、商业、科技等方面的交流

此点是不可否认的事实，为中美未来发展之必然趋势。中美将持续以飞快的速度推动各项中文计划，以顺应 AP 中文的启动和中国强大的政治经济实力。

第五章

沟通式教学法（一）：
学生小组互动活动

本章首先将浅谈沟通式教学法的精神与特色，继而介绍笔者于课堂教学中所使用过的学生小组互动教学活动实例，提供活动进行要诀及注意事项。

第五章 沟通式教学法(一):
学生小组互动活动

沟通式教学法是现今外语教学普遍采用的教学方法,AP中文教学亦不例外。本章首先将浅谈沟通式教学法的精神与特色,继而介绍笔者于课堂教学中所使用过的学生小组互动教学活动实例,提供活动进行要诀及注意事项。盼教师对沟通式教学法有正确的观念和了解,并能于课前准备和上课进行期间得心应手,取得最佳教学效果。

过去的外语教学,停留在片断的语言结构层次上,强调语言学习记忆的功能,语言的使用往往脱离语言情境。在教学上,教师主要关心的无非是应该教多少词汇、语法、句型,还有应该教完几课。此种语言教学的限制,在语法翻译法(Grammar Translation)和听说教学法(Audio-lingual Approach)盛行之际,特别明显,最具代表性。继语法翻译法和听说教学法盛行之后,学者们意识到语言的学习不应该脱离语言的情境,同时应该考虑到语言在各种交际场合中不同的沟通功能和目标,于是提出了沟通式教学法(Communicative Approach),此法从1980年代一直沿用至今,成为当今外语教学主要的教学方法。

沟通式教学法强调表达、诠释和语义协商三个要素。根据Savignon(1998)对沟通式教学法的阐述,语言沟通的活动包含三种层面的能力:表达(expression)、理解诠释(interpretation)、语义协商(negotiation of meaning)。表达指的是说话者表达某种想法、意见、请求或者要求等等。诠释理解指的是听者聆听说话者表达的时候,作自我推理及诠释,以理解说话者的内容及意向等等。听者对说话者所表达的内容和意向,有时候完全理解,有时候后不见得完全理解,在不完全理解的情况下,就需要进一步通过语义协商的过程,向说话者提出问题,而说话者针对问题,提出说明、澄清、解释、补充细节等等,以使听者能完全理解。在语义协商的过程中,说话者和听者之间进行语言的互动,一来一往,一问一答,直至一方或双方认为应该结束为止。Savignon所提出的以上三种沟通层面的能力,对现今所谓的三种沟通模式有决定性的影响。

跨越语言死记硬背的障碍,强调语言整体性的运用和沟通,着重在语言功能点的发挥和实践,结合语言、心理、文化和社会等因素,语言能力的培养扩大至沟通策略、学习策略、抽象思考能力、认知能力、文化理解和运用、科技与语言的综合应用等方面。老师角色由知识传授者或语言训练者转为引导者和协助者,学生角色由被动学习者转为主动参与者,活动形式由教师面对全班授课的方式转为以两人或者两人以上为单位的小组活动,其活动目的乃在完成某种活动功能或任务,反映真实情境或实际语言运用之情境,这类学习情境能帮助学生掌握语言形式、功能和语义一体三面的内涵。

沟通式教学法与传统教学法相比,至少有以下十点理念上的突破。在以下讨论中,"传统式教学"指的是以语法翻译教学法和听说教学法为主导的教学法和理念。

一、沟通式教学法在教学理念上的突破

1. 正确性与流利度

过去的传统式教学非常强调语言使用的正确性,学生一定得遵循老师的指示,进行反复的语言操练,直到正确无误为止。沟通式教学法强调流利度的培养,通过教师的协助,使学生自己意识到语言使用是否恰当,由此增加学习的动力和信心,最后通过沟通和语义协商以及教师的适时反馈与指正,逐渐实现语言使用的正确性和恰当性。

2. 语言记忆与超越语言记忆

过去的语言教学将重点放在词汇、语法和句型的记忆和反复练习上,而沟通式教学法超越语言记忆的层次,考虑语言沟通策略的重要性,如澄清技巧、问答技巧、展开并延续对话的技巧、使用不同的说法以达语言功能的目的等等。另外,心理认知方面的抽象思考能力,如分析、推理、归纳、猜测、理解、解决问题的能力等,也都是语言能力培养过程中不可或缺的能力。换句俗话说,传统式教学一味拼命地钓鱼给学生吃,而不教学生钓鱼的方法;沟通式教学法让学生学会钓鱼的方法,一旦学生学会钓鱼的方法，自然就能钓到鱼吃，而且越钓越多，有潜力成为一位独立的终身学习者。

3. 以教师为中心与以学生为中心

传统式教学以教师为中心，课程设计完全由老师掌控，而语言教学发展至今，学生的重要性和自主性随之提高。比如在小组讨论的教学活动进行当中，学生主动提出问题，寻求老师协助，学生由被动的学习者转为主动的学习者，并增加与同学语义协商的机会。另外，老师也可考虑学生不同的兴趣和背景，于开学前进行兴趣背景和学习需要方面的分析（needs analysis），并于课程进行当中，随时听取学生意见，请学生参与选材、决定主题和评量的过程等等。这样的做法，并非意味学习的内容、进度和评分等完全由学生决定，而是给学生一些适时提供建议和参与讨论的机会，来提高他们学习的兴致，毕竟由学生自己设计、挑选并且同意的方案，会得到学生高度的支持和响应。

4. 语言形式与语言功能和语义

过去的语言教学强调语言形式使用的正确性，一直在语法上打转，忽略语言功能的环节。现在的沟通式教学非单单停留在掌握语言形式和语法的层面，更重视的是语言功能的体现和语义协商的过程和价值。语言形式的最终目的仍在于语言功能的发挥，达成交际沟通的目的。在实际交流沟通的情况中，除非语义产生误解或者信息有误时，听者和说话者才会纠正对方说的话或者确认对方表达的信息或内容。以此类推，在课堂教学时，语言功能的发挥当然得借助于正确的语言形式，可是，如果有些语言形式是未学过的、非教学重点的或者不影响语义顺利沟通的，只要语言功能达到了，并不需要花太多时间纠正错误。从另外一方面来说，语言形式的正确性仍然是掌握语言功能一个相当重要的进阶过程，应该掌握的基础语言形式还是得设定严格标准，不可含糊带过；否则，一旦学生养成习惯，就得费更多工夫才能矫正过来，甚至为时已晚。

5. 非真实语境与真实语境

过去的语言教学几乎都是在真空的状态下进行，而现在强调与学生的实际经验互相结合，在教学活动的设计上力求活动的真实性，培养学生在真实语境或者接近真实的语境中运用语言。毕竟语言学习的最终目的是能运用至日常生活当中的实际情况；否则学的内容无法运用，等于没有效果，白费力气。

6. 非真实材料与真实材料

此要点与第5点有直接的相关性。既然教师得在课堂中或课堂外创造真实的语境，那么使用的教材必定也得符合真实语境，具实际情境的语言运用功能和价值。当然，这并非意味着教学得全部以真实材料为教材，而舍弃以教学为目的编写的教材。在实际教学中，若欲全部采用真实性的教材，对于初学者或者迈入第二年的学习者，可能还是有一些不适用。其主要原因有二：第一，大部分的真实材料是为以中文为母语的人写的，而非为学习中文的学生而写的，所以词汇、语句、功能、使用频率等，皆未从第二外语学习者的需要考虑，因此笔者建议学生仍应从常用词和高频率语言结构与语言功能入手，以达事半功倍之效；第二，真实性材料有一些约定俗成却并不标准的用法，这种情况尤其出现在口语当中，学生在第二年学习中文时仍应从标准结构着手，待语言功能掌握纯熟以后，若行有余力可将真实材料作为补充教材，这样会在既有稳固的基础上更上一层楼。因此，在非真实性教材和真实性教材之间，教师应该仔细选材，力求平衡和互补。真实材料有其不可替代的价值，无论是书面材料还是口语材料，不但有助于在课堂中创造与生活当中实际交际相仿的情境，而且可以培养学生推理、假设、归纳、分析、下结论等认知能力和解决问题的能力，这种能力正是在实际的语境中非常需要的能力，绝对不可抹杀。

7. 谈论语言与使用语言

以往传统式的语言教学，老师多半谈论语言多，一味对学生灌输语言知识，使学生缺少使用语言的机会。现在的语言教学则重视教师少讲解，而多给学生练习使用语言的机会。"懂语言"并不等于"会用语言"。懂得如何分析句子结构和功能并不是语言教学的目的，仅仅懂得分析句子不见得能将所学法则应用在实际交际沟通的语境中，这是最大的遗憾。试想，以中文为母语的人，有多少人是语法专家？绝大多数以中文为母语的人，都是能使用语言而不能说出个所以然来的语言使用者。学生懂语法当然能帮助掌握和使用语言，可是，重点是学生会不会用，而不是能说出多少语法点。语言教学时，老师不须花太多时间解释用法，而应该花更多时间让学生练习，帮助他们在适当的语境中，恰当、正确地使用语言，也就达到目的了。

8. 老师说得多与老师说得少

此点与第 7 点息息相关。由于沟通式教学代表性的教学模式得通过语义协商的过程，所以老师如何做到自己少说而让学生多说，就是教学成功的关键。在此之上，更要做到老师说得少且说得恰到好处，而学生不但说得多，而且也说得好，这是语言能力水平提高的最大秘诀。老师无论在活动设计还是课堂问答技巧上，都得仔细琢磨推敲，方能达成语言目标的落实与实践。至于如何做到这点，以下章节将有详细的探讨。

9. 有统一答案和无统一答案

传统的教学方法，绝大部分时间着重机械式的语言操练，学生语言的表达和演示较具统一性，而缺乏个人创造性。这种现象，不太可能在进行沟通式教学的课堂中出现。在沟通式教学法中，当老师与学生进行沟通或学生与学生进行沟通时，虽然教师问学生一样的问题，有预期功能，然而学生则很可能根据自己不同的情况和经验回答教师的问题，于是，回答的方式和内容必然有所变化，具多样性。另外由于教师经常给予学生一个与实际语境相同或极为类似的情况来完成任务，因此学生的演示表达常常视对象、时间、地点、场合等其他因素而定。只要教师引导得宜，在学习效果和动机方面，应该胜于传统的教学方法。

10. 向老师学习与向老师和同学学习

传统式的教学法以教师为主导，学生语言学习的对象以教师为主，几乎没有向同学学习的机会。现在的沟通式教学法采用任务式的教学，学生得根据老师指定的特定语言形式和语法，完成某项任务和活动，无论是一人、两人还是两人以上以小组方式共同完成的任务，皆经常借助于同学之间的合作式学习，互相讨论，交换信息，通过语义协商的过程，共同完成语言任务，学习者在某种程度上不但能独立学习，还能靠老师的帮助以及同学与同学的互动完成学习任务。因此，教师如何帮助学习者在合作式的学习过程中，充分而有效地运用语言表达和沟通的技能，习得预期的语言形式和功能，则有赖于同学之间良好的互动和教师的专业经验了。此问题，将在以下章节详细讨论。

二、沟通式教学法之优点与活动进行要诀

根据 Savignon（1998）对沟通式教学法的阐述，语言沟通的活动包含三种层面的能力：表达、理解诠释、语义协商。

在语义协商的过程中，说话者和听者之间进行语言的互动，一来一往，一问一答，直至一方或双方认为应该结束为止。

语义协商沟通的质与量是提高学生语言沟通运用能力的重要决定因素。语义协商沟通使学习者接收到能理解的语言输入内容（comprehensible input，Krashen 1982，1985），而后表达能理解的语言输出内容（comprehensible output，Swain 1985），进而从自然交流的互动，得到对语言习得有益的反馈（Long & Sato，1984）。这样的过程主要应用于学生和学生之间的沟通交流活动，同时也可应用于老师和学生之间的教学活动。

课堂上的互动沟通活动分为老师与学生的互动交流和学生与学生的互动交流。这两种沟通形式都对语义沟通的量与质产生决定性的影响。虽然沟通式教学法不断强调学生与学生之间的互动交流，而且倾向于以学生与学生之间的互动交流为课堂上的主体，可是学生和学生之间的沟通活动不

第五章　沟通式教学法(一)：
学生小组互动活动

可能在课堂教学中无时无刻地进行。学生对语言的习得的某个阶段，仍然得仰赖老师的引导教学，也就是以教师为中心的教学活动，而且学生和学生之间的互动交流在某些程度上仍然建立在老师成功引导教学的基础上。因此，以学生为中心的学生之间的交流活动（student-centered activities）和以老师为中心的教学活动（teacher-fronted activities or teacher-centered activities）都很重要，两者应相辅相成，缺一不可。本章之重点旨在讨论学生和学生之间的沟通活动，也就是以学生为中心的小组互动活动。

Rulon 和 McCreary（1986）比较学生小组讨论活动（small group work activities）和老师引导式的讨论活动（teacher-fronted activities）。其教学内容在统计分析上，没有发现任何明显的不同。不过，学生在小组讨论活动中比在老师引导学生的讨论活动中说得多，而且在小组讨论活动进行中，学生对讨论内容的澄清、确认是老师引导学生的讨论活动的两倍。所以，语义的沟通和讨论在学生小组讨论活动中的确发生了，而在老师引导的讨论活动中却出现得非常少。也就是说，小组讨论活动有较多实质性的语义沟通。

Lee（2000）也做了一个实验，在语言教学课中，比较学生的讨论参与度和教学内容的记忆程度。他发现在老师引导讨论的班级里，42 人当中只有 11 个人回答老师的问题，参与讨论；而在学生小组讨论活动中，46 个人当中，全部皆有机会参与讨论。以沟通交流的机会来说，此发现与 Rulon 和 McCreary 的研究结果不谋而合。另外，Lee 还发现，参与小组讨论的学生，对讨论内容的记忆是老师引导讨论方式的两倍。

笔者也于 2006 年春季开学的第二堂课中做了一次实验并记录下来。由于寒假刚结束，学生可能对于学习内容有些遗忘，为了巩固学习基础，重拾他们的信心，笔者安排了一个以寒假生活为主题的两人小组沟通活动。当老师扮演辅助角色巡视教室时，学生遇到问题寻求老师协助。记录经综合整理，分为两类：第一类出于学生自觉，当他们对于某种特定的用法和词汇无法掌握或不能确定时，主动寻求老师当场协助；第二类乃非出于学生自觉，而是老师巡堂聆听时，发现学生语言使用上有所缺失，而立即给予反馈。

学生自觉，主动向老师提出问题：

1. 老师，我不记得了，"我开车 UVA 到 Washington DC"对吗？
2. 曾老师，是"一场电影""一部电影"还是"一个电影"？
3. 你可以说"一个星期半"吗？
4. 怎么说……？（包括 from ... to ..., beach, kill, die, sad, same day, ability）

非学生自觉，老师主动向学生提示正确的语言使用方式：

1. ……多人（应该是"很多人"）
2. 1 个月 10 号（应该是"1 月 10 号"）
3. 我第 20 个生日（应该是"20 岁"）
4. 我旅行在纽约（应该是"在纽约旅行"）
5. 我住在 Canada 跟我姐姐（应该是"我跟我姐姐住在 Canada"）

若以上学生小组互动活动改为个别学生向全班报告，然后由老师指正讲评，变成教师与学生的互动活动，则有以下缺点：

1) 容易造成学生心理上的紧张和压力；
2) 减少其他学生使用语言练习沟通的机会；
3) 无法充分培养流利度，导致学习内容欠缺内化的机会；
4) 学生之间没有互相学习和交换经验的机会；
5) 师生之间的语义协商过程缩短，时间不够，故不近似于真实语境；
6) 学生无法充分练习沟通策略的技巧，无法培养认知能力和解决问题的能力。

以学生为中心的活动具有以下优点：

1) 创造一个具鼓励性和积极性的语言学习环境；
2) 增加学生使用语言练习沟通的机会；
3) 增加流利度和学习内容内化的机会；
4) 学生之间有互相学习和交换经验的机会；
5) 学生彼此通过语义协商的沟通过程进行交流，近似于真实语境；

6）学生能练习沟通策略的技巧并培养认知能力和解决问题的能力。

学生之间的小组互动活动可分为三个阶段：小组活动前的说明和示范活动、小组活动、后续活动。在学生小组互动活动开始以前，师生的互动教学仍然是一个相当重要的阶段。沟通式教学法将课堂教学形式由师生之间的互动转移至以学生之间互动为主的交流沟通活动，并不意味着课堂教学必须全部以学生之间的小组活动代替师生之间的互动教学，没有师生之间的有效的互动教学作前导，学生的小组活动肯定不能发挥最好的效果。现今沟通式教学所面临的最大挑战是，如何加强师生之间的互动，以加强学生之间的小组互动，以及如何尽量减少师生之间互动教学的时间，而增加学生小组互动活动的时间及质量。理想的时间分配比例是师生之间的互动教学占课堂时间的 50%，而学生之间的小组互动活动占课堂时间的 50%。教师如何利用最少的时间，达到师生之间的最佳互动，而尽量增加学生之间小组互动时间与质量，的确需要长时间的摸索与试验，这是一个日后需要详细讨论的课题，在此暂且不谈。以下仅列出学生之间的小组互动活动的执行要点：

（1）对语言结构和功能熟悉后再进行

熟悉语言结构和功能是学生小组互动活动进行的前奏教学，直接影响学生之间小组互动活动的质量和效果。教师必须确定学生熟悉目标语言结构与功能后，再进行学生小组互动活动。若此前奏教学活动进行不彻底，则学生在互动活动时，必定会浪费时间进行错误和不适当的交流。小组活动的进行，与其花同样的时间让学生尝试太多语言输出输入的错误或不当，倒不如尽量减少不当语言的输出与输入，此点有赖于教师在前奏教学时发挥最大的教学作用。

（2）清楚说明活动目的和进行过程

为了清楚说明活动目的和进行过程，教师的举例、示范有其必要性。学生接收到这些信息以后，方能从语义协商的互动当中，针对教师锁定的语言目标、功能和任务进行交流。

(3) 时间分配得当

有效分配时间是一般课堂管理的技巧，同时也是学生小组活动进行的要素之一。时间的分配，需要于活动开始之前告知学生，以帮助学生在预定时间内完成活动任务。

(4) 注意配对分组之技巧

分组时，应尽量将程度高的学生与程度较低的学生分在一组，避免将程度高的学生分在一起，或者将程度低的学生分在一起；也应避免将同样文化背景者分在一起，应该尽量将同样文化背景的同学平均分配至各组。除非是学生程度相差太大，教师针对不同程度学生设计不同教学目标和要求，而必须进行能力分组教学；否则，仍应掌贯彻"高低配对""背景混合"的原则。

(5) 学生具运用沟通策略的能力

沟通策略的学习与运用有利于沟通的顺利进行，而避免沟通不良或沟通中断的情形发生，是沟通式教学法的一大特色，例如以下常用的澄清和确认沟通策略：

  对不起，我听不清楚。
  对不起，我不懂。
  怎么说……？
  ……中文怎么说？
  ……是什么意思？
  请你再说一次。
  请告诉我……
  我是说……
  我的意思是……
  你是说"……"吗？
  你刚才说"……"，对不对（是不是）？
  你刚才说什么？

这些常用的沟通策略是语义协商过程中不可或缺的因素，使小组互动活动中的对话沟通得以延续且顺畅，以上列举的沟通策略在真实沟通语境中出现频率极高，故学生务必掌握。

(6) 有效监督活动并随时提供协助

小组活动进行时，教师最大的功能即是扮演辅导者及协助者的角色，来回地在教室走动，观察学生语义协商的内容，适时提供协助，回答学生的问题，给予及时的反馈，并仔细记录观察，以便作为后续循环教学评量的参考。

(7) 只说中文不用英文

学生必须严格遵守语言誓约的承诺，努力维护全面浸泡式的中文语境，在小组活动进行时亦不例外，只说中文，不说英文。若有例外情况，准许说英文，则教师应说明清楚，取得全班同学的共识。

(8) 耗时冗长的活动课外做

有些小组活动适合在课堂上完成，有些小组活动适合在课外完成，耗时冗长的活动应该给予学生充分的时间，在课后完成。例如访问中国人对于某些事件的看法和经验，或者组员共同讨论，写出代表性的一篇作文或访问报告，甚至是同侪之间的文章欣赏和校正，诸如此类的活动，由于时间不容易控制，最好都在课后完成。

(9) 注意听，问问题，以达互相沟通学习的目的

一般学生在交流沟通的时候，会很自然地将重点放在语义上，以了解伙伴们有趣的经验和内容。其实，只要老师上课强调正确地使用语法结构及适当地发挥语言功能，学生之间是绝对可以做到互相纠正的。

(10) 后续活动

后续活动的重要性不亚于活动本身的重要性。许多教师常常忽略了活动后的检查和延续活动，检查部分包括奖励、指正、再次操练学习盲点、给予立即反馈等等，延续活动包括与小组活动配合之延伸作业或任务，听、说、读、写皆可做综合统整的后续活动。

三、沟通式教学法常用活动

以学生为主的沟通式小组互动活动所强调的精神和特点是:不断为学生提供机会,通过语义协商的过程与其他交谈者交流沟通,习得预期的目标语功能,进而完成某种特定的语言任务。以下是笔者在大学第二年中文课程的课堂上进行过的学生小组互动活动,经过课堂实践之后,或维持原貌,或经过修改润饰而成。这些活动在书中出现的顺序与课堂上使用的频率无关;活动实例后附有说明或讨论活动要诀,提醒教师在活动前、活动中以及活动后应该注意之事项。

1. 信息交换 (Information Exchange)

主题:我这个学期上的课

活动步骤

步骤一

上课前老师把讲义提前发给学生,请学生在家把星期一到星期五上什么课和什么时间上课的信息写下来。

说明:

1) 请把星期一到星期五上的课填在表格里;

2) 请填完表格以后,回答以下问题,尽可能用下面三个语法结构回答问题。

	星期一	星期二	星期三	星期四	星期五
上午 8:00					
上午 9:00					
上午 10:00					
上午 11:00					

第五章　沟通式教学法（一）：
　　　　学生小组互动活动

	星期一	星期二	星期三	星期四	星期五
中午 12:00					
下午 1:00 下午 2:00 下午 3:00 下午 4:00 下午 5:00					

问题：

　　1. 你这个学期一共上了几门课？是什么课？几个学分？

　　2. 你每天都有课吗？分别是什么课？

　　3. 你哪一天的课最多？是什么课？说一说你那天上课的情况。

　　4. 你哪一天的课最少？是什么课？说一说你那天上课的情况。

　　5. 你星期一到星期五，哪几天上的课一样？有什么课？

　　6. 你最喜欢什么课？最不喜欢什么课？为什么？

语法结构：

　　语法结构1：……先……，然后再……

　　语法结构2：……以后，就……

　　语法结构3：上完……课以后，就去……

步骤二

　　上课时，老师将学生分成两人一组，并指出小组讨论的重点和步骤。

说明：

　　1) 你和同学轮流问以下的问题：A 先问第一题，B 回答问题；A 问完了以后，B 再问 A 第一题，A 回答问题。然后跟第一题一样，再问其他的问题。

　　2) 活动结束以后，请报告你们讨论的内容，报告的时候，得比较你们两个人的时间表，且必须用下面的语法结构。

问题：

　　1. 你这个学期一共上了几门课？是什么课？几个学分？

2. 你每天都有课吗？分别是什么课？

3. 你哪一天的课最多？是什么课？说一说你那天上课的情况。

4. 你哪一天的课最少？是什么课？说一说你那天上课的情况。

5. 你星期一到星期五，哪几天上的课一样？有什么课？

6. 你最喜欢什么课？最不喜欢什么课？为什么？

7. 比较你们两个人的时间表，有什么不同？

语法结构：

语法结构1：……先……，然后再……

语法结构2：……以后，就……

语法结构3：上完……课以后，就去……

语法结构4：……跟……（不）一样……

语法结构5：……比……+ adjective

步骤三

后续活动：

1）老师先请一组同学根据以上的问题作报告，同学报告的时候，其他同学注意听，并且做笔记。

2）听完一组同学报告以后，老师针对他们报告的内容提问，确定同学是否听懂，或者是否有问题，若以上语法结构使用不恰当，得趁此时加强练习。

3）依此类推，再请其他组的同学报告，重复以上步骤。

活动要诀

1）上课前一天，老师就得把讲义发给学生，让他们在家准备好表格内容。学生必须在家查词典，写下自己上的课的中文名称，甚至找中国朋友帮忙。如果上课时才完成这项任务，至少得花10分钟的时间帮学生翻译课程名称。这样的任务，其实词典就可以发挥作用。应该充分利用上课时间进行语义沟通的练习。

2）除了事先提供时间表格以外，老师也必须事先列出导引问题，为学生提供准备方向和重点，若只提供表格，而无任何其他导引问题及语法结构重点的使用,则上课讨论效果必然大打折扣。

3)上课分组活动开始以前,教师必须把分组讨论重点、语言结构和功能的使用说明清楚,特别是强调每组学生讨论时,必须注意根据导引问题比较两者时间表的异同,并使用规定的语言结构。此点若不说明清楚,则学生必然拘泥于两人独立的时间表,作平铺直叙的报告,而无法向自己既有的语言程度挑战,掌握语言比较的功能,结果必然在语言学习的效果及功能的掌握上大打折扣。除非是学生已经明显达到高级中文水平,可以自由发挥,畅所欲言,不须循序渐进的问题导引;否则,适当地提供导引问题,勾勒出讨论及准备的方向及重点,对中级中文水平学习者而言,都是非常必要的。

根据以上三点活动要诀的说明,不难发现以下同一个活动的简版在教学活动设计上所存在的问题,此乃一般课堂上常犯的错误:

步骤一:老师上课时,把以上的课程时间表格发给学生,讲义上面只有表格,没有讨论问题及重点语法。老师告诉学生得用中文把星期一到星期五上的课和什么时间上课写下来。

步骤二:老师说明完以后,将学生分成两人一组,互相讨论他们写的内容。

步骤三:老师请两个学生报告他们自己的时间表,问问题,并检讨语言使用的问题。

以上同一活动的简版,其步骤一违反活动进行的第一要诀,未能在上课前将讲义发给学生,而且讲义上没有提供导引问题和预期使用的语言结构,过于粗糙简单,学生因此无法事前作最佳的准备,必然大大地影响上课时与其他学生交流互动的效果。步骤二违反了活动要诀二及要诀三,未能利用此主题作最好的发挥和引导,而只是让学生分组讨论,交换信息,并未指出两人互相讨论内容的焦点和方向。结果,学生必然无所适从,只好自我发挥,老师因此无法充分掌握学生讨论的方向和焦点句型。一言以蔽之,是犯了未能将活动目的说明清楚的忌讳。由于步骤二的教学进行不完整,在进行步骤三时,学生报告的时间表也就各自摸索,各凭本事,方向重点不一,未能达成预期的教学效果。在课堂上进行这样的活动,实在是浪费时间，绝对需要避免。

以上的信息交换互动活动介于两个学生之间。其实，为了增加学生之间互动的机会，若能每位学生与一位以上的学生进行沟通则更理想。以下活动范例亦是信息交换的一种，每个学生有好几次机会与不同的同学交换信息，是增加流利度和培养学生信心的做法之一。

例二

主题：我的寒假生活

目的

寒假结束以后，学生刚回到学校，已经一个多月没学习中文了。此活动旨在复习寒假以前所学习过的部分内容，重树学生学习中文的信心，增加学生口语的流利度，是开学第一个口语暖身活动。

活动步骤

(第一天)

老师将以下的口语练习讲义发给学生，请他们回家以后准备讲义上的8个问题，隔天上课的时候，得分组讨论、报告：

1. 寒假的时候，你住在哪儿？什么时候回UVA？是怎么回来的？
2. 寒假的时候，你做了什么很特别的事情？
3. 寒假的时候，你有什么很高兴或者不高兴的事情？
4. 寒假的时候，你去哪儿玩了？说说你旅行的经验。
5. 寒假的时候，你跟爸爸妈妈或者什么人讨论了什么事情？
6. 寒假的时候，你作了什么重要的决定？
7. 寒假的时候，你看了什么好看的电视节目或者电影？
8. 如果你觉得你的寒假没什么意思，也请你说说理由。

(第二天)

步骤一 (5分钟)

上课一开始，先自由对话，然后再向全班学生说明活动步骤。

1) 你们昨天都回家准备了这8个题目，现在请你们在这8个题目当中，选 4 个你最喜欢的题目，把它们圈起来；

2）现在每个人都选了 4 个题目，请你们在这 4 个题目当中，用"1、2、3、4"标出你最喜欢的第一个题目、最喜欢的第二个题目、最喜欢的第三个题目，还有最喜欢的第四个题目；

3）现在，请你们报数，"1、2、1、2"报下去；

4）好，现在，1 号跟 2 号一组，两个人一组，开始讨论你们最喜欢说的第一个题目。1 号同学先说，1 号同学说的时候，2 号同学听，要问问题，如果他（她）有什么地方说得不太对，得告诉他（她），让他（她）知道，1 号同学说完以后，换 2 号同学说最喜欢的第一个题目。

步骤二（8 分钟）

学生开始进行两人一组的讨论和报告，互相讨论最喜欢的第一个问题。老师巡视教室，不断走动，听各组的讨论，提供及时的协助并回答问题。

步骤三（10 分钟）

请几组学生对自己最喜欢的第一个题目作报告，并提醒学生在别人报告的时候注意听。老师会针对报告内容向全班提问，看是否听懂了，同时也会指出语言使用不妥之处。

步骤四（12 分钟）

请学生更换组员，1 号不动，2 号换座位，与新的组员对话讨论。重复步骤二、步骤三，组员互相讨论最喜欢的第二个题目并作报告。

步骤五（10 分钟）

重复步骤四，组员互相讨论最喜欢的第三个题目。学生报告之后，老师针对报告内容问全班问题，指出语言使用不妥之处。

步骤六（5 分钟）

重复步骤四，组员互相讨论最喜欢的第四个题目。学生报告之后，老师针对报告内容问全班问题，指出语言使用不妥之处。

活动要诀

1) 这个活动实质也是交换信息，与第一个活动相同。不同的是，重点在于学生可以与好几个不同的伙伴交换信息，学到不同的经验和语言不同用法。

2) 以上有关寒假生活的 8 个问题，前一天就发给学生。可否上课的时候再把讲义发给学生，当场准备？我们接下来讨论。

前一天把讲义发给学生，绝对有其必要性，笔者决不建议当天把讲义给学生，临场做练习。若临场做练习，学生准备时间不够，没有足够时间，无法针对以前所学内容做预习和回顾的工作，也不能翻阅教材或者词典，回忆寒假生活的点点滴滴，效果必定会大打折扣。笔者曾经在班上粗略地问了一下，问学生前一天大概花多少时间准备，结果他们所花的时间大约是半个小时至两个小时不等。以这样的时间量来说，若于活动进行当天才发讲义，是不智之举，学生必定说得不多、不完整，也就不能达到提高流利度的目的了，在经验交流和语言使用两个层面上，必定不理想。笔者还特意在另外一班做了个实验，故意不事先把讲义发给学生，改为当天才发，想试试看是否学生也能与事先拿到讲义的那班学生一样，上课侃侃而谈。结果发现，没事先拿到讲义的那班学生，虽然口语沟通能力比另一班强，可是，由于事先没充分准备，临时现场讨论，缺乏材料，没时间预习和整理学过的内容，也没时间仔细回顾寒假生活经验，导致内容较为贫乏，也说得较少。由此例可见，凡是需上课发表的话题，有事前充分的准备，口语表现应该较为理想。

3) 学生准备了 8 个题目，为什么上课的时候只让学生说 4 个题目？

学生事先准备 8 个题目，是让学生充分预习，每个题目都能准备到，不投机取巧。上课的时候，时间只有 50 分钟，没办法把全部的题目都说完，于是请同学挑选 4 个比较熟悉或者喜欢的题目，多作发挥，也较能觉得有信心，提高兴趣。由于此活动目的主要是增加流利度，是开学第一个暖身活动，只要学生能积极参与讨论，发表意见，就达到目的了，所以不牵涉到评量公平性和客观性的问题。

4) 为什么活动在进行步骤四、步骤五、步骤六，也就是讨论最喜欢的第二个题目、第三个题目、第四个题目的时候，要更换组员，让学生与不同的同学讨论交流呢？

沟通活动的进行,最好能让学生有机会与不同的同学交流,从别的伙伴那儿学到不同的经验,这是"合作式的沟通活动"最大的特色。如果不给予学生交换组员的机会,那么学生很可能只与坐在隔壁或者邻近的同学交流,而失去与全班各个同学以中文交谈练习的机会。特别是这个寒假生活的活动,学生通过以中文沟通的过程,也学到各种各样的寒假生活经验,有语言方面的学习,也有非语言方面的经验交流。

5)学生报告完以后,老师提出问题,全班讨论的步骤是必要的吗?

在沟通式的活动设计上,这是很重要的一环。如果只让学生报告完以后就结束活动,而没有针对报告内容作检查,则可能别的学生就没有达到充分学习或者理解的目的,也可能不会注意听别人的报告,这样在时间的应用上来说,就非常不经济。老师一定得让学生养成认真听别人报告的好习惯,因为学生知道老师可能会问问题,随时用不同的方法测试他们是否听懂同学报告的内容。另外,老师的立即讲评和反馈,也必定起相当的作用,引起全班学生注意语言使用的正确性与适当性,并将其具体实践在语言的表达中。这些技巧看似小节,可是对活动进行的有效性来说,是绝对不可忽视的。

6)此活动可广泛应用,适合小组讨论的各种题目。

7)若时间许可,或者话题较为简短时,每位学生可以与更多伙伴搭配,进行分组讨论。

2. 宾果游戏 (Bingo Game)

沟通式教学法有很多语言游戏活动,游戏的种类五花八门,不胜枚举,仅以宾果游戏为例来作说明。

活动步骤

步骤一 (15分钟)

复习讲义上的语法,使学生在适当语境中活用,并熟悉其正确用法。

步骤二 (5分钟)

说明活动进行的顺序及注意事项:

1)这张表格上一共有9个问题,等一下要请你们站起来,访问班上同学以下这些问题，把他们的名字和答案写下来；

2) 你可以用拼音或者汉字写名字，还可以用重要的字词记录答案，不需要写整个句子；

3) 你们访问完了以后，要请你们说说每个问题的答案，玩一个叫做"宾果"的游戏。

1. 今天的讨论会,你会去吗? (除非……,否则……) 姓名: 答案:	2. 我们点菜吧。你想吃什么? (……什么，……就……什么) 姓名: 答案:	3. A:我不喜欢这儿的天气,怎么办? B:既然……,那(subject)就…… 姓名: 答案:
4. 今天上中文课以前,你做了什么事情?(……先……,然后再……) 姓名: 答案:	5. 你在美国当过导游吗? (……从来没……过……) 姓名: 答案:	6. 你们的校园很漂亮吗? (……,像……一样) 姓名: 答案:
7. 我男朋友今年夏天要去中国,我想跟他一起去。你觉得怎么样?(你千万别……) 姓名: 答案:	8. 你对这个大学印象最深刻的是什么?(我对这个大学印象最深刻的是……) 姓名: 答案:	9. 听说你去过一个很好玩的地方,请说一说你的经验好吗?(……十分吸引人,……壮观,……挤,……人山人海,……恋恋不舍地……) 姓名: 答案:

步骤三（20分钟）

学生开始在班上走动，访问不同的同学，完成每个题目的问答。

步骤四

1）老师宣布访问活动结束，宾果游戏开始；

2）老师事先准备好抽签用的纸条，每张纸条上写有班上一个学生的名字，老师开始抽签，请被抽到的学生先说第一个题目被访问的学生的名字；

3）全班在这个被抽到的学生名字上画圈做记号，看谁先画成一条直线或对角线，谁就赢；

4）请说第一个题目的学生，说出被他访问的学生的答案；

5）老师第二次抽签，请第二个学生说出被他访问的学生的名字，全班再画圈，做记号；

6）请说第二个题目的学生，说出被他访问的学生的答案；

7）此游戏重复同样步骤，继续进行，谁先画成直线就说"宾果"，老师发给他小小的奖品，以资鼓励；

8）游戏继续进行，直到全部问题都说完为止。

活动要诀

1）此活动重点在加强学生对语法功能及结构的掌握，适合综合复习时使用。活动进行以前，学生务必具备辨认汉字的能力，熟悉语法结构，能在适当的情境中正确地使用语法结构。如此，学生参与此活动时才不会觉得无所适从甚至有挫折感、浪费时间。最好活动前一天，老师就把讲义发给学生，让他们预先准备。应特别注意下面几个常犯错误的句型：

第一题：<u>除非</u>我有空，<u>否则</u>我不会去参加今天的讨论会。

注意句子的逻辑，有的学生可能会说成相反的情况："除非我没有空，否则我不会去参加今天的讨论会。"

第二题：你点<u>什么</u>菜，我就吃<u>什么</u>菜。

注意第二个子句，一定要有"就"，如果老师特别提醒学生注意，很多人可能会忘了第二个子句中的"就"。

第三题：既然你不喜欢这儿的天气，那你就搬家吧。

与第二题相似，第二个子句一定要有"就"，老师得特别强调"就"的存在。

第五题：我在美国从来没做过导游。

少数学生容易忘记"过"，而说成"我在美国从来没做导游"的错误句型。老师得提醒学生"过"在这个句子中的必要性。

第九题：我去过北京，十分吸引人。万里长城很壮观，游客很多，真是人山人海，非常挤。

这个问题得用一段话来回答，老师应注意学生是否能将几个句子串联成段，而不是将几个句子凑成一个段落而已。在意思的表达上，如果说得更长些，须注意表达的逻辑性和时间的顺序性。

2) 学生在班上来回走动访问不同的伙伴时，自然而然地达到语义沟通的目的和效果。可是，老师也一定得来回走动，随时注意学生的问答内容是否恰当，立即给予反馈和协助。由于此项活动目的在于运用学过的语法结构，须强调正确性，老师扮演的协助角色就显得非常重要。

3) 此活动需50分钟才能完成，笔者建议老师最好再利用隔天上课时间，检查学生常犯的结构性错误，继续做强化巩固性的练习，直到学生完全掌握语言结构并能充分发挥语言功能为止。

4) 以上的活动，由于语法结构具一定难度，所以老师得稍微多花一点时间增加学生练习机会。在选材上，也可选择较容易的语法结构与功能，如量词等，请见以下问题：

1. 教室里有几把椅子？
2. 教室里有几个位子？
3. 教室里有几个人？
4. 教室里有几张桌子？

5. 教室里有几本书?
6. 教室里有几台电脑?
7. 教室里有几块黑板?
8. 教室里有几个书架?

此活动亦可应用于一般问答练习,有一个可以发挥的主题,增加流利度。9个问题可以减少至6题或增加至12题,老师可灵活设计题数和问答内容。比如说,将几个具连贯性的问题列在宾果游戏的表上,也是一种方式。其好处是,在宾果游戏结束时还可以扩展活动内容,多进行一项活动,让学生将所有问题串联起来,在下一次上课时,让学生说一个完整的段落,可以说自己的经验,也可以说班上一个同学的经验,锻炼段落组织的能力。请见以下例子:

1. 你现在念哪一个学院?
2. 你选(决定)专业了没有?选什么专业?
3. 你觉得你的专业能赚很多钱吗?
4. 你这个学期选了几门课?几个学分?
5. 你最喜欢哪一门课?为什么?
6. 哪一门课你最受不了?为什么?
7. 下学期的课,你选好了吗?有什么打算?
8. 你还得上几门课才能毕业?
9. 你大学毕业以后,想不想念研究所?为什么?

3. 角色扮演 (Role Play)

活动步骤

说明:

跟你的同学完成下面三个不同的对话,练习给意见、提建议。每个同学都得扮演 A 和 B 的角色,第一个对话的角色扮演完以后,再完成第二个对话和第三个对话。

第一个对话:决定专业 (asking for opinions about majors)

第二个对话：毕业以后的打算（asking for opinions about plans after graduation）

第三个对话：下学期选的课（asking for opinions about choosing classes for next semester）

画线的部分，你得表达自己的想法和意见（express your own thoughts and opinions for the area that is underlined）。

第一个主题

A：我还没决定我的专业，不知道以后应该念什么学院，我想听听你的意见。你可不可以给我一些建议？

B：……

第二个主题

A：我明年就要毕业了，可是我还没决定要找工作还是念研究所，我很难作决定，我想听听你的意见。你可不可以给我一些建议？

B：……

第三个主题

A：下个学期，我还没决定要选什么课，我想听听你的意见。你可不可以给我一些建议？

B：我认为这就要看<u>你对什么有兴趣了</u>。

A：……

B：……

(Your discussions may go up to 4 to 6 turns before you conclude the dialogue.)

A：我觉得最重要的是你应该考虑你父母的建议，听听他们<u>的看法和经验</u>。

B：你的建议非常有道理。我会<u>回家跟父母讨论这件事情</u>。

活动要诀

1）以上角色扮演的活动主要目的在于练习征询意见及给意见的语言功能。角色扮演是沟通式教学中非常普遍的课堂活动之一，其应用范围非常广泛，只要是牵涉到两人对话的形式，各种各样的主题皆适宜角色扮演的活动。例如，租房子（房东和租户），订机票（旅客和旅行社），问路（游客和当地人），买东西（顾客和服务员），在餐厅吃饭（客人和服务员），访问（访问者与被访问者），看病（医生和病人），打电话邀请某人做某事、道歉、谢谢、抱怨或者在电话中讨论其他事情等主题，都可通过角色扮演的活动，达到语言应用的目的。适合进行角色扮演的主题，多不胜举，极具弹性，几乎每个主题老师都可考虑角色扮演的活动。因为在真实语境中，无论什么主题，说话者和听者都可扮演某种特定角色，若将真实情境延伸至课堂教学，以此类推，可以设计出各种角色，为学生提供体验类似真实情境的机会和经验。

2）学生扮演角色时，特别需要注意一点：学生可能只准备一个角色，而没机会练习另外一个角色。为了预防此现象的发生，老师应该给学生机会，每个人都应该准备两种角色，评量和表演时，当场抽签，决定扮演的角色。否则，学生准备角色扮演的台词时，若只顾准备自己的那部分，则可能会忽略了另外一个同学说话的内容，如此，就失去了学习扮演另外一个角色的机会了。

3）角色扮演另外一个值得注意的事情是，老师在指定学生设计对话时，必须要求学生针对不同主题，囊括一些重要的、有代表性的词汇、语句或常用语等等。如果一味地让学生完全自由发挥，没有任何导引，不能密切与所学内容结合，则学生的表现必定良莠不齐，缺乏客观标准，难以评量。老师应在活动前多多考虑，仔细策划活动要点与目的，方能达到最佳教学效果。

4）为增进角色扮演的效果，笔者建议老师事先准备一些引导性的问题，帮助学生做完整的练习。以"租房子"为例，以下是租房子的人可能会跟房东讨论到的问题，皆可列出来，让学生练习的时候有所依据，作充分的准备。

  1. 每个月的房租多少钱？
  2. 你要出租的地方是怎么样的房子（房间/公寓）？有没有厨房？带家具吗？是给几个人住的？
  3. 附近的环境怎么样？交通怎么样？

4. 方不方便？离购物中心远吗？离学校远吗？怎么去？

5. 大不大？包不包水电？吵不吵？安不安静？有没有空调？可不可以养小动物？能不能睡好觉？

4. 内圈外圈 (Inner Circle Outer Circle)

活动步骤

步骤一（上课前）

上课以前，教师将讲义发给学生，请学生准备回答以下问题，下次上课时将进行一个内圈外圈的口语交流活动。

1. 你的兴趣在哪些方面？你对什么有兴趣？
2. 什么叫独立？请说说你的看法。
3. 要是你的父母要你选你不感兴趣的专业，你会跟他们说什么？
4. 要是你父母反对你和你的男（女）朋友在一起，你会怎么说？
5. 请你介绍一下你的家庭。
6. 你觉得做什么工作容易赚钱？为什么？
7. 你觉得过日子应该靠钱还是靠兴趣？为什么？
8. 你觉得钱可以买到任何东西吗？为什么？

步骤二（上课时）

1) 教师将以上8个问题裁成8张小纸条。

2) 全班有16人，教师将学生编号，学生依序从1至8号轮流报自己的号码，待前8位同学依序报出自己的号码以后，另外8位同学再重复同样步骤，依序从1至8轮流报出自己的号码。若全班人数有14人，则请两组同学依序从1至7轮流报出自己的号码，依此类推。

3) 前一组同学起立，1至8号顺着逆时针方向围成一个圆圈，为内圈。后一组同学起立，面对与自己同号的前一组同学，围成第二个圆圈，为外圈。如此，内圈与外圈同学面对面，形成两个圆圈，共8组。(见图3)

4) 教师将第一个题目给内圈1号同学，第二个题目给内圈2号同学，依此类推，直到将第八个题目给第八个内圈同学为止。

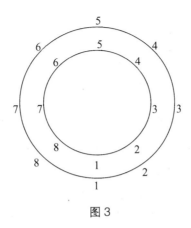

图 3

5）内圈同学同时开始问外圈同学问题，外圈同学听到问题后，开始回答问题，一分钟以后，教师喊停。然后，教师请外圈同学按逆时针方向跨一大步。（见图 4）如此，外圈 1 号同学将面对内圈 2 号，外圈 2 号同学将面对内圈 3 号，外圈 3 号同学将面对内圈 4 号，依此类推。教师现在请内圈同学开始问问题，一分钟以后，再喊停。外圈同学再按逆时针方向跨一大步，重复同样的步骤，直至每个外圈同学都回答了 8 个不同的问题为止。最后，再请外圈同学按逆时针方向跨一大步，此时，外圈同学又回到了活动开始最初的配对，也就是外圈 1 号同学面对内圈 1 号同学。

6）教师请内圈同学把手里拿着的问题给同号外圈同学，然后，再请内圈同学和外圈同学对调位置，对调之后，原来内圈同学则变成外圈同学，而原来外圈同学则变成内圈同学。（见图 5）重复以上第五个步骤。

7）下课以前，别忘了进行后续活动，指出学生值得赞赏之处和需要改

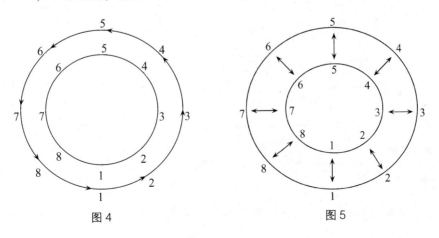

图 4　　　　　　图 5

进之处，作为日后补救教学的依据。

活动要诀

1）参与内圈外圈游戏者，不一定必须有16个人，只要全班人数是双数即可，14个人、12个人、10个人皆可。即使班上总人数是单数也无妨，可以请程度最好的学生扮演辅助者的角色，随时加入各配对组别的讨论，提供机动性的协助或给予其他不同的任务，帮助整个活动顺利进行。

2）每个内圈同学重复问了同样的问题8次，也听了8次每个外圈同学的回答，而外圈同学回答了8个不同的问题。时间可以弹性处理，针对问题的发挥性和长短度来决定每题答题时间。

3）同学回答问题时，问问题的人和回答问题的人，有责任彼此澄清问题和回答的内容，进行双方沟通，以达到语义协商的目的。

4）活动结束时，两个1号同学由于听了8次第一个题目的回答，成为第一个问题的"专家"，两个2号同学由于听了8次第二个题目的回答，也成了第二个题目的"专家"，依此类推。教师可以请这些"专家"在全班面前回答他们所专攻的问题，给全班同学做听力练习。或者，教师也可以针对同学的"专长"，作其他方面的发挥。比如，内圈外圈进行时，问问题的同学除了聆听8位同学的回答内容以外，也记下新学的词汇与语句，在后续活动时贡献自己新学的部分，报告自己所学部分，然后教师做总汇集的工作，做成讲义，发给学生。为确保此部分发挥最大效果，教师可进行补充教学，要求学生将新学内容展现在评量上，如口语报告和作文等皆可。

5）内圈外圈活动结束以后，教师必须针对活动时所听到的内容，给予指正和反馈，若发现有用词不当和语法错误的语句，必须继续进行循环教学，直到学生能完全掌握并且熟练运用为止。

5. 信息断层（Information Gap）

例一

活动步骤

步骤一（上课前）

上课以前，教师将以下两种讲义分给学生，班上一半学生拿到成语故

第五章　沟通式教学法(一)：
　　　　学生小组互动活动

事第一部分的讲义，另外一半学生拿到成语故事第二部分的讲义，事先预习讲义上所有内容。

说明：
　　以下是一个非常有名的中国成语故事，这个成语故事只有一半的内容，请阅读完毕，并事先准备回答以下的问题，用汉字写下来，若遇到不懂的生词，请查阅字典。下次上课时，你将与另外一位同学分成一组，你从他那儿可以学到这个成语故事另外一半的内容，最后学会这个完整的成语故事。

　　文章选自 Chen, Stella, Carrie Reed, & Yuqing Cao 所著之《校园汉语》第 16 课，第 314 页。

(成语故事第一部分)

自相矛盾

　　从前，有个人推了一辆小车，车上堆满了盾牌和长矛，到市上去卖。他高举着一块盾牌大声叫："快来买呀！天下最结实的盾！什么武器都挡得住！"他看见旁边有个人带着一把刀："刚巧这位老爷有一把刀，来，来，来，麻烦您砍一下。怎么样，砍不动吧？"

　　6. 他说完这句话以后，又拿起了什么东西？说什么？
　　7. 后来，有一个旁观的人打断他，说什么？
　　8. 这个旁观的人为什么要打断他呢？
　　9. 最后，这个卖东西的人觉得怎么样？

(成语故事第二部分)

　　围过来看的人越来越多，他又拿起来一支长矛："各位！这是天下最厉害的矛，无论多厚的门，刺一下就是一个洞。在山上遇见老虎，一下就能把老虎刺死！快来买呀！……现在买，买一送一……"有一个旁观的人打断他的话："老兄！既然你的矛和盾都是天下第一的，那么，用你的矛刺你的盾会怎么样？矛会不会断？盾上会有个洞吗？"卖矛的人从来没考虑过这个问题，他张大了嘴，没话可说。

1. 这篇文章的题目是什么？
2. 从前，有一个人推了一辆小车，车上堆满了两种东西，这两种东西是什么？
3. 这个人要把车推到哪里？准备做什么？
4. 在卖这两种东西的时候，他首先拿什么？大声说什么？
5. 后来，旁边有一个人带着一把刀，他对这个带刀的人说什么？

步骤二（上课时）

1）教师将持有不同讲义的同学配对，一组两人，拿到第一部分的同学为 A，拿到第二部分的同学为 B。

2）请每组同学针对自己的讲义上没有的部分问问题，以了解整个成语故事的内容。B 先问，了解故事前半段的内容，然后 A 再问，了解故事后半段的内容。

3）请 A 完整地说一次故事前半段的内容，然后请 B 说一次，看看 B 是否完全理解。然后，请 B 完整地说一次故事后半段的内容，然后请 A 说一次，看看 A 是否完全理解。如果有任何不交接之处，则再继续进行语义协商，直至双方完全理解整个故事为止。

4）教师把以下完整的讲义发给学生，这张讲义包括整个完整的成语故事和 A、B 双方为了了解故事另一半内容所问的问题。

自相矛盾

从前，有个人推了一辆小车，车上堆满了盾牌和长矛，到市上去卖。他高举着一块盾牌大声叫："快来买呀！天下最结实的盾！什么武器都挡得住！"他看见旁边有个人带着一把刀："刚巧这位老爷有一把刀，来，来，来，麻烦您砍一下。怎么样，砍不动吧？"围过来看的人越来越多，他又拿起来一支长矛："各位！这是天下最厉害的矛，无论多厚的门，刺一下就是一个洞。在山上遇见老虎，一下就能把老虎刺死！快来买呀！……现在买，买一送一……"有一个旁观的人打断他的话："老兄！既然你的矛和盾都是天下第一的，那么，用你的矛刺你的盾会怎么样？矛会不会断？盾上会有个洞吗？"卖矛的人从来没考虑过这个问题，他张大了嘴，没话可说。

第五章 沟通式教学法（一）：
学生小组互动活动

1. 这篇文章的题目是什么？
2. 从前，有一个人推了一辆小车，车上堆满了两种东西，这两种东西是什么？
3. 这个人要把车推到哪里？准备做什么？
4. 在卖这两种东西的时候，他首先拿什么？大声说什么？
5. 后来，旁边有一个人带着一把刀，他对这个带刀的人说什么？
6. 他说完这句话以后，又拿起了什么东西？说什么？
7. 后来，有一个旁观的人打断他，说什么？
8. 这个旁观的人为什么要打断他呢？
9. 最后，这个卖东西的人觉得怎么样？

5）教师带领学生针对每个问题进行讨论，讨论结束以后，请同学说这个成语故事。

活动要诀

1）此类信息断层活动进行之前，教师必须严格要求同学务必做好事前准备工作，搞懂自己讲义上的内容，对自己分配到的讲义内容负责。如此，隔天进行沟通活动时，才能帮助另外一个同学了解自己所负责的部分。

2）讲义上生词不宜过多过难，避免超出学生理解程度太多，否则学生课前无法独立学习，尽量别让汉字的阅读成为口语沟通的障碍。

3）一定得设计适当的问题，帮助双方获得自己缺乏的信息。

4）为了使这个活动顺利进行，学生得充分利用沟通策略，从对方那儿获得自己没有的信息。教师必须确定学生能熟练地使用沟通策略以后，方可进行此类涉及段落或整篇文章了解的活动。

例二 （描述过去事件的连接词练习）

以下段落选自《中文听说读写》（第二册），第12课的练习本，第一版，第136页。

活动步骤

步骤一（上课前）

上课以前，教师将以下讲义发给学生，让学生作事前的准备和预习。说明：

请预习以下的内容，如果遇到不懂的生词，请事先查词典，了解词义。下次上课时，你将与班上另外一位同学分为一组，共同完成此段落。

A 同学

（　　），宋国有一个农人，每天都要到地里干活。(有一天)，他又去地里干活，看见一只兔子，在地里很快地跑着，（　　）兔子撞到一棵树上。

他走到树下，发现兔子撞断了脖子，死了，（于是）他把兔子拿到市场上去卖了很多钱。回家（　　），他想：这比我每天在地里干活好多了，又舒服，钱又多。(从那以后)，他就天天坐在树下，等兔子再来撞死。（　　）再也没有兔子撞到树上，(最后)，这个农人在树下饿死了。

B 同学

（很久以前），宋国有一个农人，每天都要到地里干活。（　　），他又去地里干活，看见一只兔子，在地里很快地跑着，(突然) 兔子撞到一棵树上。

他走到树下，发现兔子撞断了脖子，死了，（　　）他把兔子拿到市场上去卖了很多钱。回家（以后），他想：这比我每天在地里干活好多了，又舒服，钱又多。（　　），他就天天坐在树下，等兔子再来撞死。(可是)再也没有兔子撞到树上，（　　），这个农人在树下饿死了。

步骤二 (上课时)

1) 教师将学生分组，A 同学与 B 同学分成一组。

2) A、B 两人共同讨论内容，得到空格中应该填入的词。

3) 两人将词填入空格以后，教师再将以下的理解问题讲义发给学生，帮助学生彻底了解故事的内容和发生的时间顺序。每组学生一起讨论答案，以期能将整个故事串联起来，能独立说完一个完整的故事。

理解问题讲义：

1. 这个故事里的主角是哪一个国家的人？
2. 这个人是做什么的？他每天都做什么事？
3. 有一天，他工作的时候，突然看到了一只兔子，这只兔子怎么了？
4. 这只兔子死了以后，他做了什么事？
5. 有了这次的经验以后，他有了什么想法？
6. 有了这样的想法以后，他每天都做了些什么事？
7. 最后，这个人怎么样了？
8. 这个故事描述的是哪一个成语？

步骤三（下课后）

教师可以请学生利用课后时间准备一个故事，练习用以上的表示时间顺序的连接词将句子贯连成一个段落，描述自己过去发生的事情。

活动要诀

1) 填空所填的重点可以是词汇、常写错的汉字、关键语法点或惯用语等等。

2) 填空之间的距离没有特别规定，可以每隔一句出现一个空格，每隔一行出现一个空格，甚至空格出现在全文前半段或后半段皆可，唯一原则是同组中两人的空格数平均或近乎平均，以共同分担工作量。

3) 以上所举之例不涉及地图、位置图和广告海报等，然而这些真实性的教材也非常适合用于信息断层活动。另外，每两位同学一组，一起完成一项自助旅行计划。两人决定旅游地点以后，一位同学负责搜集飞机航行路线、机票价格、编列预算以及任何行前准备事宜；另一位同学负责安排到达旅游目的地以后的行程以及当地名胜古迹、特色介绍等。总而言之，凡是符合同组的两人各掌握一半信息即可。

4) 信息活动的准备当然需要花时间，可是由于任务的完成需要学生积极参与语义协商的过程，以达到语义沟通的目的，故诸如此类的活动是课堂上非常值得鼓励的活动。

以下活动一般安排在大学一年级的中文课程中，由于其活动目的非常适合以信息断层的活动来完成语言活动的任务，所以，仍然以此作为实例，无论是大学二年级中文课还是高中 AP 中文课程，皆可当做是复习活动。此活动不须事先发讲义给学生准备，活动开始时发讲义给学生即可。说明：

1）将学生配对，两人一组，一个是 A，另一个是 B；

2）A 会拿到地图（见图 6）和问路的内容，可是，不知道怎么去这五个地方，B 会拿到前往目的地的方向说明，知道怎么去这五个地方，可是，手上没有地图；

3）B 要告诉 A 怎么去这五个地方，A 要看地图，根据 B 所说的方向，在地图上面标出这五个地方。

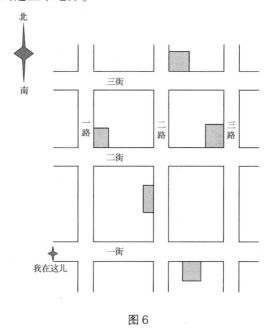

图 6

学生 A

问 B 下面几个问题，然后在地图上面标出这五个地方：

1. 请问，餐厅怎么走？

2. 请问，图书馆怎么走？

3. 请问，语言实验室怎么走？

4. 请问，计算机中心怎么走？

5. 请问，书店怎么走？

学生B

1. 餐厅。我们现在在一街，从这儿一直往前走，过两个路口，也就是过了一路和二路以后，再走一下子，餐厅就在你的右边。

2. 图书馆。我们现在在一街，从这儿往前走，看到第一个路口的时候，往左拐，然后再往前走，过二街，图书馆就在一路和二街的路口。

3. 语言实验室。我们现在在一街，从这儿往前走，过一路以后，再往前走，看到二路的时候，往左拐，然后再往前走，语言实验室就在你的左边。

4. 计算机中心。我们现在在一街，从这儿往前走，到了第三个路口以后，往左拐，然后再往前走，过二街，计算机中心就在二街和三路的路口。

5. 书店。我们现在在一街，从这儿往前走，看到二路的时候，往左拐，然后一直往前走，会看到三街，书店就在你的斜对面，在二路和三街的路口，你得过十字路口，才能到书店。

6. 信息拼图 (Jigsaw)

以下文章选自王之容所编著之《基础中文读本》（上）第10课，第161~162页。

活动步骤

步骤一（上课前）

教师根据全班人数多寡，在上课前决定一共分成几组。以下面的文章为例，可分成4组，每一个小段落最后标明组别，以便于分组。教师印好讲义，第一组同学只拿到标号1的段落，第二组同学只拿到标号2的段落,第三组同学只拿到标号3的段落,第四组同学只拿到标号4的段落。每个同学课前准备自己拿到的部分,准备内容包括大意、词汇、语法等等,隔天上课时参与讨论。

中国素菜

差不多全世界的人都喜欢吃中国菜。为什么喜欢中国菜呢?很多人说中国菜不但味道好,有营养,而且对身体也好,特别是中国的素菜。(1)

中国有很多有名的地方菜,如广东菜、四川菜、湖南菜等。中国菜也有很多不同的做法。虽然中国菜各种各样,但是我们大概可以把它们分成荤菜和素菜两种。(1)

荤菜主要是用猪肉、牛肉、羊肉和鱼、虾等做成的菜。素菜是不用肉和鱼,只用蔬菜、豆腐等做成的菜。中国人做菜喜欢有荤有素,就是做荤菜的时候他们也常常放上一些素菜。(1)

中国饭馆里的炒菜差不多都有荤有素,跟西方菜不一样。做西方菜常常用很多肉或者鱼,有时候还用很多油煎、炸。科学研究告诉我们,动物的肉里有一些东西对人的身体不好,所以现在吃素菜的人越来越多,人们也就更喜欢中国的素菜了。(2)

中国素菜为什么那么有名呢?那是因为它味道好,又好吃又有营养。中国人做素菜的历史很长。从古到今,中国蔬菜的种类很多,加上中国又是个很讲究吃的国家,所以中国的素菜有很多种,中国人做素菜的方法也又多又好。(2)

中国素菜发达还有另一个重要的原因。古时候,皇帝经常要为国家祈祷,在那些日子里,皇帝不能吃肉,也不能杀动物,他只能吃素菜。如果他不这样做,神就不会保佑他和他的国家。后来,佛教传到了中国,佛教教人们不要杀害生命,不要吃动物的肉。那时候,中国信佛教的人很多,他们就开始吃素菜。慢慢地,在中国,吃素菜成了一种传统。吃素菜的人多了,就有人开始研究怎么把素菜做得更好吃。听说,今天最好吃的素菜是在庙里。中国有一些有名的庙,那里的素菜很有名。(3)

中国素菜有名也因为它对身体很好。因为人要是吃很多肉会生病，所以，从很久以前开始，就有人试着只吃素菜。他们发现，吃素菜以后身体非常好，这样，吃素菜的人就多了。有人怕只吃素菜营养不够，其实素菜里可以有豆腐，它的营养不一定比肉差。(4)

中国素菜不但历史久，味道美，营养好，而且它们的样子也常常做得非常好看。你如果看到一桌素菜，有的像肉，有的像鱼，有的像鸡，你真不敢相信它们是素菜！可是只要你一尝就知道，它们真的是用蔬菜和豆腐等做成的。要是你不相信，下一次到了卖素菜的中国饭馆，别忘了要一份这样的"鸡""鱼"尝一尝。(4)

步骤二（上课时）

1）拿到同样段落的同学分在同一组，首先讨论每段大意，然后再讨论词汇等。

2）将每组里的同学编号。假设每组有4个人，那么编号就是1~4。

3）接下来进行拆组工作，1号同学分在一组，2号同学分在一组，3号同学分在一组，4号同学分在一组。如此，每组皆有各段落的代表，也就是各段落的"小老师"。为了方便讨论起见，此时，教师再发给同学完整的文章，让每个同学清楚看到别组同学讨论的段落。

4）各组开始讨论全文内容，建议先从段落大意开始，待各个段落的大意了解之后，再讨论各个段落中较难理解的词汇、语句或语法等等。

活动要诀

1）分成几组都没关系，力求分工平均即可。

2）选材不可太难，应掌握"i+1"的原则，稍微超乎学生理解程度之上最理想，不宜超出太多。若文中有20%~30%以上未学过的词汇及语法，则可能会太难。

3）程度较差的同学也有任务，教师可以很有技巧地分组。拆组时，可以将两个持相同标号段落的同学编在一组，一个是程度很好的同学，一个是程度较差，甚至不能独立担任"小老师"功能者。在这种情形下，拆组后，每组人数不一定完全一样。

4) 由于本活动牵涉到段落性的语义协商，所花时间较长，活动结束后教师也须进行统整教学，以确定并加强小组讨论的效果。并且得布置课后作业，扩展并延伸学生的学习经验。

7. 访问/采访 (Interview)

访问/采访活动适用于非常多的主题，对于大学二年级的中文水平而言，这样的活动是由中级水平进入到高级水平常进行的学习活动。笔者建议，若能在课后进行，则最好在课后进行，先利用上课以外的时间采访，然后学生将内容消化整理，再利用上课时间作报告，进行各种小组形式的讨论。最理想情况是利用课外时间用中文采访中国学生，若校园中找不到很多中国同学或社区中的中国人极少，则只能退而求其次，改以其他活动代替。

以下是许多采访活动中的采访内容实例。

主题：期末总复习之口语活动

1. 你是从什么地方来的？什么时候来美国的？在什么地方出生的？在什么地方长大的？
2. 你在美国待几年了？住在哪儿？房租（租金）是多少钱？跟谁住？
3. 你记得第一次（刚）来美国的时候，有什么印象最深刻的事情吗？请说一说。
4. 你现在是大学生、硕士生，还是博士生？专业是什么？课重不重？这个学期选了几门课？几个学分？打算什么时候毕业？
5. 在美国大学学习跟在中国大学学习有什么不同？请讨论以下几点：
1) 进入中国大学以前，要高考（大学入学考试）吗？高考有什么重要性？说一说高考的经过。
2) 申请大学，需要做什么？准备什么文件？请告诉你的朋友，你申请美国大学的经过。
6. 喜欢 UVA 吗？为什么？喜欢 Charlottesville 这个地方吗？喜欢这儿的生活吗？在居住环境方面呢？在交通工具方面呢？在吃的方面呢？请跟中国比较这些方面的不同。

7. 今年暑假你打算做什么?去哪儿旅行?要上课吗?作研究吗?你毕业以后想不想回中国?为什么?中国和美国的生活水平相比怎么样?

8. 问卷调查 (Survey)

说明:

以下是一个有关教育方面的问卷调查,请将这份问卷发给从中国来美国读书的中国同学,请他们根据自己的经验和看法回答问题,每个题目都可以复选。收回问卷以后,请准备一个口语报告,在班上发表。

问卷

第一部分:受访者背景调查

1. 姓名:
2. 性别(男/女):
3. 攻读学位(学士/硕士/博士):
4. 年级:
5. 专业:
6. 你在什么地方出生的?
7. 你在什么地方长大的?
8. 你什么时候来美国的?
9. 你住在美国几年了?
10. 你为什么决定来美国读书呢?

第二部分:回答教育方面的问题

1. 一般来说,中国强调什么样的教育?
   A. 填鸭式的教育
   B. 启发式的教育
   C. 以上两者都是
   D. 以上两者都不是

2. 填鸭式的教育有什么缺点?
   A. 死记硬背,重视记忆
   B. 老师很严,给很多考试和功课
   C. 常常批评学生,不常鼓励学生
   D. 负担很重,压力很大

3. 以下哪些描述,反映你在中国念小学的情况?
   A. 学生变成考试的机器
   B. 学生不能自由发展,独立思考
   C. 学生不能发挥想象力和创造力
   D. 学生没有自由快乐的童年

4. 换个角度来说,中国的教育有什么优点是美国教育没有的?
   A. 学到很多知识(knowledge)
   B. 能帮学生打好基础
   C. 老师和学生的态度都很认真
   D. 学生非常尊师重道

5. 一般来说,美国大学和中国大学有什么差别?
   A. 中国大学有升学考试,美国则没有大学升学考试
   B. 在中国,上大学难,毕业容易;在美国,上大学比较容易,可是毕业却比较难
   C. 在中国,进大学以前就得决定专业;在美国,一般来说,两年以内决定专业
   D. 在中国,转校转系都很难;在美国,转校转系都没那么难

6. 为什么中国家长都非常重视成绩?
   A. 中国父母都有"望子成龙"的观念
   B. 中国父母认为读书最重要,书读得好,才能找到好的工作
   C. 中国有古代科举制度,自古以来,皆有"士大夫"的观念
   D. 在中国上大学和上高中都有升学考试,考试成绩于是非常重要

7. 中国父母一般让孩子放学以后做什么？

    A. 学钢琴

    B. 学画画儿

    C. 学英文和数学

    D. 参加体育活动

8. 你在美国读书，对美国的教育方式印象最深刻的是什么？

    A. 美国学生上课的时候，比较敢问问题，发表意见

    B. 美国老师比较重视启发学生，发挥学生的创造力和想象力

    C. 美国学生有比较多的自由，自己决定选什么专业、选什么课

    D. 美国老师上课的时候，比较幽默，比较会讲笑话，不像中国老师那么严肃

9. 你觉得对中国人来说，在美国读书，最大的挑战是什么？

    A. 表达能力不够好，特别是口语能力

    B. 上课时无法顺利地参加课堂讨论

    C. 不能跟美国朋友很好地沟通，成为朋友

    D. 生活、饮食方面不习惯

活动要诀

    1）若校园内无中国学生，则可访问高年级中文班同学、社区中文学校家长、同学或中文教师。若真无以上访问对象，则退而求其次，只好访问同班学中文的同学，只不过，问卷内容就必须稍作修改，以适合被访问的对象。

    2）问卷内容及选项，都是上课学过的内容，此问卷调查的结果，一方面可以通过中国同学的说法来验证课文中谈论的观点是否属实，另一方面，也可以复习并整理所有与教育有关的关键词。问卷调查收回以后，学生还得准备一个口语报告或者书面报告，具复习统整的功能。若问卷调查设计包含其他主题，亦应把握同样的设计原则。

9. 演戏 (Oral Skit or Drama)

演戏是沟通式教学法常用的一个活动。让学生自己编剧本，在全班面前表演或在更大的场面里公演。由于教师对此方法耳熟能详，在此不必举例。值得注意的是，教师必须指导剧本的编写，确认剧本内容和词语使用的恰当性。

10. 分组辩论 (Debate)

分组辩论要求的语言程度高，而在大学 202 的班级里或 AP 中文课中进行，仍然有其可行性。唯一的缺点是，程度较差的学生较无参与感，无法立即回应，而错过发言的机会，一般可能是程度好的学生参与率较高。

11. 分组讨论 (Discussion)

若学生语言能力尚未达到可以辩论的程度，可改以分组自由讨论的方式进行，效果亦非常好。唯一要注意的是，教师得事先指明讨论方向并提出讨论的明确主题及问题，甚至是重点词汇、语句结构以及与主题相关的专用语等，学生课前必须准备，然后再于课堂中进行讨论。

12. 解决问题 (Problem Solving)

此活动一般是将学生分成几组，然后各组同学提出某一个问题的解决之道。有待解决和讨论的问题种类很多，举凡与学校生活相关甚至无直接相关者皆可。例如：

1. 你现在在购物中心买东西，看到一台很喜欢的电脑，你花了好几个月时间找电脑，很高兴终于找到了自己所喜欢的，所以一定得买下来，否则，可能以后没有机会了。可是，价钱超出你的预算，没办法马上买下来。旁边有一位顾客，身上有足够的现金，也很喜欢这个电脑，愿意马上付钱，把电脑带走，这时候，你怎么办呢？

2. 你在海边游泳，突然看到两个人就要溺水了，这两个人是母子，同时喊救命，你一次只能救一个人，你决定要救谁？为什么？

3. 你现在快付不起房租了，急着找一个同屋一起分担房租。有两个人对你的公寓有兴趣，一个很有钱，可是很不好相处，性格很奇怪；另一个没有什么钱，可能付不起房租，可是，人非常好，很受大家欢迎。在这两个人当中，你得马上作决定，你会选择哪一个人呢？为什么？

此活动除了达到语言练习的目的以外，也激发学生想象思考、紧急应变和解决问题的能力，是现代外语教学赋予的新内涵及新任务。盼望老师在每个主题单元结束时，都能考虑增加一个类似于解决问题的活动。问题本身不需要很长，只要符合主题即可。此活动既可达到语言学习的目的，又能与实际生活经验结合，发挥语言学习以外的功能，是非常值得鼓励的主题单元结束前的活动。

6

第六章

沟通式教学法(二)：师生课堂互动活动

本章将以两个单独 50 分钟的教学主题单元为例，通过师生课堂对话的记录和活动流程的介绍，帮助教师了解如何有效地在有意义、具真实性与沟通性的情境当中，以很自然的方式，融入词汇重点和语法结构的教学，达到自然沟通交流的目的。

第六章 沟通式教学法(二)：
师生课堂互动活动

继第五章介绍沟通式教学法常用之学生互动活动之后，本章开始介绍沟通式教学法在师生课堂互动活动中的应用与实例。沟通式教学法在过去20多年以来，不断强调学生之间互动交流的重要性，而这种重要性经常通过两人或两人以上的小组活动讨论来体现其精神并发挥其功能。然而，很重要的是，在学生有能力进行小组活动之前，师生的课堂问答和互动式的教学活动，往往决定学生之间互动交流的质量，其重要性绝不亚于学生之间的互动交流活动。本章将以两个单独50分钟的教学主题单元为例，通过师生课堂对话的记录和活动流程的介绍，帮助教师了解如何有效地在有意义、具真实性与沟通性的情境当中，以很自然的方式，融入词汇重点和语法结构的教学，达到自然沟通交流的目的。

一、有效提问之重要原则

教师引导提问的技巧对教学质量的保证和教学目标的实现有绝对性的影响，教师的提问如何通过沟通式教学理念的课堂实践来保证教学质量，已经成为现代外语教学的关键。以下仅列出教师有效提问的五个重要原则，作简单的说明。

1. 教师提问须具沟通性 (Communicative Questions)

老师的引导提问是否具沟通性，其关键在于两点：第一点是学生的回答是否有固定答案，第二点是学生的回答是否有机会提供新的信息。Paulston (1972) 将语法教学的操练分成以下三种层次：

(1) 机械性的操练 (Mechanical Drills)

妹妹把书放在书架上。

→ 妹妹把 (　　　　　) 放在书架上。

　　　词典

　　　小说

　　　历史课本

参考书

功课

卡片

　　老师请学生从一些指定的词组当中，选择特定的词语，套进括弧中。这样的练习是机械性的练习，学生回答的内容缺乏新信息和语义的创造性，是听说式教学法最典型的问答方式，不具沟通性质。

（2）有意义的练习（Meaningful Drills）

　　老师指着小明的桌子说：小明的桌子上有什么东西？

　　此种练习与机械性的操练不同，因为学生回答问题，乃根据自己的选择和思考，而非从老师提供的选择中作选择。可是，沟通虽有意义，答案却仍是固定的，学生的回答不能提供任何新的资讯，也不具语义的创造性。也就是说，全班同学在听到回答以前，就能猜测到答案，因为正确的回答只有一个。

（3）沟通式的练习（Communicative Drills）

　　老师：教室里有什么东西？/ 你上个周末做什么了？

　　若教师问学生以上问题，可想而知，学生回答的时间顺序可能会不一样，而且内容也不一样，也就是说，同学在听到回答以前，不能具体猜测到可能听到的答案及内容，符合沟通式问答的原则，是教师课堂教学极应鼓励的问答法，课堂越多诸如此类的问答，学生创造语义的机会越多，沟通交流的质量就越高，学生的水平也就有相当显著的提高。这样的问答法，给我们最重要的启示是：老师与学生的课堂问答，应该遵守沟通式的原则，让学生有机会创造自己的语言，表达自己欲表达的思想和语义，经常练习语言的输出，提供新的语言信息，以表达自己想表达的内容。根据笔者多年的实务观察与教学研究心得发现：凡是师生课堂问答使用机械式的练习和有意义的练习频率高者，学生交流沟通能力必弱；凡是师生课堂问答使用沟通式的练习方式频率高者，学生交流沟通能力必强。

2. 教师的语言输出必须是多半能理解的内容（Comprehensible Input）

老师上课所教的内容，无论是生词、语句结构还是复杂的语言运用，都应该落在学生能理解大部分内容的范围之内，也就是 Krashen 所提出的"i+1"的概念。这个重要概念给我们的重要启示是：老师教的内容不能过分超出学生能理解的范围，最理想的情况是在学生既有的基础上增加一点适度的挑战，不超出既有程度太多也不在既有的程度上停滞不前。这个原则具全方位的应用性，不单单是应该应用在教师课堂提问上，也应该是作业、考评、教材选择、课堂语境的营造等其他与课程有关各个环节之重要参考原则。凡是教学上能恰到好处掌握此原则者，学生必然能受益匪浅，程度大大提高。

3. 教师应在有意义的真实沟通语境中进行词汇、语法、语言功能的教学（Teach Vocabulary, Grammar and Functions in a Meaningful Communicative Authentic Context）

教师不应该单独谈论或介绍词汇、语法，而应将词汇、语法、语言功能巧妙地融入有意义的预设语言情境当中来进行教学。语法结构，能不讲就不讲，能少讲就少讲，重点是让学生在适当的语言情境中学习使用，以达沟通交流的最终目的，关键是学生会不会用，而不是懂不懂怎么解释分析某个词汇或某种语句结构。学生不必一定要能说出某些词汇应该怎么用、某种语法结构应该怎么用，可是，却一定要能在适当的语言情境中用出来，而且用得恰当、用得正确。

4. 教师应创造真实语境，使学生置身于全面浸泡式的学习环境（Total Immersion Environment）

浸泡式全中文语境的必要性已经在本书第二章详细讨论过了，详情请参考第二章，在此不再重复。

5. 教师应多用开放式的问题提问（Open-ended Questions）

教师应充分利用6个以WH开头的英文字翻译而成的中文问题，也就是"what, why, who, when, where, how"，分析学习内容，重新组织归纳，以有意义的语义沟通方式，与学生在课堂上进行问答，学生通过问答，能表达可以理解的语句、段落和语义。开放式的问题可以使用WH开头的英文字，如"怎么""为什么"，可引导出比较长的句子、比较多的句子、比较长的段落和比较多的段落，在语义的表达方面，说话者会提供较多新的信息。封闭式的问题，可以用"谁""什么时候""在哪儿""什么"或者是非问答等，可能引导出比较短的句子、比较少的句子等，若希望学生回答较长、句子较多，则应多用开放性的问题，而非封闭性的问题。教师提问的主要目的是利用能理解的语言输入内容（comprehensible input）——也就是利用老师的问题，与学生进行语言的互动，导引学生说出能理解的语言输出内容（comprehensible output）——也就是学生的回答。对于中级水平的学生来说，按部就班的引导问题非常重要，引导问题的设计和问法会决定学生语言输出的质量，问题本身有重要词汇和句法，引导学生在形式上必须使用既定语言形式，在意义上，则可自由表达自己的意念和想法，符合沟通教学法的精神。

梁新欣教授应用基码理论（Schema）的概念和语篇模式的分析研究，提出一对一单班课的教学方法（2004），并提出主题导入教学法（2005），其重点皆在师生之间如何借问答讨论方式作有效的互动。靳洪刚教授除了与梁欣新教授（2004）合作，阐述语言功能与结构的教学模式以外，也提出语言定式教学法（2004a）、教师提问能力（2004b）和以语言形式为中心的教学（2005）在第二语言习得中的重要性和具体实践。他们为中文教学师生之间的语言互动，作出了显著的贡献。以下教学实例和主题设计或多或少受其影响，不同点在于个人教学以美国外语教学学会所颁布的Proficiency Guidelines之等级为依归和指导准则，核心观念建立在语言功能上以及语言功能在不同等级的实践方面，掌握在有意义的真实沟通语境中，将学习的词汇和语句结构带入问答内容中，而以上两位教授则将重点放在以主题为中心进行的提问顺序、提问性质和提问难度上。其实，不管以何为出发点，读者不难发现，效果应是殊途同归的，皆掌握了在适当的语境中学习词汇、运用词汇，进行非常自然的对话。在这样的语境中，学生可能会觉得老师在课堂上跟学生聊天，其实所有讨论的顺序和内容，都是在教学前事先设计过的。首先老师将课文内容、词汇以及重要句型整理出来，解剖分析，归纳重点，将其串联，设计出几个讨论的小主题，并模拟学生可能应答的内容。即使老师事先准备的问题，无法引导出事先预期的回答，亦可临场应变，根据学生回答的内容或者临场提出的问题，进行随机教学。

二、课堂教学实例

以下仅提供两个 50 分钟的课堂教学实例，供读者作为参考。这两个课堂教学都是一个主题单元的第一节课，师生之间的问答在汉字听写结束后开始进行。第一个实例的主题围绕在个性、脾气和兴趣上，此主题与学生切身经验极为贴切，非常适合在第一堂课即引导学生谈论个人经验，马上进入真实语境中进行有意义且具沟通性质的对话和讨论。有关对课文熟悉的部分，学生早在上课前即预习完毕，而且缴交的功课内容也有课文理解方面的问题。所以，第一堂课，不从课文理解的问题开始讨论，而直接谈论学生的切身经验。从学生的对答内容得知，不谈课文内容而直接谈论个人经验，不但学习热情高涨，而且也给予学生更多机会去创造自己的语义，表达自己的经验和想法，把更多时间花在沟通交流上，而不是谈论课文内容。第二个实例的主题是端午节的历史故事介绍，特别是屈原这个人物，有其丰富的历史文化背景。由于美国学生缺乏对这个文化节日的接触和了解，很少人知道屈原这个历史人物，所以教学的时候，必须通过实物和图片的辅助来帮助他们理解，否则学生很难理解一些代表端午节的重要物品和习俗。因此，第二个课堂互动实例穿插了一些在课堂上使用的真实性辅助图片，起了引导性的作用。

> 实例一

教学单元：性格、脾气、嗜好（中文201,《中文听说读写》（第二册）第7课）

以下是本教学单元第一个小时的上课讨论内容。学生按照惯例，上课前先准备汉字听写练习，同时，也得课前熟悉发音、词汇和语法，听录音，并预习课文内容。

小主题一：性格与心情

主要词汇：性格开朗，心情好

老　师：你的性格很开朗吗？

学生1：我的性格很开朗。

老　师：他说他的性格怎么样？

学生2：他说他的性格很开朗。

老　师：他的性格很开朗，你的性格呢？

学生3：一般……很开朗，有时候不开朗。

老　师：他说什么？

学生4：他说，他的性格一般……"一般"是什么？

老　师："一般"是什么？

几个学生：generally。

学生4：好，他的性格一般很开朗，可是有时候不开朗。

老　师：一般很开朗，可是有时候不开朗。什么时候不开朗？

学生4：心情不好的时候。

老　师：心情不好的时候不开朗。那你什么时候会心情不好？

学生5：考试考得不好的时候。

老　师：还有呢？什么时候会心情不好？

学生6：不高兴的时候。

老　师：好，不高兴的时候。还有呢？

学生7：室友听音乐太吵的时候。

第六章　沟通式教学法(二)：
　　　　师生课堂互动活动

老　　师：噢……室友把音乐开得太大声，你不喜欢，是不是？
学 生 7：对啊。
老　　师：我们说"室友"，还可以说什么？
学 生 7：同屋。
老　　师：很好。还有呢？什么时候会心情不好？
学 生 8：跟爸爸妈妈不同意的时候。
老　　师：好，不同意爸爸妈妈的意见的时候。好，请再说一次。
学 生 8：不同意爸爸妈妈的意见的时候。
老　　师：好。他说什么？
学 生 12：不同意爸爸妈妈的意见的时候。
老　　师：很好。你也说一次。
学 生 13：不同意爸爸妈妈的意见的时候。
老　　师：好，他说，不同意谁的意见的时候？
学 生 14：不同意爸爸妈妈的意见的时候。
老　　师：很好，还有什么时候会心情不好呢？
学 生 9：还有，跟女朋友闹翻的时候。
老　　师：对，跟女朋友闹翻的时候，也会心情不好。
学 生 9：还有，想家的时候，会心情不好。
老　　师：你家在哪儿？
学 生 9：我家在韩国。
老　　师：噢……你是外国学生，所以很想家。你也是外国学生吗？
学 生 1：是。
老　　师：你是从哪儿来的？
学 生 3：我也是从韩国来的。
老　　师：你呢？
学 生 11：我是从 Columbia 来的。
老　　师：你想家的时候，也会心情不好吗？
学 生 5：有时候，可是我常常给他们打电话，跟他们聊天。
老　　师：心情不好的时候，可以给爸爸妈妈打电话。还可以做什么呢？

学生13：听音乐。

学生14：跟朋友出去玩。

学　生 1：给朋友和家人电话。

学　生 2：怎么说"play poker"？

老　　师：打桥牌。

学　生 2：谢谢，打桥牌。

老　　师：心情不好的时候，还可以做什么？

学　生 9：运动，打球。

学生10：看电视。

　　以上的对话主题围绕在性格和心情两个相关的话题上。说得更详细一点，在这两个相关的话题上，引申的讨论话题是"性格开朗不开朗""什么时候会心情不好"和"心情不好的时候会做什么"三个子题。老师首先问："你的性格很开朗吗？"同学回答了以后，老师马上问另外一个同学刚才这个同学说的话。在沟通交流的时候老师不单单与同学有一对一的问答，课堂上的沟通并非只限于老师和发言的同学而已，也有一对好几位同学的问答，主要目的是希望全班同学注意听别的同学的发言。所以，第一个同学回答了以后，老师马上问班上同学前面的同学说了什么。因此，同学得随时注意老师和同学之间的对答，也得注意听别人的发言，因为老师随时可能会与任何一位同学立即进行问答，任何一位同学都有可能随时加入讨论。

　　之后，老师复述同学说过的话，并问另外一个同学同样的问题，另外一个同学说出了一个有两个频率副词的句子，"一般很开朗，有时候不开朗"，这个句子具多重功能，除了出现两个频率副词以外，这个句子同时也包含了肯定句的用法和否定句的用法，替老师接下来想问的问题做了一个很好的引子。

　　同学说出了"不开朗"的表达方式以后，老师就借题发挥，问同学"什么时候不开朗"希望引出"心情不好"的话题。由于同学都事先预习了课文内容，所以有一个很快地就说出了"心情不好"四个字，这与老师原先的构想和模拟完全符合。

接着，一连串的几个问题都在讨论"什么时候会心情不好"的话题。同学提出了几种情况，分别是"考试考得不好的时候""不高兴的时候""室友听音乐太吵的时候""不同意爸爸妈妈意见的时候""跟女朋友闹翻的时候"和"想家的时候"。其中，老师借着"室友"这个词出现的时候，顺便复习"同屋"这个词。另外，也纠正学生一个不正确的用法，就是"跟爸爸妈妈不同意"。有关"同意"的用法只有两种：一个是"我同意"，不加宾语；另外一个是"我同意别人的看法"，加了宾语。不管是哪一种情况，都没有"跟……"的用法。在这个对话中，学生说了"跟爸爸妈妈"的短语，可能是受了英文母语的影响，因为英文的结构是"I don't agree with my parents"，而这个学生知道如果有介词短语时，根据中文语法结构，得出现在动词前面，所以，才会说出"跟爸爸妈妈不同意的时候"的句子。

其实，这个用法在此单元进行前一个月左右，就练习过了，当学生说出了不正确的句子时，虽然不是本单元的重点，可是由于属于常用的基本语法范围，当老师意识到有些同学还无法做到将此结构"内化"的时候，马上进行随机教学，巩固旧有的基础，在适当时机，做了几次口语操练的练习。

等"什么时候会心情不好"的第二个子题讨论完了以后，再引出第三个直接相关的话题，那就是"心情不好的时候会做什么"。这个阶段很快就进行完毕，同学提出了好几件心情不好的时候常做的事情，包括听音乐、跟朋友出去玩、跟朋友和家人打桥牌、打电话、运动、打球和看电视等。听音乐必然是大学生常做的事情，在学生提出别的事情之前就被提出来了，很顺利地导引出以下跟"乐迷"有关的第二个跟爱好相关的主题。

小主题二：爱好

主要词汇：摇滚音乐，古典音乐，现代音乐，乐迷，球迷，戏迷，书迷

  老 师：很好。你们有的同学，心情不好的时候，会听音乐，听什么音乐呢？
  学 生 2：听摇滚音乐。

老　　师：你呢？你心情不好的时候，也听音乐吗？

学 生 3：对，听音乐。

老　　师：摇滚音乐吗？

学生10：我不喜欢听摇滚音乐，我喜欢听古典音乐。

老　　师：好，摇滚音乐是古典音乐吗？

学生10：不是，是现代音乐。

老　　师：所以，你喜欢听什么样的音乐？

学 生 2：我喜欢听现代音乐。

老　　师：好，谁也喜欢摇滚乐？也就是现代音乐。

学　　生：（举手）

老　　师：谁喜欢听古典音乐？

学　　生：（举手）

老　　师：好，有的人喜欢听现代音乐，有的人喜欢听古典音乐，都很好。喜欢听音乐的人，是什么迷？

学　　生：乐迷。

老　　师：非常好，你是乐迷吗？

学 生 3：是，我是乐迷。

学生10：我也喜欢听音乐，所以，我也是乐迷。

老　　师：谁也是乐迷？

学　　生：（举手）

老　　师：很好，你们都是乐迷。

老　　师：好，喜欢听音乐的人是乐迷，那么，喜欢看球赛的人，是什么迷？

学　　生：球迷？

老　　师：很好，球迷。谁是球迷？你是球迷吗？

学生11：是，我是球迷。

老　　师：你喜欢看什么球？

学生11：我最喜欢看篮球，可是我打篮球打得不好。

老　　师：谁也喜欢看篮球？

第六章　沟通式教学法(二)：
师生课堂互动活动

学　　生：(举手)

老　　师：很好，你们都喜欢看篮球赛，都是球迷，是什么球迷？

学 生 5：篮球迷。

老　　师：有没有足球迷？

学 生 12：我是足球迷。

老　　师：有没有橄榄球迷？

学 生 4：我是橄榄球迷。

老　　师：还有什么球迷？棒球迷、排球迷……谁是棒球迷？谁是排球迷？

学 生 12："排球"是什么？

老　　师：volleyball。

学 生 4：我不是排球迷。

老　　师：你们都说得非常好。还有，除了乐迷、球迷以外，还有什么迷？

学　　生：……

老　　师：好，喜欢看戏的人，叫什么？

学 生 13：看戏，"戏"是什么？

老　　师：戏是 drama 的意思，play。谁喜欢看戏？

学 生 5：我最喜欢看戏，我也……怎么说"perform"？

老　　师：演戏。

学 生 5：我常常演戏，我想当 actor。

老　　师：演员。你以后想当演员吗？演员？(把"演员"写在黑板上)

学 生 5：对，演员。

老　　师：很好，谁还想当演员？

学　　生：……

老　　师：没有别人了，只有他想当演员。

老　　师：好，他喜欢演戏，是戏迷，还有谁也是戏迷？

学 生 6：我也是戏迷，我喜欢看北京戏。

老　　师：你是说，京剧吗？北京 opera？

学 生 6：对，可以请再说一次吗？

老　　师：京剧。(把"京剧"写在黑板上)

学　生 6：好，京剧。对，我很喜欢看京剧。

老　　师：所以，你也是一个戏迷。

老　　师：很好，所以，我们学了三个迷，是什么迷？

老师、学生：乐迷、球迷、戏迷。

老　　师：还有一个，喜欢看书的人叫……

学　　生：书迷。

老　　师：很好，谁是书迷？举手。

学　　生：（举手）

老　　师：你们很多人都是书迷，都很喜欢看书，非常好。

以上的对话，比第一个主题对话更容易掌握，因为主要皆环绕在一个固定的用法上，也就是"……迷"。老师统一用以下的问题导引，"喜欢……的人，是什么迷？"于是，就很自然地马上引出四个"……迷"的用法，对话的焦点就集中在学生爱好的讨论上。此话题与大学生日常生活的兴趣息息相关，是校园中讨论最普遍的话题之一，只要引导适当，学生自然就兴趣盎然，积极参加讨论，不会冷场。而且，爱好方面的话题其实以前都讨论过了，所以谈论此主题时，也兼具复习作用，达一石二鸟之效。课文中只有"球迷"和"戏迷"，而老师另外补充了"乐迷"和"书迷"。由于学生在讨论第一个主题时很自然地提出了音乐的相关话题，第二个对话也就先从音乐的话题开始，先讨论乐迷，然后再依序讨论球迷、戏迷和书迷。对话里出现的词汇，有的是以前学过的，比如"篮球""足球""橄榄球""棒球"。本单元的词汇包括"现代音乐""古典音乐""摇滚乐""球迷""戏迷"。临场随着学生的兴趣和提问，老师补充了"排球""戏""演员""京剧"四个词。

小主题三：脾气

主要词汇和句型：（不）急躁，……跟……一样

老　　师：好，我们刚才说到你们的性格，还说到了什么？

学　　生：心情。

第六章 沟通式教学法(二)：
师生课堂互动活动

老　　师：很好。我们讨论了性格、心情，现在，我们要说一说脾气。心情很好的时候，一般脾气怎么样？

学 生 9：一般脾气很好。

老　　师：会不会很急躁？

学 生10：不会。

老　　师：好，性格开朗的人，脾气很急躁吗？

学 生 7：性格开朗的人脾气不急躁。

学 生 8：我不同意这个说法。性格开朗的人不见得脾气不急躁，有的性格开朗的人脾气不急躁，有的性格开朗的人脾气很急躁，这就要看什么人。

老　　师：非常好，性格开朗的人一般脾气不会很急躁。可是，不一定，要看什么人。好，你的脾气急躁吗？

学 生 2：有时候。

老　　师：你呢？

学 生 5：一般不太急躁。

老　　师：你的脾气呢？

学 生 8：我的脾气一点儿急躁。

老　　师："有"一点儿急躁。

学 生 8：我的脾气有一点儿急躁。

老　　师：你的脾气有一点急躁吗？

学 生 9：我的脾气有一点儿急躁。

老　　师：你爸爸的脾气有一点急躁吗？

学 生10：我爸爸的脾气很好，不急躁。

老　　师：你妈妈的脾气急躁吗？

学 生11：我妈妈的脾气也不急躁。

老　　师：好，你爸爸妈妈的脾气怎么样？

学 生12：我爸爸的脾气比较急躁，可是妈妈的脾气很好，不急躁。

老　　师：很好，"……跟……一样"。（老师把这个句型写在黑板上）你们想想看，你爸爸的脾气"跟"妈妈的脾气"一样"吗？

学生13：我爸爸的脾气跟妈妈的脾气不一样。

老　师：为什么不一样？

学生13：因为我爸爸的脾气急躁，可是，我妈妈的脾气不急躁。

老　师：好。他爸爸的脾气跟妈妈的脾气一样吗？

学生14：不一样。他爸爸的脾气跟妈妈的脾气不一样，他爸爸的脾气急躁，可是，他妈妈的脾气不急躁。

老　师：她（老师指班上一个同学）跟她（老师指班上另外一个同学）的脾气一样吗？

学生12：对不起，你叫什么名字？（看着第一个同学）

老　师：她叫陈凯玲。

学生12：陈凯玲跟贝思的脾气一样，不急躁。

老　师：好，陈凯玲跟贝思的脾气一样，"都"不急躁。

　　以上的对话从已经讨论过的性格、心情开始，再谈到脾气急躁不急躁的话题，并且练习用"……跟……一样"的句型来描述一个人的脾气急躁不急躁。有一个程度比较好的学生，反应很快，提出自己的意见，他说："我不同意这个说法。性格开朗的人不见得脾气不急躁，有的性格开朗的人脾气不急躁，有的性格开朗的人脾气很急躁，这就要看什么人。"这个句子，融合了好几个本单元之前学过的词语和语法，堪称佳句：第一，"同意"的用法完全正确，不受英文母语的影响；第二，"不见得"是副词，这个学生学以致用，用这个副词来表达他的想法；第三，"有的"指的是"一些"的意思，特别是"有的……，有的……"的用法，也是之前学过的语法重点；第四，"这就要看"是"depend on"的意思，是之前反复操练的重要语法之一。这个学生不但充分表达了他的意见，而且在课堂即席讨论时灵活应用学过的内容，显现出如此的机智和实力，实在令老师欣慰。

　　通过以上三个主题的练习，基本上已经将课文内容的重点，按照计划完成预定的教学目标了。接下来的第四个主题，主要在补充"内向"和"外向"两个词的用法，用来描述性格，非常简短；同时，再一次用"……跟……一样"的句型练习描述性格，也比较同学的性格。第五个主题，融合之前讨论过的四个主题及其词汇、句型，并介绍一个新的短语"在……方面"，让学生做综合练习，做最后的统整练习，作为此单元的结尾。

小主题四：性格内向和外向

主要词汇和句型：内向，外向，……跟……（不）一样

老　　师：我们说性格很开朗，还可以说性格怎么样？

学 生 9：很好。

老　　师：还有呢？

学 生 1：不开朗。

老　　师：还有呢？

学 生 2：怎么说"introvert""extrovert"？

老　　师：很好，introvert 内向，extrovert 外向。（老师把"内向"和"外向"写在黑板上）好，跟我说，内向。

全　　班：内向。

老　　师：内向。

全　　班：内向。

老　　师：外向。

全　　班：外向。

老　　师：外向。

全　　班：外向。

老　　师：好，你的性格很内向还是很外向？

学 生 4：我的性格有时候很内向，有时候很外向。

老　　师：什么时候很内向？什么时候很外向？

学 生 4：跟不认识的人的时候，很内向，跟好朋友说话的时候，很外向。

老　　师：很好，跟不认识的人"在一起"的时候，你很内向，可是，跟好朋友说话的时候，很外向。

学 生 4：（点头）对。

老　　师：好，他什么时候很内向？

学生10：他跟不认识的人在一起的时候，很内向。

老　师：好，他什么时候很外向？

学　生1：跟好朋友说话的时候，很外向。

老　师：好，再练习一次，他什么时候很内向？什么时候很外向？

学　生3：他跟不认识的人在一起的时候，很内向。

老　师：好，什么时候很外向？

学生11：他跟好朋友在一起的时候，很外向。

老　师：很好。你很内向吗？

学　生6：我很内向。

老　师：你呢？你很内向吗？

学　生8：我不很内向，我很外向。

老　师：好，王家明跟史桥华一样吗？都很内向吗？

学　生3：王家明跟史桥华不一样。王家明很内向，可是史桥华很外向。

老　师：齐艾琳跟孙小媚呢？

学　生9：齐艾琳的性格跟孙小媚一样，很外向，因为她们常常笑，每天很高兴。

老　师：每天"都"很高兴。

学　生9：每天"都"很高兴。

老　师：齐艾琳跟孙小媚的性格一样吗？

学　生6：齐艾琳的性格跟孙小媚的性格一样，她们常常笑，每天都很高兴。

在以上的对话中，老师预定补充"内向"及"外向"这两个描述性格时常用的词，很巧的是，学生立即提出同样的问题，请老师补充这两个词。继此之后，此对话即围绕内向和外向做一些口语沟通练习，以同学和同学的家人为讨论比较的对象，使学生熟悉这两个词的运用。最后，也制造机会，让学生练习用"……跟……一样"或者"……跟……不一样"的句型来比较性格方面的异同，内容基本上不具什么难度，所以同学练习得很好，驾轻就熟。

在以下的对话中，老师介绍一个新的短语，"在……方面"，首先写在黑板上，引起学生对这个短语用法的注意。

小主题五：综合练习与运用

主要复习词汇：性格开朗，内向，外向，脾气急躁，书迷，球迷，乐迷

主要复习句型：(1) ……跟……（不）一样

(2) 在……方面

老　　师：(老师把"在……方面"写在黑板上) 你们可以说在什么方面呢?

学　生 1：在性格方面。

学　生 2：在脾气方面。

老　　师：还有没有?

学　生 3：学习，在学习方面。可以吗? 可以说"在学习方面"吗?

老　　师：可以，很好。还有什么方面?

学 生 10：在工作方面。

老　　师：好，还有呢? 比如说"运动"。

学　生 3：在运动方面。

老　　师：还有，记不记得"兴趣"?

学　生 7：在兴趣方面。

老　　师：在兴趣方面，(指着班上两个同学说) 你们两个人一样吗?
你最喜欢做什么?

方之倩：我最喜欢听古典音乐。

老　　师：好，喜欢听音乐，所以，她是一个什么迷?

几个学生：乐迷。

老　　师：那你呢? 你最喜欢做什么?

曹　　方：我最喜欢打足球。

老　　师：所以，他不是乐迷，他是什么迷?

学　生 9：他是球迷。

老　　师：谁喜欢看书? 林立，你喜欢看书吗?

林　　立：我非常喜欢看书。

老　　师：所以，林立是一个什么迷?

学　生 2：书迷。

老　　师：对了，书迷。好，在兴趣方面，他们两个人怎么样？一样吗？

学　生 9：在兴趣方面，方之倩跟曹方不一样。

老　　师：还有呢？再多说一点。

学　生 9：在兴趣方面，方之倩跟曹方不一样。方之倩喜欢听古典音乐，是一个乐迷，曹方喜欢打足球，是一个球迷。

老　　师：非常好，你说一次。

学　生 5：在兴趣方面，方之倩跟曹方不一样。方之倩喜欢听古典音乐，是一个乐迷，曹方喜欢打足球，是一个球迷。

老　　师：在兴趣方面，方之倩跟曹方不一样。方之倩喜欢听古典音乐，是一个乐迷，"可是"曹方喜欢打足球，是一个球迷。好，你说一次。

学　生 6：她的名字？

老　　师：方之倩。

学　生 6：方之倩……

老　　师：在兴趣方面……

学　生 6：在兴趣方面，方之倩跟曹方不一样。方之倩喜欢听古典音乐，是一个……乐迷，可是，曹方喜欢……喜欢打足球，是一个球迷。

老　　师：非常好，我们说"踢足球"，用脚踢，踢足球。好，跟我说，踢足球。

全　　班：踢足球。

老　　师：踢足球。

全　　班：踢足球。

以上对话综合了各个主题，套入"在……方面"的短语中，在老师的引导和提醒之下，一共说出了五个"在……方面"的短语。最后，老师锁定"在兴趣方面"这个短语，提出跟同学兴趣有关的问题，帮助同学使用"……跟……（不）一样"的比较句型。同学也用得很好，在口语讨论结束之前，同学说了相当完整的一小段话，"在兴趣方面，方之倩跟曹方不一样。方之情喜欢听古典音乐，是一个……乐迷，可是，曹方喜欢……喜欢打足球，是一个球迷。"在语法结构组织上，涵盖两个重点，在词汇的使用上，也用了本单元刚介绍的"乐迷"和"球迷"，在老师的提醒下，突显两位同学在兴趣上的差异，用了一个强调语义相反的连接词"可是"，为全班同学提供一个以下分组活动讨论的标准模式。

课堂结束以前，还有约15分钟，所以让学生分组，做以下练习：

两个人一组，用黑板上"在……方面""A跟B（不）一样"讨论并比较两个人在以下各方面的异同：在性格方面，在脾气方面，在学习方面，在工作方面，在兴趣方面，在运动方面。

实例二

教学单元：中国重要节日（中文202，《中文听说读写》（第二册）第12课）

主题：端午节

汉字听写：

  1. 过端午节，吃粽子和丰盛的菜肴，看龙舟比赛。

  2. 中国人过节有很多风俗习惯。

  3. 屈原是有名的爱国诗人之一。

  4. 象征人们争先恐后地去救屈原。

针对每个句子，先做汉字的讲解及练习发音，再逐一进行以下端午节的教学单元活动。

（1）练习第一个听写句子的内容

练习的句子："过端午节，吃粽子和丰盛的菜肴，看龙舟比赛。"

老　师：中国人过端午节的时候，要吃什么？

学生1：吃粽子。

老　师：除了吃粽子以外，还要吃什么？

学生2：鸡鸭鱼肉。

全　班：哈哈哈……

老　师：对，鸡鸭鱼肉，鸡鸭鱼肉就是什么？

学生3：是很丰盛的菜肴。

老　师：很好，吃丰盛的菜肴。中国人过端午节的时候，还要做什么？

学生4：看篮球赛。

全　班：哈哈哈……

老　师：好，你喜欢看篮球赛，是不是？

学生4：对。

老　师：好，我是说，中国人过端午节的时候，看什么比赛？

学生5：看龙舟比赛。

老　师：好，我们再练习一次。中国人过端午节的时候，吃什么？

学生6：粽子。

老　师：好，吃粽子，还要吃什么？

学生7：请你再说一次。

老　师：中国人过端午节，吃粽子，还吃什么？

学生7：还吃丰盛的菜肴。

老　师：刚才有一个同学说了，丰盛的菜肴有什么？

学生8：有鸡鸭鱼肉。

老　师：除了吃粽子，吃丰盛的菜肴以外，还看什么比赛？

学生9：看……看……龙……龙 zhī 比赛。

老　师：看龙舟比赛。

学生9：看龙舟比赛。

老　师：好，看龙舟比赛。非常好。

以上老师所问的引导问题，主要目的是让学生通过回答问题的过程，熟悉第一个问题的主题，也就是中国端午节最具代表性的风俗习惯，包括吃粽子，吃丰盛的菜肴和看龙舟比赛。

第一个引导问题"中国人过端午节的时候，要吃什么"主要是让学生练习能说出"吃粽子"。第一个学生听了这个问题以后，马上就很有自信地回答"吃粽子"，也就达到老师原先设计问题的目的了。

第二个引导问题"除了吃粽子以外，还要吃什么"主要是让学生练习能说出"吃丰盛的菜肴"。第二个学生带着笑容说"鸡鸭鱼肉"，说完了以后，全班同学立即哄堂大笑，原因是课本里有一张主要的插图，画的就是"鸡鸭鱼肉"，很可爱；另外一个原因是，同学们也很清楚，老师问的问题，主要是想让同学练习说出"丰盛的菜肴"，可是，同学用另外一种方式回答得非常巧妙有趣，虽然不是第一个句子里涵盖的生词，毕竟也针对问题，提供了一个适当的答案。老师说"对"，接受了这个答案，然后换另外一个方式，问了一个延续性的问题，以"鸡鸭鱼肉"为基础，让学生能很容易地联想到其所隐含的意思，就是"丰盛的菜肴"。于是，第三个同学很快地说出老师预期的回答。

第三个引导问题"中国人过端午节的时候，还要做什么"，是一个跟吃没有关系的问题，第四个同学可能没有听清楚问题，误以为是问他会在端午节的时候做什么，所以他的回答出乎所料，竟然说是"看篮球赛"，全班同学听了以后，马上又捧腹大笑，觉得非常逗趣。老师马上替他打了个圆场，问他是不是很喜欢看篮球赛，让他觉得回答的问题受到了肯定，不会觉得困窘或难为情。然后，老师再把问题很清楚地说一次，第五个同学很快地说出了"看龙舟比赛"。

老师所问的问题到此告一段落，可是，还得再循环一次，确定学生不但能正确地发音，而且能熟悉端午节最具代表性的风俗习惯。在这次的练习当中，可以注意到，第七个同学可能有点分神，所以他请老师"再说一次"，然后马上回答"还吃丰盛的菜肴"。其实，班上同学，都已经习惯老师问问题的方式，也就是随时会请任何同学回答，而且每个人一定都会被老师叫到，只要老师一个手势或者点头示意，同学都知道是轮到他回答的时候了。可是难免偶尔有同学不清楚问题，或者不确定应该回答什么，这时候，同学很熟悉地使用了平常惯用的沟通策略，请老师"再说一次"，也就能立即参与课堂上的讨论，使课堂上的讨论得以顺利进行。另外，第九个同学在发音上有点问题，"龙舟比赛"的"舟"说得不清楚，嘴唇成平扁形状，没有圆唇，他一边说一边回忆练习过的内容，显得有点支支吾吾，努力地想一下，也算回答出来了，只是发音有一点问题。所以，老师示范一次，请他再说一次，一下子就说对了。

随后，老师用手指着身上戴着的荷包，不是第一个听写的内容，可是是课文里提到的一个重要的风俗。由于老师事先猜想，可能没有任何一个同学看过荷包，所以就找了一个与课文里描述极为类似的一个红色的小东西，带到教室里，作为实物，让学生一看就知道荷包的样子，而不需要费时解释老半天，以下是与荷包有关的课堂对话。

老　师：好，今天，曾老师身上有一个红色的东西，是什么？
学生1：荷包。
老　师：好，今天曾老师身上戴着一个荷包，是一个很漂亮的东西。
全　班：哈哈哈……（因为曾老师自己说自己身上戴的东西很漂亮，所以全班同学都笑了）
老　师：我觉得很漂亮，荷包是一个很漂亮的小东西，为什么要戴荷包？
学生2：是风俗习惯。
老　师：很好，是端午节的风俗习惯。还有呢？为什么？
学生3：不会生病。
老　师：对了，戴荷包，就不会生病。中国人觉得，戴荷包可以避邪，可以 keep away from evil spirit。（在黑板上写"避邪"两个字）
老　师：以前的人，过端午节，会戴荷包，因为可以避邪。可是，现在，很多地方可能没有这样的风俗习惯了。

(2) 练习第二个听写句子的内容
练习的句子："中国人过节有很多风俗习惯。"

老　师：中国人过什么节？
学生1：端午节。
老　师：还有呢？
学生2：春节。
老　师：很好，还有……
学生3：月节。
老　师：很好，我们说，中秋节，中是 mid 的意思，秋是 autumn 的意思。（老师一边把"中秋节"写在黑板上，一边解释它的意思）中秋节，Mid-Autumn Festival。好，跟我说，中秋节。

第六章　沟通式教学法(二)：
师生课堂互动活动

全　班：中秋节。

老　师：中秋节。

全　班：中秋节。

老　师：好，还有一个重要的节日，是什么？

学生4：圣诞节。

全　班：哈哈哈……

老　师：哈哈……圣诞节是美国人过的节日，非常重要。可是，不是中国重要的节日。好，中国还有一个重要的节日，是什么？

全　班：……

老　师：是元宵节。你们可能没听过，没关系，我们明天会讨论。

　　以上的对话，主要是老师想引出四个中国重要的节日，虽然听写的句子里提到风俗习惯，可是由于这是介绍中国节日的第一堂课，而且是第一堂课刚开始的时候，环绕的主题仅止于端午节，所以就不在其他中国节日风俗习惯上作详细的讨论和发挥，留后再叙。

　　由于端午节是此堂课的主题，而且学生已经预习了这个节日，所以第一个想到的节日就是端午节。另外，多半同学不管对春节熟不熟悉，或多或少也都听过中国的春节，所以同学理所当然地就想到了春节。可是，当说到中秋节的时候，可能相比之下，没那么熟悉，第三个同学很可能是运用以前学过的词，也就是月代表了moon的意思，所以说"月节"，这样的说法，其实也自有其道理。老师肯定他的答案，并进而解释说明，然后示范发音，请全班同学跟老师一起说"中秋节"。第四个节日想必是美国人觉得最陌生的节日了，在说出三个节日以后，没有人能说出"元宵节"，却说出"圣诞节"，全班同学笑成一团，连老师也没想到竟然同学会说出美国的圣诞节。同学们笑了，意味着他们知道圣诞节不应该是中国的节日，而是美国的节日，而说"圣诞节"的这个学生很有可能认为不少中国人也跟美国人或者其他西方国家的人一样，会一起庆祝"圣诞节"。其实，他想得也没有错，有不少中国人的确也跟西方人一样，一起狂欢，庆祝圣诞节，只是，圣诞节是西方的节日，不是中国典型的传统节日。

　　等全班同学笑声渐渐消失以后，老师又问同样一个问题，同学还是鸦雀无声，不知如何回答，老师也就公布答案，说出"元宵节"了。元宵节，不像其他三个节日，中国人在美国有时候还常常举办大型庆祝活动，所以很少有美国人听说过这个节日。老师意识到这样的情况，所以就节省时间，说了"元宵节"以后，一语带过，明天再详细讨论。

由于中美节日的比较也是本大单元需要习得的语言功能之一，既然有同学提到圣诞节，老师就顺势利导，给予机会，简单说了一下圣诞节的情况，以作为日后讨论的基础。

老　师：好。美国人过什么节日？

学生1：圣诞节。

学生2：圣诞节是什么？

老　师：Christmas。

老　师：还有什么节日？

学生3：感恩节。

老　师：好。还有什么？

学生4：wǎng shēng 节。

老　师：wǎng shēng 节是什么？……噢，是万圣节。

老　师：好，美国人过圣诞节的时候，是怎么过的？

学生5：再说一次。

老　师：美国人是怎么过圣诞节的？

学生6：吃，吃，吃丰盛的……

老　师：吃丰盛的菜肴。

学生6：吃丰盛的菜肴。

老　师：美国人过感恩节的时候，吃什么？

全　班：吃丰盛的菜肴。

老　师：好，美国人过圣诞节的时候，有什么风俗习惯？

学生7：有一个木在房子。

老　师：有一个什么？

学生7：木，tree。

老　师：好，有一棵树。

第六章 沟通式教学法(二)：
师生课堂互动活动

学生7：好，有一棵树。
老　师：有一棵圣诞树放在房子里。还有呢？
学生8：给很多动物。
全　班：哈哈哈……
学生8：对不起，礼物。
老　师：很好，给很多礼物。我们以后会再讨论美国的圣诞节。

　　在谈到圣诞节的时候，同学也提到感恩节和万圣节，只不过提及万圣节时，声调和发音都不太清楚，所以同学刚说完的时候，老师一下子想不出同学想说的是什么，所以停顿了一下，后来，马上意识到原来同学想说的是万圣节。这三个美国重要节日，不是以前课堂讨论的主题，可是，在秋天上课的时候，配合时节，老师曾经稍微提了一下，由于与他们的生活息息相关，他们也还有印象，在这个时候回顾以前提过的节日名称。

　　提出三个美国重要的节日之后，老师再将话题扯回圣诞节，因为这是美国最大的传统节日，其重要性等同于中国的春节。当老师与同学讨论圣诞节的风俗习惯时，有一个学生回答得非常有趣，他说"有一个木在房子"，这样的回答完全反映了学习者母语的句子结构和字词顺序，也就是"There is a tree in the house." 由于量词的使用不当，而且把"树"说成"木"，所以老师为了进一步了解这位学生想要表达的意思，再问以下的问题"有一个什么？"这位学生回答的时候，重复用他说过的词，"木"，并再加上英文的解释"tree"，澄清了他原来想表达的意思。这时候，老师就说出正确的用法"有一棵树"，达到语意沟通的目的，这位学生显然也达到学习的目的了，最后说出正确而适当的用法"有一棵树"。由于这不是课堂讨论的主题，老师也就没有必要把握机会，在课堂上做语言操练的练习，而以"有一棵圣诞树放在房子里"作为讨论的结尾，示范适当的语用方法，学生听得懂就可以了，而不要求学生能说得对。也就是在理解的层次上，达到理解的目的，可是，在口语的使用上，不要求学生能正确地说出来。

　　后来，老师接着问，是否还有其他重要的风俗习惯，有一个同学回答说"给很多动物"，他其实是把"礼物"说成"动物"了，等全班同学哈哈大笑的时候,他才恍然大悟,意识到他不小心说错了,马上向老师和同学说"对不起",然后自我纠正,说出正确的"礼物"。在这学习气氛相当轻松愉快的时刻,老师很快地结束这个子话题,告诉全班以后会再详细讨论这个问题,紧接着继续讨论第三个听写的句子。

(3) 练习第三个听写句子的内容
练习的句子:"屈原是有名的爱国诗人之一。"

老　　师:屈原很爱国吗?
学 生 9:非常爱国。
老　　师:屈原是做什么的?
学 生 10:屈原写诗。
老　　师:所以,屈原是一个什么?
学 生 1:是一个诗人。
老　　师:很会写诗吗?
学 生 11:对,屈原很会写诗。
老　　师:屈原很有名吗?
学 生 12:对,他很有名,是有名的诗人之一。
老　　师:曾老师是不是有名的诗人之一?
学 生 8:你不是。
学 生 9:我们不知道。
老　　师:我不是有名的诗人之一,我是一个中文老师,是美国很严的中文老师之一。
全　　班:哈哈哈……
老　　师:好,你们很爱国吗?
学 生 9:我是军人,以后要当军人,所以,我很爱国。
老　　师:很好,军人很爱国。
学 生 3:"军人"是什么?
老　　师:好,"军人"是什么?
学 生 9:是 soldier。

老　　师：军人都很爱国吗？

学 生 6：一般来说，军人都很爱国。

以上的对话，主要是在练习"有名""爱国""诗人"以及"之一"四个词。在这个对话中，第二个问题主要是要引导学生说出屈原的职业，也就是诗人。学生回答"屈原写诗"，是另一种完全正确的表达方式，老师继续问了一个相当明白的问题"屈原是一个什么"，结构非常清楚，也就很容易地引出了"诗人"这个名词。当问到"屈原很有名吗"，学生回答得相当完整，不但说出了"有名"两个字，他的回答还包括了"之一"的语法结构"是有名的诗人之一"。老师利用这个结构出现的机会，让学生在适当的语境使用"之一"的用法，问了一个与老师切身有关的问题，"曾老师是不是有名的诗人之一"。一个学生说"不是"，另一个学生说"我们不知道"。第一个同学指的是，曾老师的职业是老师，所以不是诗人，另一个同学的观点是，曾老师虽然是老师，可是也可能很会写诗，是一个业余诗人。等同学说了以后，曾老师马上公布答案，告诉同学：曾老师不是诗人，是一个中文老师，而且是美国很严的中文老师之一。他们都听得懂"严"的意思，所以全班同学听到老师这样坦率的自我评价，觉得老师挺了解他们的想法的，所以又都笑了，心有灵犀一点通。

接着，老师借题发挥，以班上同学的例子，问一个以后想当军人的同学是不是觉得自己很爱国，他的回答完全如老师所料。只是，有的同学不知道"军人"是什么意思，所以就提出问题，想知道军人到底是什么意思。老师不直接回答，而请打算当军人的同学回答这个问题。在这种情况下，没有必要过分执著一定要使用中文来沟通，在解释"军人"这个词的时候，这位同学实在没有足够的词汇，没有能力解释军人的意思，所以用英文的"soldier"来解释，不但有效也节省很多时间。在全班都了解军人指的是 soldier 以后，老师又再用"军人"这个词问别的同学军人是不是都很爱国，这个同学举一反三，回答恰当，而且用以前学过的副词短语"一般来说"做句子的开头，实为佳句。

关于第四个听写的句子，学生普遍有发音上的问题，较为饶舌，说得不太流利，也不太顺口；另外，由于在问题引导和语意的沟通上，不像前面的三个句子有足够的发挥空间。所以,老师意识到这个问题以后,只问了一个应用型的问题,也就是"什么象征人们争先恐后地去救屈原",然后,就将重点放在巩固发音的基础上面。

(4) 练习第四个句子听写的内容
练习的句子:"象征人们争先恐后地去救屈原。"

老　师:什么象征人们争先恐后地去救屈原?
学 生 6:龙舟……龙舟比赛。
老　师:好,龙舟比赛象征什么?
学 生 3:象征……争先恐后救屈原。
老　师:好,跟我说,象征人们争先恐后地去救屈原。
全　班:象征人们争先恐后地去救屈原。
老　师:好,象征。
全　班:象征。
老　师:人们。
全　班:人们。
老　师:争先恐后地。
全　班:争先恐后地。
老　师:去救屈原。
全　班:去救屈原。
老　师:象征人们争先恐后地去救屈原。
全　班:象征人们争先恐后地去救屈原。
老　师:什么象征人们争先恐后地去救屈原?
全　班:龙舟比赛。
老　师:好,说整个句子。
学 生 4:龙舟比赛象征人们争先恐后地……去救屈原。
学 生 8:龙舟比赛……象征人们争先恐后地去救屈原。
学 生 9:龙舟……比赛象征人们……争先恐后地救屈原。
学生12:龙舟比赛象征人们争先恐后地去救屈原。
老　师:非常好。

第六章 沟通式教学法（二）：
师生课堂互动活动

发音和词汇的练习过程，有全班一起练习的方式，也有个人练习的方式，老师从第二个问题的回答意识到学生可能对基本结构不熟悉时，马上给一个正确的语用示范，把"地"附加在原来同学说的句子里，成为一个标准句，让全班学生重复一次。然后，将整个句子分成四个最小的语义单位，分别做发音的操练，接着，再回过头来，把整个句子再念一次，最后再单独请个别同学回答问题，检查学生是否都能说得恰当和完整。这段短短的练习，提醒学生对这个句子的注意。可是，毕竟是第一天上课，学生还未能将这个句型完全"内化"，语言学习的"内化"是一个长期的过程，需要反复地练习和复习，不断给予机会，通过不同的方式和活动循环练习，绝非第一天上课就能办得到的事情。所以，老师也就此打住，开始进入以下的语言沟通活动，是本节课的主要教学活动。

以下教学活动主要分成两个阶段：第一，通过实物，介绍端午节的风俗习惯；第二，通过图片，介绍端午节的由来，也就是介绍屈原的故事。美国学生普遍对端午节没有什么概念，由以下对话得知，班上只有三个人见过粽子，所以老师事先就决定绝对有必要以实物和图片进行教学，从网上找端午节有关的图片和实物。否则，学生从来没见过粽子，也从来没看过龙舟赛，上起课来，效果大打折扣，很难带领学生进入适当的情境。

老师拿着一张图（包粽子的图）：
老　师：你们看到什么？
学　生：看不清楚。
老　师：好，看清楚了吗？
学　生：可以。
老　师：好，你们看到的东西，是什么？
学　生：是竹叶。
老　师：好，有同学看出来是竹叶，很好。（老师一边把"竹叶"两个字写在黑板上，一边解释竹叶的意思）竹是bamboo，叶是leave。好，跟我说，竹叶。
全　班：竹叶。

老　　师：竹叶。

全　　班：竹叶。

老　　师：好，你们看到竹叶，还有呢？这个女人在做什么？

全　　班：……

老　　师：好，谁见过粽子？请举手。

学　　生：(三个人举手)

老　　师：好，这个女人在"包"粽子。好，跟我说，包粽子。

全　　班：包粽子。

老　　师：包粽子。

全　　班：包粽子。

老　　师：(在黑板上写"包")"包"是什么意思？

学生10：cover, wrap。

老　　师：对，wrap, wrap the glutinous rice dumplings。

老　　师：她用什么包粽子？

学生7：用竹叶包粽子。

老　　师：粽子里面有什么东西？

学生2：粽子里面有米饭。

老　　师：好，粽子里面有米饭，是甜的还是咸的？

学生2：都可以。

班上的美国同学没有人见过中国人包粽子，所以不知道粽子是用竹叶包的。好在，有同学会说"竹叶"，帮助导入主题，可是大部分同学仍然不懂"竹叶"的意思，所以老师一边在黑板上写"竹叶"两个字，一边解释竹叶的意思，还带读，帮助学生熟悉发音。其实，老师一解释，学生也就懂了，因为"竹"跟"叶"两个字以前在一年级中文课的主题单元里都分别学过了。接下来，老师想介绍"包粽子"这个词，所以问学生"这个女人在做什么？"可是，还是没有人回答，主要原因是没有人想起来要怎么用中文说"包粽子"，因为"包"没有学过。经过沟通过程的试探，老师才了解到原来学生都不懂"包"的说法，于是就自问自答，教学生"包粽子"这个说法，然后带读。带读以后，问"包"是什么意思，以确定学生完全理解。等同学理解意思和用法以后，老师再重复问开始时所问的问题，这次，就显得顺畅多了，学生似乎对答如流。

老　师：很好，再说一次。她在做什么？
学生1：她在包粽子。
老　师：用什么包粽子？
学生5：用竹叶包粽子。
老　师：里面有什么？
学生9：米。
老　师：好，里面有米饭。是什么味道？
学生4：有甜的，还有咸的。
老　师：好，现在，请谁说这张图？
学　生：一个女人在包粽子，用竹叶包粽子，她看起来很高兴，粽子有甜的和咸的。
老　师：很好。好，谁可以再说一次？
学　生：我看到一个中国妈妈在包粽子，她很高兴，她用竹叶在包粽子，很好吃。
全　班：哈哈哈……

经过问答教学以后，老师和学生之间的沟通发挥了很好的效果，从学生的回答当中，可以看出学生已经学会了原来不会的表达方式，渐入佳境，特别是最后两个同学针对这张图的描述，正是老师希望看到的教学效果。可是，在此之前的那个对话，则代表了一个学生缺乏表达意念的词汇，而不能有效率地进行沟通。这种情况在教学中是屡见不鲜的事实，学生的表现有时候不如老师事先所预期的，乃是正常的事情，重点在于，老师得随机应变，灵活善用各种资源和方法，视学生的反应随时作适当的调整。

老师拿着第二张图（图上有一大盘粽子）：
老　师：好，盘子上面有什么？
学生4：粽子。

老　　师：盘子上面有很多粽子吗？

学 生 6：很多。

老　　师：好，你们三个人吃过粽子。你可以吃几个？一次可以吃几个？

学 生 10：两个。

老　　师：你呢？

学 生 8：一个。

老　　师：你呢？

学 生 4：三个。

老　　师：好，他们吃过粽子，最多吃几个？

学 生 11：最多三个。

老　　师：所以，这儿的粽子，一个人一次吃得完吗？

学 生 2：吃不完。

老　　师：对，吃不完，吃太多粽子，肚子会不舒服。如果你一次吃十个粽子，会觉得怎么样？

学 生 12：会不舒服。

老　　师：好，粽子下面有什么？

学 生 7：盘子。

老　　师：好，盘子上面有很多粽子，我们也可以说，一大盘粽子。跟我说，一大盘粽子。

全　　班：一大盘粽子。

老　　师：好，所以，你们看到什么？

学 生 5：一大盘粽子。

老　　师：我们得先怎么样，才能吃到一大盘粽子？

学 生 12：先……包粽子，然后吃一大盘粽子。

老　　师：很好，要先包粽子，然后全家人一起吃一大盘粽子。

以上的对话，主要的目的非常简单，旨在练习"一大盘粽子"的用法。另外一个附属动机，是想让学生知道，到底一般中国人一次可以吃多少个粽子。所以，对话的前半部分，问三个吃过粽子的美国同学，一次吃几个粽子，否则，美国学生没有概念，不知道粽子的大小，说不定会误以

第六章 沟通式教学法(二)：
师生课堂互动活动

为可以一个人一次吃一大盘粽子呢！对话的后半段，老师给学生提示，问："粽子的下面是什么？"由"很多粽子"和"盘子"，引出"一大盘粽子"的说法。最后，再结合从第一张图里所学到的用法，"包粽子"，所以，老师问："我们得先怎么样，才能吃到一大盘粽子？"学生有先做什么、然后再做什么的概念，所以回答正确。

老师拿着第三张图（图上是龙舟比赛）：
老　　师：你们看到什么？
学　　生：龙舟比赛。
老　　师：很多人参加龙舟比赛，他们参加龙舟比赛的时候，怎么样？
学　生 2：很激动。
老　　师：对，很激动，还有呢？
学　生 5：很努力。
老　　师：对，还可以怎么说？
学 生 12：他们争先恐后地参加龙舟比赛。
老　　师：对了，我们说，争先恐后地划龙舟（在黑板上写"划"，一边写一边解释"划"的意思）。好，跟我说，划龙舟。
全　　班：划龙舟。
老　　师：划龙舟。
全　　班：划龙舟。
老　　师：龙舟比赛，象征什么？
全　　班：象征人们争先恐后地去救屈原。
老　　师：好，非常好。

这张图片主要是让学生看看龙舟比赛的实际情况。老师先问学生看到什么，由于图片很清楚，所以，学生一看就知道是龙舟比赛；可是，当老师想让学生说出"争先恐后地"的时候，学生在老师问了三次以后，才成功地引导出"他们争先恐后地参加龙舟比赛"的回答。等学生适当地将"争先恐后地"融入口语回答里，老师更进一步修正学生对动词的用法，用"划"这个动词来形容划龙舟的动作，然后再请同学齐读，加强记忆。

最后，老师再导引出在此之前学过的句子，全班很容易地说出了"象征人们争先恐后地去救屈原"的句子。

老师拿着第四张图（图上有丰盛的菜肴）：

老　师：好，你们看这张图，你们看到了什么？

全　班：哈哈哈……

学生3：丰盛的菜肴，鸡鸭鱼肉。

老　师：很好，我们一共看了四张图，这些图告诉我们什么？

学生9：中国人过端午节的情况。

老　师：很好，还可以怎么说？

学生10：告诉我们怎么中国人过端午节。

老　师：好，告诉我们中国人怎么过端午节。好，跟我说，告诉我们中国人怎么过端午节。

全　班：告诉我们中国人怎么过端午节。

老　师：好，告诉我们什么？

学生5：中国人怎么过端午节。

老　师：很好，还可以怎么说？告诉我们端午节的什么？四个字。

学生7：风俗习惯。

老　师：对了，风俗习惯。好，现在，我们再练习一次，说一说端午节的风俗习惯。

老　师：中国人过端午节的时候，一定要做什么？

全　班：包粽子。

老　师：包完粽子以后，就可以怎样？

学生11：吃粽子。

学生8：吃一大盘粽子。

老　师：很好。除了吃粽子以外，还吃什么？

学生2：丰盛的菜肴，有鸡鸭鱼肉。

老　师：还做什么？

学生4：看龙舟比赛。

老　师：好，身上还要戴什么？

学　生 1：戴荷包。

老　　师：这样就不会……

学　生 1：生病。

老　　师：好，现在，我把这四张图放在黑板上，你们看图，练习说端午节的风俗习惯。

在这个对话中，同学们一开始就笑了，因为他们已经练习说好几次"丰盛的菜肴"了。接下来，老师想让学生复习用"风俗习惯"来形容中国人过端午节的时候，一定要做的几件约定俗成的事情。第一个同学说"中国人过端午节的情况"，第二个同学说"怎么中国人过端午节"，都达到语言沟通的效果，在意思的表达上，都没有问题，老师接受了这两种回答之后，再给予示范，用很自然的方式，提醒学生正确的说法，应该是"中国人怎么过端午节"，请学生跟着老师念。在老师问第三次的时候，由于问题非常精确，老师给予足够的暗示，告诉学生有四个字，所以学生就很快地说出了"风俗习惯"四个字。活动结束之前，老师再一次带领学生复习四张图片的内容，进行得非常顺利。为了让每个学生都有机会做充分的练习，老师就将学生分组，练习看图说端午节的风俗习惯。

（老师帮学生分组，两个人一组，老师巡视教室，随时提供协助。约3分钟以后请同学报告。）

老　　师：好，时间到了。请你们这一组先说。

学　生 6：中国人过端午节的时候，一定要包粽子，吃粽子，吃丰盛的菜肴，有鸡鸭鱼肉，是很好吃的菜，除了吃很多东西以外，还看龙舟比赛。

老　　师：还有呢？看看我身上戴着什么？

学　生10：噢……身上要戴着荷包。

老　　师：为什么？

学　生 9：这样不会生病。

老　　师：对了，戴荷包，就不会生病，可以避邪。可是，现在，中国人过端午节不一定会戴荷包，这是很久以前的风俗习惯。

好，再请一组同学报告。
学生12：中国人过端午节，有一些风俗习惯。包粽子，跟家人吃一大盘粽子，还吃鸡鸭鱼肉，吃很丰盛的菜肴，还参加龙舟比赛，看龙舟比赛，还有可能会戴荷包，但是现在中国人不一定戴荷包。
老　师：好，非常好，你们都会说了，说得非常好。

从以上学生的报告，可以得知，老师预期的教学目标已经达成了，学生基本上都能掌握主要的语言功能，也就是会简短地描述中国人端午节的风俗习惯。完成第一部分的教学目标以后，紧接着，进行第二部分的教学活动，就是介绍端午节的由来，以屈原为重要的历史人物，用说故事的方式来进行教学活动。

老师手里拿着一张图：
老　师：刚才我们讨论的是端午节的风俗习惯，现在老师要告诉你们为什么会有这样的风俗习惯。
老　师：很久以前，有一个很有名的爱国诗人，他的名字叫什么？
学生1：屈原。
老　师：屈原是哪一国人？
学生5：是楚国人。
老　师：好，是楚国人（在黑板上写"楚国"）。跟我说，楚国人。
全　班：楚国人。
老　师：楚国人。
全　班：楚国人。

第一张图的资讯比较少，也比较容易，只要学生能说出屈原是楚国人，是一位伟大的爱国诗人即可，并无任何困难。

老师拿出第二张图（图片上有屈原和楚国的国王）：
老　师：好，这是屈原，另外一个人是谁？
学生8：是楚国的国王。

第六章 沟通式教学法(二)：
师生课堂互动活动

老　　师：很好，是楚国的国王。国王是 king。有一天，屈原告诉楚国的国王，不要相信秦国，因为秦国不是楚国真的朋友，是坏人。好，我们再说一次，这是谁？

学 生 6：国王。

老　　师：哪国的国王？

学 生 1：楚国的国王。

老　　师：屈原告诉楚国的国王什么？

学 生 9：不要相信秦国，因为秦国不是楚国的朋友。

学 生 10："相信"是什么意思？

老　　师：相信是 believe（在黑板上写"相信"）。好，有没有问题？

学　　生：没有。

这张图似乎也不复杂，学生除了"相信"以外，其他的地方都能听懂。学生也能主动提出问题，请老师解释"相信"的意思。

老师拿出第三张图：

老　　师：这是楚国的国王，他看起来高不高兴？

学 生 7：不高兴。

老　　师：对，他看起来很生气。楚国的国王，听屈原的建议了吗？

学 生 4：没有。

老　　师：对了，楚国的国王很生气，不听屈原的建议，就把屈原赶到南方去，赶到南方去（在黑板上写"把……赶到南方去"）。好，"赶"是什么意思？

学 生 3：drive away。

老　　师：对，drive away。

学 生 8：exile。

老　　师：对，也是 exile 的意思。南方呢？south。好，跟我说，把屈原赶到南方去。

全　　班：把屈原赶到南方去。

老　　师：把屈原赶到南方去。

全　　班：把屈原赶到南方去。

老　　师：好，谁可以说一说这张图的意思？

学生11：楚国的国王很不高兴，很……生气，他把屈原赶到南方去。

老　　师：很好，好，你说一说。

学生 4：楚国的国王很生气，他听屈原的建议以后，不高兴，赶屈原到南方去。

老　　师：好，我们说"把屈原赶到南方去"。好，再说一次。

全　　班：把屈原赶到南方去。

第三张图，给学生清楚的暗示，明显地勾勒出楚国国王生气的样子，比较难的部分是"把屈原赶到南方去"的"把"字句。首先，老师与学生共同讨论"赶"的意思；然后，再提醒学生南方是 south 的意思，进而带读，加深同学对这个句型的印象。为了巩固"把"字句的用法，老师请同学看图，练习说第三个图的故事，看看是不是还需要多做练习，两个同学都说得还不错。可是，"把屈原赶到南方去"的句子里，少了"把"这个字，于是，老师再请全班同学跟着念一次，再次强化"把"字句的正确用法。

老师手里拿着第四张图（屈原闷闷不乐地一个人站在河边，暗示他准备跳河自杀）：

老　　师：屈原到了南方以后，觉得怎么样？

学生 6：他觉得很不好。

全　　班：哈哈哈……

老　　师：对，觉得很不好，还可以怎么说？

学生 8：很失望。

老　　师：对，很失望。还有呢？觉得怎么样？

学生10：忧国忧民。

老　　师：很好，忧国忧民。屈原觉得很失望，忧国忧民，最后就怎么样？

学生 2：投江自杀。

老　　师：对，最后就投江自杀了（老师在黑板上写"投江自杀"）。"投"是什么意思？

第六章　沟通式教学法（二）：
　　　　师生课堂互动活动

学　生 4：跳。

老　　师：很好，跳。"江"呢？

学　生 10：水，河。

老　　师：对了，是河，跳进河里，跳进水里。"自杀"呢？

学　生 5：suicide。

老　　师：好，就是自己杀自己。好，跟我说，投江自杀。

全　　班：投江自杀。

老　　师：投江自杀。

全　　班：投江自杀。

老　　师：谁能说一说这张图？

学　生 9：屈原在南方的时候，非常忧国忧民，很失望，他投江自杀。

老　　师：很好，说"最后"。

学　生 9：最后投江自杀。

老　　师：很好，最后投江自杀了。再请一位同学说。

学　生 2：屈原到了南方以后，觉得很失望，忧国忧民，就投江自杀了。

老　　师：非常好。你们说故事的时候，在故事的最后，记得一定要说"最后"，告诉听的人，故事快说完了。

老　　师：好，请你再说一次。

学　生 6：好，楚国的国王把屈原赶到南方以后，屈原一个人在南方，很失望，忧国忧民，最后，投江自杀了。

以上的对话，一开始就惹得全班齐声一笑，当同学正在努力思考如何回答是好的时候，有一个同学抢先回答，用"觉得很不好"来形容屈原被赶到南方以后的心情，大概是因为别的同学只想着书里的描述，没想到用如此容易的方式回答，有点舍近求远，而觉得好笑吧！在轻松的气氛下，老师继续请同学想想别的说法，于是同学就用"失望"和"忧国忧民"的正式词汇来形容屈原的悲伤情怀。描述此图，有一个重要的部分，是得学会用"投江自杀"来作为故事的结尾，由于用法较为正式，于是老师逐字解释成白话文，让学生充分了解。讨论会结束时，老师又提醒大家要记得用"最后"来作为故事的结尾,这是说故事的重要铺陈结构之一。老师请两位同学练习说第四张图,效果不错,继续第五张图的练习。

老师拿出第五张图:

老　师:后来,人们想不想屈原?

学　生5:想屈原。

老　师:对了,很想屈原。他们想屈原,后来做什么呢?

学　生8:很多人把米饭放在竹筒,丢到水里。

老　师:好,很多人把米饭放在竹筒里,丢到水里。(老师在黑板上写"把米饭放在竹筒里,丢到水里")"竹筒"是什么意思?

学　生2:bamboo tube。

老　师:很好,竹筒是bamboo tube,"丢"呢?是什么意思?

学　生5:throw。

老　师:好,丢是用手丢东西的意思。好,现在跟我说,把米饭放在竹筒里。

全　班:把米饭放在竹筒里。

老　师:把米饭放在竹筒里。

全　班:把米饭放在竹筒里。

老　师:丢到水里。

全　班:丢到水里。

老　师:丢到水里。

全　班:丢到水里。

老　师:为什么要把米饭放在竹筒里,然后丢到水里呢?

学生10:给鱼吃。

老　师:为什么?因为他们怕……

学生10:怕鱼吃屈原。

老　师:对,怕鱼吃屈原的身体。好,在这张图上面,你还看到人们做什么?

学　生8:龙舟比赛。

第六章　沟通式教学法（二）：
　　　　师生课堂互动活动

老　　师：好，参加龙舟比赛，也可以说赛龙舟。龙舟比赛，赛龙舟，象征什么？

学 生 3：象征人们争先恐后地……

老　　师：争先恐后地做什么？

学 生 2：去救屈原。

老　　师：赛龙舟象征什么？

学 生 1：象征人们争先恐后地去救屈原。

老　　师：好，我们的故事说完了。我先说一次，再请同学说说看。屈原在南方投江自杀以后，人们很想他，就把米饭放在竹筒里，丢到江里，给屈原吃，这就是后来的粽子。另外，人们还有龙舟比赛，象征人们争先恐后地去救屈原。好，你们试试看。

学 生 7：屈原很失望，投江自杀。中国人民为了纪念屈原，把米饭放在竹筒，丢到江里，让屈原吃，还有，人们参加龙舟比赛，象征中国人争先恐后地救屈原。

老　　师：非常好。好，现在，我要请你们两个人一组，看这些图，练习说一个完整的屈原的故事。

（老师帮忙分组，两个人一组，老师巡视教室，随时提供协助。约六七分钟以后……）

老　　师：好，时间到了，现在请这一组同学说屈原的故事，你们注意听。

学 生 2：好，很久以前，有一个大官，他的名字叫屈原，他是一个伟大的诗人，很爱国。一天，他告诉楚国的国王，请国王不要相信秦国，因为秦国不是楚国的朋友。楚国的国王不要听他的话，楚国的国王不相信屈原，所以很生气，赶屈原到南方……

老　　师：好，很不错，我们说，"赶屈原到南方"应该怎么说？把……

学 生 3：把屈原赶到南方去。

老　　师：很好，好，你接着把故事说完。

学　生 3：后来，屈原一个人在南方的时候，很失望，他忧国……忧民，最后投江自杀。人们很想屈原，把米饭放在竹筒，投到江里，给屈原吃。中国人有龙舟比赛，象征人们争先恐后地……去救屈原。

老　　师：非常好，说得很好。我们今天就上到这里。明天要讨论三个重要的中国节日，有春节、元宵节和中秋节。好，再见。

# 第七章

三种沟通模式
常用的教学活动

本章介绍表达、诠释以及语义协商这三种沟通模式在听、说、读、写、四种语言技能方面常用的教学活动。

第七章 三种沟通模式
常用的教学活动

继第五章和第六章沟通式教学法的讨论之后,本章继续讨论三种沟通模式常用的教学活动。此三种沟通模式与沟通式教学法有直接而紧密的联系,沟通式教学法主要谈的是如何通过表达、诠释以及语义协商三个沟通交流要素达成各种沟通的目的,三种沟通模式的建立乃由沟通式教学法延伸出来的,主要谈论的角度与沟通式教学法不同,乃是以听、说、读、写四种能力为此模式的核心。本章介绍这三种沟通模式在听、说、读、写四种语言技能方面常用的教学活动,供教师作为参考。以下内容延续《AP中文教师指引手册》的讨论,加以发挥,并融合了笔者多年教学经验,汇整成三种沟通模式常用之教学活动。在每种沟通模式下所列之活动,亦可以转型成为另一种沟通模式,其关键在于活动本身是否具有语义协商的特性。以故事为例,让学生听一段故事是理解诠释型的沟通活动,让学生阅读一段故事也是理解诠释型的沟通活动;让学生说一段故事是表达演示型的沟通活动,写一段故事也是表达演示型的沟通活动;学生之间或老师与学生之间讨论故事内容,一问一答,有听和说的交流互动活动,则属于沟通交流型的活动。

一、三种沟通模式的教学活动设计

现今的外语教学统整听、说、读、写四种语言能力,注重各项单独语言能力与其他语言能力的互动关系和模式。此理念与传统四种语言能力单独存在的理念相比,更能确切地反映真实互动的语言情境。目前所发展出的三种沟通模式,也就是沟通交流、理解诠释以及表达演示,对语言能力的培养和其彼此的互动影响,发挥了积极性和启发性的作用。本章主要针对这三种沟通模式,提出与其相呼应的课堂教学活动,以供教师作为参考。

(一) 重要观念

1) 尽管 AP 中文的教学设计应配合 AP 中文考试的范围和类型,AP 中文课程也不应该等于 AP 考试的准备课程,AP 中文课程的最终目标之一当然是希望帮助学生考好 AP 中文考试,可是考好 AP 中文考试并不应该是课程的唯一目标。AP中文课程应有其语言文化丰富的内涵，故不应将课程重点目标放在将学生训练成应考的能手。

2) 教学活动设计和评量固然应配合AP中文考试，可是，不应限于AP中文考试样本所公布的题型和范围。AP中文考试样本的范围和题型固然反映现代外语教学评量的最新趋势，可是仍有不少其他题型和内容因考试时间和其他因素限制，未能列入。AP中文教学活动设计和评量，主要仍应遵照外语教学准则，设计沟通式的教学活动，落实语言功能的实践与应用，唯有培养全面扎实的实际语言沟通能力，学生才有实力从容应考。如果AP中文课程的教学活动只限于符合AP中文考试的题型，那么就本末倒置了。

3) 三种沟通模式中的每一个模式皆有其重要性，至于课堂时间如何分配，完全取决于教学综合性的考量，视学生的需要而定。教学的重点和时间的分配和调整取决于学生学习的特征、背景、方式和其他有关因素。比如说，华裔学生和非华裔学生在语言能力上有所差别。一般来说，大部分华裔学生听、说能力比读、写能力稍强，所以在课堂和课外时间的应用上，除了在原有听、说的基础上强化并提升听说技能外，可能得更强调读、写的教学活动，也就是，理解诠释活动和书写的表达演示活动可能就得多些时间比例。反过来说，大部分的非华裔学生，完全没有听、说能力的优势，听、说、读、写四种能力得齐头并进，从零起点开始。所以，课堂上得充分给予学生机会，创造全中文的浸泡式学习环境，日常频繁的沟通交流的活动就显得格外重要。

由于沟通式教学法强调创造真实和近于真实的语境，真实材料的使用在教学活动中也就显得格外重要。除了编写的教材以外，教师应多采用真实教材，选取合乎学生兴趣、程度、背景的内容作为辅助教材，使学生熟悉在真实语境和近于真实的语境中使用的语言。

以下是使用真实材料时，教师可能会遇到的几个问题和困惑。本章将先讨论一些使用真实材料之原则，仅针对这几个问题，提出个人的看法和建议，然后再谈三种沟通模式活动设计原则。

(二) 真实材料的重要性

1. 真实材料难度大，适合教学使用吗？

真实材料可长可短，有难有易，在各种场合和各种渠道，处处可见，比比皆是。真实材料完全是为以中文为母语的人而设计的，供他们在日常生活中参考使用，有时候，由很短的几个字构成的标语或警语，也可能含有相当正式的书面语甚至古文，其词义与结构的难度，对AP中文的学习者而言，的确不易掌握。可是，其语言功能确实是在AP中文课程应该囊括的范围之内，如果教师不以真实教材作为补充教材，不鼓励学生利用课外时间多接触真实材料，则会剥夺了学生与实际情况互动交流的学习机会。

许多真实材料包含文言文及正式书面语，以下仅举几个日常生活常见标语为例：

> 禁止停车/禁止穿越马路（在马路上）
> 禁止摄影（音乐厅或美术馆）
> 请勿吸烟/请勿攀折花木/请勿喧哗（公共场合）
> 国家安全，人人有责（乡里聚会场合）
> 书刊杂志
> 阅毕后，请放回原处（图书馆）
> 请遵守交通规则，排队上车（等车处）
> 四季如春/鸟语花香（过年春联）
> 正式书面语：禁止、摄影、穿越、攀折、喧哗、原处、遵守
> 文言文：勿、责、阅、毕

分析以上列举的正式书面语和文言文，就能知其语义、词汇之难度如何了。对大学第四学期的学生或高中AP中文课程的学生来说，虽然在课程结束以前，有机会接触较为正式的书面语，可是，书面语涵盖层面及范围极广，非短短一两个月可触类旁通的，即使学了一些书面语，也仅止于启蒙阶段。如果教师在课堂教学中从不尝试以此为教材，那么学生将无法

识别"禁止""摄影""穿越""攀折""喧哗""原处""遵守"等这些常见的高频率真实语言，由于受关键词语的限制，而无法利用推理、猜测、假设、应用等认知能力。

以下列出学生学过的白话文对应词：

  禁止：不可以，别

  摄影：照相

  穿越：（从"穿"可以联想到"穿衣服"，从"越"可以联想到"越来越"，"穿"与"越"两字合一，学生多半无法联想其合并转换后的语义）

  攀折：（可能两个字都没学过）

  喧哗：（可能两个字都没学过）

  原处：（从"原"可能联想到"原来"或"本来"，"处"可能没办法跟"地方"联想在一起，学生可能学过"好处"，可是"好处"与"地方"没有任何关系，所以，学生很难自我推理，想到"地方"的意思）

  遵守：（是比较正式的书面语，学生不见得学过这个词）

另外，我们再来看四个例子：

  勿 = 不

  责 = 责任

  阅 = 读，看

  毕 = 结束

如果学生没有过接触真实材料的经验，则必定不知"勿"等于非正式否定词"不"。看到"责"这个字，应该不难想到"责任"。"阅"，如果学生心细一些，可能在作业练习本里，不难看到"阅读"两个字，而可顺利猜出其意。"毕"，可能比较有困难，学生学过"毕业"，可是大概很少有学生能将其义衍生至"结束"的意思。

从词汇层面上来说，以上真实短语由于包含正式语甚至古文，的确不易理解，一般可能在大学高年级正式的中文阅读课程中才能学到。可是，仔细分析其语言功能，它们都经常出现在以中文为母语的人日常生活中经常出入的公共场合，与每日生活息息相关，无论是在图书馆里、在马路上或在花园里，这样的标语都随处可见，俯拾皆是。所以，从其真实语言应用的价值和角度来思考，它们的重要性在 AP 中文教学中绝对是不容忽视的。

2. 真实材料五花八门，应该如何选取？

除了常见简短标语以外，真实材料包罗万象，比日常标语长一点的文章，甚至是分成几个章节的中文书籍，皆是真实材料的资料来源。教师应根据 AP 中文的主题内容，不断搜集材料，只要平常稍微留心，一定可以有意想不到的收获。搜集真实材料与搜集其他东西一样，是长年累月的事，靠平日一点一滴的努力积少成多，几年下来，收获必定相当可观。

教师可在自己办公室自设真实材料库和真实材料夹，以主题分门别类。届时，教到某个主题时，即可参考材料库或材料夹的分类，取得和主题相关的真实教材。

以下列出一些真实材料的来源：

听力方面

电视新闻、广告、节目

电影

歌曲

广播电台播音

戏剧演出录音

电话录音留言

公共场合广播（如医院、飞机场、火车站、地铁站或飞机内、火车内、地铁内的广播等）

网上新闻

演说致词

各种交际场合中的自然对话和讨论（包含各种正式和非正式的主题）

教师亦可自行录音，取得自然语料

阅读方面

　　海报

　　广告

　　信件

　　文件

　　便条

　　说明

　　卡片

　　明信片

　　报纸（纸质报纸和电子报纸）

　　杂志

　　书籍文章

　　路标（教师可自行拍摄）

　　各种表格和标语

　　其他具教学价值的中文文字印刷品

图片和实物方面

　　图片、纪念品和实物都是丰富的中华文化产品，如钱币、旅游照片、车票、门票等，是不出声的语言文字，亦是理想的教学媒介之一，其教学效果并不亚于语言文字所传达的信息。教师在以中文为母语的国家旅行时，别忘了利用机会搜集一些实物与图片，丰富您的旅游，同时也嘉惠您的学生。

3.如何使用真实材料设计教学活动呢？

　　其实，教师只要有机会介绍一些在真实材料中出现频率较高的正式书面关键语，对学生理解真实材料一定会有极大的帮助。与其单独解释其义，不如利用真实教材，将以上几个字放在一个特定的语境当中进行教学，其效果必定奇佳。若教学脱离真实语境或特定语境，则意义不大，而且无法帮助学生长期记忆。所以，以简短标语为例，教学的时候应当配合关键字的教学。比如说，学习"照相"一词时，老师利用机会，介绍摄影，学习"不要"和"不可以"等词语时，教师即介绍"禁止"一词，然后将"禁止摄影"的真实标语介绍给学生，切记避免脱离语境，而只教单字的意义。从以上这些真实材料来看，他们的确是有其规律性和重复性的，只有让学生多接触，多做练习，帮助他们灵活地应用认知、推理、联想等能力，即可轻松地了解一些在许多公共场合里常见的标语。语言教学是不能与真实的语言情况分开的，将真实材料融入教学之中，绝对是现代中文教学的必然趋势，教师不但要在观念上更新，更要在教学上作积极的实践和尝试，学生方能受益。毕竟，把真实语境带进课堂教学，已经是外语教学界的专家们无须争议的事实了。

另外，提醒教师非常重要的一点，在使用真实材料教学时，无论是学生在听真实录音还是阅读真实材料及图片时，教师皆应引导学生跳开字字句句都懂的框架，而将理解层次放在教师设定的重点或整体篇章及大意的理解上。这个原则，特别是针对难度较高的真实材料而言，更为重要。学生得养成习惯，利用关键字和句与句之间的线索，进行推理、猜测、分析、假设、归纳、确定或下结论等等。学生在意识形态和学习态度上，需要有如此正确的认识，了解到真实材料的多变性、多样化和某种程度上的语言复杂度，不必每字必懂，每句必解，而运用认知分析能力来处理真实材料所传达的信息，方为实际及有效之做法。

倘若真实材料果真太难，教师亦可针对学生不同之需，另行编写或删改，以较易懂的内容版本呈现给学生，行有余力，假以时日，再给学生机会，对照删改过的版本及原来版本进行进阶式的阅读，如此由浅至深，学生可减少挫折感，增加信心和学习兴趣。另外一种做法是先将教学重点、引导问题以及讨论问题编写成讲义，配合真实教材的使用，如此，当学生看到和听到复杂度和难度大的真实材料，就不会不知所措了。比如说，看一部中文电影之前，老师先将重要词汇和讨论问题整理出来，编成讲义，事先发给学生，让学生非常清楚地了解应该掌握的重点，则可事半功倍。具体教学步骤，请参照以下段落。

4. 搜集真实材料费时费力，教师真应该花时间投资于此吗？

教师的时间的确有限，全心全意地教学备课，绝对不是轻松的事情。教师仍应利用课余时间，收集真实材料，集思广益，扩展资源，除了自己平常收集以外，学生也能帮老师收集不少材料，只要取得学生许可，这些材料可留做日后教学所用。另外，亦可请住在以中文为母语地区的朋友或相关人士帮忙收集，并与各地中文教师保持联系，随时交换教学心得，并交换、共享每人所收集的材料，群体的智慧和贡献加上长期的努力和经营，日后便能享受教学的便利和效益。收集真实材料无疑是一个漫长的过程，不是一天两天或一年两年可以完成的任务，教师大可不必心急，只要不断累积材料，积少成多，将来必能有所收获。

开始收集真实材料时，目标最好不要定得太高，应在可行范围之内才好。比如说，初期阶段，将目标定在每一个单元主题有一两个具代表性的听力和阅读的真实教材即可，等日后教学上了轨道，再累积多元化、多量化的真实材料，并且要求质量精致和完美。教师千万别求好心切，而本末倒置，花过多时间在收集真实材料上，而忽略了教学活动和教学教案的重要性。毕竟，真实材料不是唯一可用的补充教材，目前许多其他教材也可以作为主要补充教材来源。

二、三种沟通模式常用的教学活动

（一）听力活动

听力的培养可通过两种沟通模式：一种是单向的听力活动，学生不与任何其他学习者交流，而仅根据所听内容，进行自我理解诠释的静态纸笔活动；另外一种是双向沟通交流活动，学生与其他学习者以听说形式、听读形式或听写形式，进行两人或两人以上的沟通交流。

第七章　三种沟通模式
常用的教学活动

1. "理解诠释"模式的听力活动

在听力活动方面，教师应选择多样化的题材、内容和主题，设计不同的真实情境或近似真实的情境，帮助学生熟悉标准口音和正常速度。另外，也应创造机会帮助学生接触不同口音和不同速度的材料。

听力内容一般包括一人的独白、故事、介绍、描述、演说或说明，或者是两人和两人以上的一段对话及讨论。测验理解能力的方式和题型一般包括以下几种：是非题、填充题、完成表格、画图、配合题、问答题和选择题。

是非题适合各种各样的听力内容，填充题和完成表格特别适合与时间顺序和流程有关系的内容，如一周作息和上课时间表等。另外，内容具可归类性亦可。画图特别适合与地理、位置相关的内容。配合题适用于可将听力内容配合成对者，其适用范围广泛，只是出现频率仍然不高于是非题、选择题和问答题。

以下针对问答题和选择题作简短讨论：

（1）问答题

问答题可用英文回答或用中文回答，这种开放性的问题在检查学生的理解能力上有其不可忽略的价值。但是，以中文回答时，则中文汉字书写正确与否就是一个应该考虑的问题。如果从学生的答案中看出，学生的确已经理解所听内容，只是有些汉字写错，在不影响评分者理解的情况下，则不应扣分，其主要立意在于不应该让听力理解的活动成为汉字考试的评量。如果教师坚持汉字书写也是测验主要目的的话，学生则可能在理解正确的情况下，由于汉字书写不熟练而失去一些分数。

（2）选择题

① 学生听完一段独白、对话、广播或叙述以后，诠释所听内容，回答一个或者几个相关的问题，选择一个最适当的英文选项，也可以将选项改成中文。不过，值得注意的是，如果选项是中文的话，学生不但得理解听力内容，同时也得具辨认汉字的能力才行。教师在决定选项以中文还是英文表达时，应该充分考虑到这个问题。这种类型的题目，纯粹属于理解诠

释沟通模式的范围，而以下第二类的题目，则不属于理解诠释沟通模式的范围。

② 听完 A 和 B 两人一来一往的一次性对话以后，选择一个最适当的选项，以代表 A 最可能说的话。另外一种方式是听到 A 说的话以后，选择一个最适当的选项，以代表 B 最可能的回答。与以上情况相同，选项可以是中文，也可以是英文。可是如果主要目的是检测理解能力，而非辨认汉字能力，则应该采用英文选项。如果教师不但考听力理解能力，同时也想测试学生辨认汉字的综合能力时，则可采用中文选项。采用中文选项时，教师则应熟悉学生已学过的内容，选项不应包含过多还没学过的汉字。

第二类型的题目亦是 AP 中文考试听力题型之一。由于牵涉对话之间如何应对的问题，所以难度较高。很多读者可能会将以上第二类型的题目归于理解诠释的静态型沟通模式，其实不然，第二类型的题目应该属于沟通交流的沟通模式。因为其对话方式牵涉到两位交谈者，也就是听者和说话者之间的对应交流。当 A 是说话者时，B 是听者；当 B 是说话者时，A 即是听者。当学生在听完对话以后，必须将自己置身于同样的对话情境中，假想说话者最可能回答的方式和内容，以决定可能对话的内容和发展方向，所以必然与对话中的 A 或者 B 有所交流，符合双向沟通而非单向沟通的特征。此点是笔者在多次巡回演讲中，经常需要澄清的概念。

在理解诠释的沟通模式中，听力活动是属于单方接收信息的活动，学习者不必与他人交流沟通，而只需与听力和阅读内容作静态沟通，自我理解，教师必须预先将听力训练要领介绍给学生。然后，给予学生充分机会练习，以熟练听力技巧。以下仅提供几个听力训练的要领：

① 教师应努力营造一个全中文的语境，让学生浸泡在中文听说的环境里，教师只说中文，不说英文，而学生只听中文，不听英文。教师和学生双方都须遵守此原则。

② 对初学者而言养成一边听一边做笔记的好习惯，绝对是练习听力的关键。

③ 无论听的内容或管道为何，开始听录音以前，必须锁定听力重点，最好事先确认题型并浏览题目内容。否则，听的时候漫无目标，不得要领。

④ 若学生通过看电影或看电视的方式培养听力，则教师必须事先看过电影和电视，预设重点，设计引导问题和词汇表。事先进行简短的和提示性的教学活动，方能达到语言学习目的。否则，学生可能会被故事情节、视觉效果、精彩画面和特殊镜头所吸引，原来预定的听力练习目的反而被娱乐效果所取代，本末倒置。若电视电影银幕上附有英文字幕，学生则无法避免依赖英文理解电影或电视的内容。避免学生分心的办法之一，就是在电视教学时，可先将字幕遮住，让学生集中注意力练习听力，而后再让学生看字幕，并检查理解是否正确，甚至可以一并进行听和读两种能力的训练。如果在电影教学之时，所使用的放映机器具有弹性调整中英文字幕的功能的话，则是最理想的情况。

⑤ 教师选材时，须衡量学生程度，熟知学生学过的内容，选择适合学生听力水平的材料，并不是所有真实材料都适合各种背景或不同程度的学生。

⑥ 提醒学生若发现有听不懂之处，实属正常。对于即使学了好几年中文的学生来说，这也是很正常的情况。毕竟学无止境，学习了当代中文，还得更上一层楼，学习较正式的中文和古文。无论如何，学生可从听的内容揣摩推敲，并运用猜测、推理、假设、归纳、分析等认知能力，选择适当的选项。

⑦ 听力练习活动，学生可按各人程度和需要，不限时间及次数，课后自行完成。或者，也可限定学生在规定的课堂时间之内完成。一般经常性的评量和练习，重在练习，故可采用前者；而综合性或总结性评量，重在测量学生实力，则应采用后者。

⑧ 为了充分利用课堂时间，此类单向沟通的听力练习，应该列为课后作业，如此可将课堂时间用于双向沟通活动或者听、说、读、写四种能力综合运用的活动上。

⑨ 听力教材的使用具多重功能，可用来做预习、练习、复习、评量以及教学。除了一般练习、复习和评量以外，教师应充分发挥听力教材功能，于每课或每单元教学之前，要求学生事先预习，听课文录音和词汇，了解授课内容，熟悉正确发音与声调。这项课前准备功夫十分重要，倘若省略这一步骤，上课效果必大打折扣，上课不但费劲而且达不到预期效果。

⑩ 美国不少高中没有语言实验室，即使有语言实验室，其设备也不尽完善。加上开放时间非常有限，高中学生很难利用课余时间弹性使用。由于录音带或 CD 涉及版权专利问题，教师可鼓励学生自行购买，在家做听力练习。或者，教师可自行录音，制作录音带或 CD，则没有知识产权的使用问题。如此做法虽耗时费力，增加教师负担，可是在硬件设备不能充分配合的情况下，似乎也没有更好的办法弥补其不足了。总而言之，教师应考虑可行的应变措施，以免剥夺学生学习的权利。

2. "沟通交流"模式的听力活动

听力活动，除了学生与所听内容进行单向静态的交流活动以外，最能反映许多实际沟通交流情境的则是听与其他三种语言能力进行双向沟通交流的语言活动，包括听与说的双向沟通交流、听与读的双向沟通交流和听与写的双向沟通交流，其中以听、说之间的沟通交流最为频繁，在课堂上所占时间也最多，而听、读之间的沟通交流与听、写之间的沟通交流较不频繁，而在课堂上所占时间明显较少。以下先谈听、说教学活动的实践与应用，再浅谈听、读和听、写教学活动的实践与应用。

(1) 听、说双向沟通交流活动

听和说的教学活动可说是课堂教学中所占时间最多也最重要的一部分，两者经常平行进行，互相辅助。其双向的交流活动按交流对象分类，分为教师与学生的交流沟通和学生与学生之间的交流沟通，两种皆非常重要，唯有要求两者质与量的同时提高，方能达成理想的教学目标。

① 沟通式教学法（Communicative Approach）

沟通式教学法主要特色是以学生为中心，让学生通过语义协商的过程，学习如何对所学内容进行适当的理解诠释，以表达演示各种沟通目的。教师通常扮演辅助角色，其常用之活动形式，请参考前面章节之讨论。

② 看图练习说故事（Picture Talk）

一般而言，学生看图说故事或根据图片实物描述一件过去发生的事情，都属于表达演示沟通模式的活动。不过，教师可保有说故事的旨趣，在学生完全学会说某个故事以前，加入两人或两人以上的课堂讨论，如此，原来表达演示的单向活动，就转换为听说两者互动交流的双向沟通活动了。譬如，学生在学会怎么说故事之前，教师帮助全班学生先了解故事内容和结构，教师根据图片或者故事内容，提纲挈领，依照故事发生顺序，提出问题引导学生思考，同时结合语言结构特征，与学生一问一答，将整个故事的时间顺序借着适当的问答串联起来。教师引导活动结束后，学生则可分组讨论，练习说同一个故事，复述整个故事内容，此时，分组讨论中的听和说的互动交流活动仅介于学生和学生之间，而非老师和学生之间，老师的角色也就转换成一个辅助角色了。

③ 摘要式听说练习（Summary Frame）

教师针对某些特定信息，归纳重点，提供一连串问题，问题主要在于讨论学习内容，问题本身的结构最理想的情况是也包含关键词和重要句型，如此既能帮助学生了解课文大意，同时也能将关键词和重要语句结构融入信息交流的过程中，一举两得。此项教学方式与看图说故事最大的不同点是看图说故事以图作为依据，而摘要式听说讨论方式不以图作为辅助媒介，对一篇文章的理解非常有用。

④ 词句至段落的扩展练习（Direct Teaching of Speaking）

教师将学生需要学会的关键词汇和句型写在黑板上，主要目的是借着教师正确的示范，帮助扩展学生组织词和语句的能力。其方法步骤为：老师先说，给予示范，然后学生再将老师说的话一句一句地重复练习，最后再将几句话串联成段，成为一个语义连贯的小段落。这种方法，不但能帮助学生在有意义的语言情境活用所学的内容，同时也能帮助学生练习如何运用最小的字词单位，用适当的连接词将好几个句子连接成一个小段落。学生在不知如何正确或适当使用词汇和句型之前，这种训练方法，虽然是死功夫，可是也绝不能省略。学生唯有掌握正确使用语言的基本功以后，才能清楚地表达自己想表达的语义。

⑤ 词卡与句卡练习（Word Cards and Sentence Cards）

词卡与句卡之练习可同时培养学生理解与运用语言的能力。卡片上可写词、常用语、惯用语、教学重点句型、高频句型或易错句型，作为提示。教师事先以词或句为单位，将其写在卡片上或纸上，作为教学的辅助教具。教师可灵活运用这些词句，向学生提出问题，以检查学生是否已经理解所学内容或者是否能正确、适当地使用目标词汇及句型结构。练习的目标，应从单句练习扩展至段落甚至篇章层次的练习，学生在掌握单句结构之后，也应练习将句子串联起来，增加练习的长度。此活动稍加修饰后，亦可以学生的表达演示为主，成为表达演示常用的教学活动之一。

⑥ 运用多媒体的听说练习（Multimedia Listening and Speaking）

多媒体教学结合先进科技的视觉、听觉效果，无论是电视、电影、广播还是电脑，都可寻找到非常理想的真实教材，教师只要花些时间，慎选题材内容，必有极佳效果。在听、说的练习上，教师可围绕 WH 的问题培养学生理解能力，如以"为什么""谁""什么""什么时候""在什么地方""怎么"等为开头，问学生一些与内容直接相关的问题和延伸讨论类型的问题等。有关真实视听教材的适当运用，在本章开始的部分已经提及，请教师掌握原则，兼顾真实材料及教学目标的效果。

⑦ 卡拉 OK 中文听唱练习（Karaoke Singing）

卡拉 OK 练唱录像带将丰富的中文语言文化与优美动听的音乐结合，几乎成为现代中文语言文化教学不可或缺的活动之一。学生不但可欣赏中文音乐及实地画面景色，同时也有中文字幕可看，替教师节省许多准备时间。尤其是卡拉 OK 具有消音功能，学生可先听原曲，熟悉曲调及中文字幕，然后教师控制并隐藏演唱原声，让学生在一展歌喉的同时，达到寓教于乐的效果，必深受 AP 中文学生欢迎。此活动亦兼具听、读、说、唱多重语言教学之目的，视教师如何灵活运用而定。

⑧ 对话/故事接龙（Making Dialogues / Stories）

教师和学生选定一个主题，根据此主题，由教师或者一位学生开始一个故事和对话的接龙，内容发展可采取半开放式或完全开放两种方式，视教师事前要求以及引导程度而定。无论是半开放还是全开放，皆由学生在自由创造的语境中自然发挥。在开始对话及故事的开端之后，由学生延续对话，决定对话或故事内容、情节、高潮起伏、待解决之问题以及结局等，最后完成对话。由于语言自由创造度极高，应该等到学生掌握了基本词语和句型并熟悉对话和故事结构之后，才在课堂上使用，始能发挥效果，否则徒劳无功，恐怕娱乐效果超过学习效果。

⑨ 讨论现在、过去和未来的经验（Talk about Experiences）

这项囊括现在、过去和未来三个时间框架的听说活动，应该成为课堂交流的例行活动，以培养学生自然交流的能力。教师可在星期一上课一开始，挪出一点时间，问一些关于周末活动的问题，让学生说说周末所做的事情。在周末放假以前的最后一节课结束时，教师亦可问学生关于周末的计划。另外，教师随时都可以以学生的经验为主题，问问他们目前的学习和生活情况，当场提出一些问题，立即讨论，交换经验和意见。在练习这三种时间框架的同时，学生可能会觉得教师在跟学生聊天，可是，从教学角度来说，其实是一项有目的的听说活动，教师应适时帮助学生复习学过的内容，提醒学生正确地运用一些词汇与结构，通过反复练习和内化的过程，统整所学内容，以达到随机教学的目的，随时补充一些没学过的词汇或结构。必须注意的是，活动时间不宜过长，毕竟这不是教学单元的主要活动，而是例行的辅助活动。

(2) 听、读与听、写双向沟通交流活动

听、读的活动是两种静态教学活动的综合，是学生单独地通过听和读的训练而接收信息的活动，不与教师及学生作任何互动，因此，非课堂教学所常见的活动。相比之下，听与写的双向沟通交流活动比听、读活动的结合更容易进行，也较具教学意义。

在 AP 中文考试中，就有一个题目，要求学生听完一段电话录音以后，根据电话录音内容和重点，写一张简短的留言条给室友或家人，教师也可以请学生听完一段广播、故事、对话、戏剧等等，写一篇描述大意、内容摘要和感想短评之类的文章。由于听和读两种活动之间，很可能需要教师的引导和教学，所以也时常加入了师生之间的讨论活动，而变成先听，然后听、说双向讨论，最后再进行写的活动了。

(二) 阅读活动

阅读活动与听力活动类似，都是属于诠释理解型的沟通模式。诠释理解的活动仅包含听或读的接收技能（reception skills），不包含书写或者表达的展示技能（production skills），是较为静态的活动，没有学习者之间互动的现象。学习者仅与所听的内容或者所读的内容互动交流，而不与任何其他的学习者互动交流。以下仅列出AP中文课程应该考虑的阅读材料，教师应特别注意搜集真实材料，配合真实教学情境教学。

图片

各种卡片

各种公共场合的标语

意见专栏

广告

海报

各类文章

日记和周记

一般报告、分析报告或气象报告

各种表格和图表

各种活动宣传海报

手册

故事

信和电子邮件

报纸

杂志

网上材料

便条

食谱

菜单

说明（博物馆、纪念品、日常生活用品、名胜古迹等）

阅读活动一方面有别于其他三种语言技能，主要的不同点是阅读活动的顺利进行有赖于汉字的辨认与习得能力、词汇解读能力和词典使用能力。另一方面，阅读理解与听力理解的测验方式相同，都需要运用认知能力和分析能力等其他非语言的能力来理解。有关阅读理解测验方式，请参考本章听力理解测验题型的讨论。

阅读活动除了单独进行以外，也常常与其他三种语言技能的教学活动交替配合，进行综合性的教学活动，以便强化并巩固同一主题单元学习的内容。例如，教师精选学生范文，让学生互相阅读，也可以请学生阅读小组成员修改好的文章，针对文章重要内容，辅以口语讨论的活动，对文章作者提出问题，进行阅读内容的理解，问题的层次可以针对文章本身，也可以是超越文章内容本身的延伸性和扩展性的问题。最后，可以请同学针对相关主题进行写作活动。这样的活动设计，包含了四种语言技能的活动，以写、读、听、说为顺序，继而再以写作活动结束，如此，也就成为三种沟通模式的综合性教学了。

纯粹的静态阅读活动只由学生单独进行阅读理解活动，不过，学生往往需要借助教师阅读之前和阅读之后的教学引导与讨论，才能充分了解并应用所阅读的内容。在沟通式教学法的应用上，可以采用所谓的读前活动，阅读过程中的精读和略读活动以及读后活动，来进行教学。

以下内容是本校一位二年级的华裔学生所写的短文，经过润饰修改而成，其主题与在餐厅吃饭有关。由于与非华裔学生学习的"餐厅"主题有关，所以，笔者灵机一动，将其用做阅读补充教材。以下以此短文为例，解说如何进行阅读教学活动。

中美饮食习惯

中国人跟美国人的饮食习惯有很大的差异，这些差异反映在很多方面。

首先，在餐具方面，中国人用筷子，美国人用刀叉；还有，中国人用盘子装菜，用碗装饭，美国人则多用盘子，很少用碗。饭桌的形状也有所不同，中国人喜欢用圆桌子吃饭，美国人喜欢用方形或长方形的桌子吃饭。中国人用的餐具上有代表中国色彩的图案，像龙、凤、牡丹花或竹子等，美国餐具上面一般看不到这些图案。

其次，在吃法方面，中国人一般饭后喝汤，美国人如果喝汤的话，则饭前喝汤。喝汤的时候，中国人用自己的汤勺从一个大汤碗里舀汤，再放到自己的小碗里喝，而美国人习惯用自己的盘子喝汤，不用碗。中国人夹菜的时候跟喝汤一样，多半用自己的筷子从好几个盘子里把菜夹到自己的饭碗里，跟饭一起吃，一次不夹很多菜，所以，得多夹几次，吃完了，再夹。美国人的习惯一般不做那么多样的菜，夹菜的时候，主人把菜拿起来，传给用餐的人，每个人用公用的夹子夹菜，想吃多少，就夹多少，不像中国人那样，夹那么多次菜。

在食物方面，中国人的主食是米饭或面食，而美国人的主食是土豆泥或面包。还有一点不同的是，很多中国人饭后有吃水果的习惯，可是美国人饭后多半吃甜点，不吃水果。中国人吃肉的时候，通常都吃小块的肉或者肉丝，而美国人都大块大块地吃。

最后，在烹调方面，中国人比较讲究，在东西南北各个不同地理区域，都有具代表性的地方菜，比如说，四川菜非常辣，广东菜则比较甜，北方多吃面食，南方多吃米饭。而美国人的烹饪方法简单多了，很多菜都是烤箱帮主人做的，没那么复杂。其实，真正的美国菜，大概只有汉堡包一种，没什么烹调艺术可言。

有人开玩笑说，中国人请中国客人吃一顿饭，得花三天准备，如果请美国人吃饭，只要两三个小时就可以应付了，因为随便做一点什么家常便饭，特别是甜甜酸酸的味道，就很容易讨好美国人了。可是，毕竟越来越多的美国人是中国通，别以为他们不懂中国菜，其实，说不定他们吃过的佳肴名菜都比你多呢！

1. 读前活动

教师与学生进行脑力激荡活动，猜测可能阅读之内容、要点或者结果以及可能出现的词汇等，当学生提及词汇、惯用语和常用语时，若无法用中文表达时，可以用英文代替，教师可将词汇写在黑板上，待精读活动进行时，再进行综合检查与复习。教师亦可引导学生从标题、全文的第一个句子、每个段落的第一个句子或者其他辅助线索等综观全文，进行阅读前奏活动。这样的阅读前奏活动，主要是以学生背景知识为基础，借着推理、猜测、讨论的过程激发学生的学习兴趣，对即将阅读的文章与材料有所预期。

将学生分成几个小组,进行脑力激荡的活动,讨论以下问题,然后向全班同学报告,或者,取而代之,也可以请个别学生回答问题。

1. 你们到中国朋友家里吃过饭吗?他们吃饭的时候,有什么跟美国人不一样的习惯吗?
2. 你们到中国餐馆吃过饭吗?他们吃饭的时候,有什么跟美国人不一样的习惯?
3. 这些不同的饮食习惯,可以分成几个方面来说呢?

学生可能会因为语言能力不够或者文化背景知识及经验的缺乏等问题,而无法踊跃参与讨论,在此情况下,教师则需要根据以上的讨论大纲,逐步地引导学生思考,并给予辅助,特别是有些词语无法用中文表达时,可以准许他们用英文与中文并行使用。为了节省上课时间并弥补文化背景知识不足,教师可事前公布讨论问题,请学生访问中国朋友或上网查找相关资料,准备回答内容。这样的事前准备,对非华裔学生尤其重要,否则,若个人缺乏在中国餐馆吃饭的经验或者不曾有与中国朋友交流这方面的经验,则很可能由于缺乏事前准备,而影响学生的讨论参与和学习兴趣。

2. 略读活动

让学生浏览全文,初步了解全文大意及内容重点。

与读前活动相同,学生可分组讨论,教师将略读阶段锁定的重点告诉学生,请他们先了解内容大纲和重点即可,教师可以问学生以下问题:

1. 文章中提到的中美饮食方面的差异,包括哪些方面?
2. 文章中所描述的内容,与原先你们所预测的内容,有什么异同?

3. 精读活动

让学生细读全文,与读前阶段及略读阶段的经验相结合,详细讨论全文内容和各段要点,并详细讨论学生没学过或者不熟悉的句型和词汇等等。

此阶段的精读活动,需要学生能了解文中每个方面的差异,并且根据每个方面的差异,详细讨论具体的差异。教师应该针对学生提出疑问的词语和句子,作详细的说明和解释。为了让学生互相学习,笔者建议仍以分组形式为佳,程度好的学生可以帮助程度比较不好的学生,老师则扮演辅助者的角色,在课堂中来回走动,提供及时的援助。分组的时候,可以选一个程度好的学生当组长,请每个组员负责一个小段落,轮流报告每段内容,最后,再由老师根据学生讨论情况,纠正常犯错误并提醒学生应该注意的用法,向全班同学作总结。

请学生将所学的生词表,列入自己所建立的词库或文件档案中,长期累积,以便随时复习。日常准备的环节绝对不能省略,教师必须作严格要求,帮助学生养成良好习惯,列入日常评量。

4. 读后活动

读后活动指的是继略读和精读的活动之后,所进行的延伸性、扩展性与应用性的活动,此阶段是阅读活动的收尾活动,可与听、说、写三种技能混合教学。

读后活动的设计,教师可考虑学生兴趣、单元主题的重要性、需要加强的语言技能、时间的分配以及学生能力程度的差别等,进行弹性教学,无论采用什么样的读后活动,皆应谨慎衡量其难度和可行度,并针对学生需要,补充信息,进行补充教学及教学评量。例如,若请学生说明中国菜烹调过程,无论是口语表达还是书写练习,则须先教会学生如何按时间顺序进行描述并掌握篇章结构。若在班上访问中国朋友,则须先引导学生事先想好问题,才能问出语法得当而且有内容的问题。以下仅提供几个读后活动思考的方向,供教师参考:

1) 请学生讨论、比较中国饮食习惯和美国饮食习惯的优点和缺点,并讨论其健康与否,表明自己的立场,且说明理由;

2) 根据个人生词表中所学到的词汇和句型,写一篇介绍个人饮食习惯的文章,介绍内容包括餐具、吃法、食物、烹调四方面,也可描述其他方面的饮食习惯;

3）邀请几个中国学生到班上现身说法，让班上学生现场访问中国学生，了解他们从小到大的饮食习惯，并请他们说说到美国以后，是否适应美国的饮食习惯等，讨论和访问内容可视学生的喜好和兴趣而定；

4）到中国餐馆聚餐，学习怎么看菜单点菜，熟悉餐桌礼仪，吃饭时，练习用中文交谈，最后，学习如何结账付钱；

5）请每个学生选择一道中国菜，用中文介绍烹调的过程，然后将全班作品编成一本图文并茂的中国菜集锦；

6）让学生以在餐厅点菜为主题，设计角色扮演的活动，所编剧本必须交给教师，教师再将这些剧本，印发给学生，作为阅读材料，进行精读或略读活动，为了鼓励学生学习，必须设计评量考核等追踪活动；

7）请学生学习扮演中国主人和客人的角色，包括主人如何邀请客人到家里做客，如何设计好一个中国菜单，如何尽地主之谊，如何招待客人在家里用餐，如何使宾主尽欢等。

（三）说的活动

单独进行的说的活动是属于表达演示沟通模式，教师应选择非正式与正式的话题，兼顾个人演示与小组演示两种形式，并囊括不同语言功能，给予学生充分练习的机会。学生的准备方式，可以是即席式的，也可以事前拟稿；可以限制时间，要求学生在规定时间之内完成，或者根据个人需要，准备时间可长可短，不受时间限制。说的活动，可以在语言实验室里录音完成，也可以在电脑前完成录音，然后再将录音文件交给教师，也可以在教室现场演示。学生必须熟悉这几种方式，以便能从容应付各种口语活动的挑战。

在真实交际语境中，说的活动可能单独存在，如个人发表演说、戏剧表演等，同时，也经常与听的活动密不可分，听与说的教学活动也就经常并存，毕竟培养说的能力，必须依靠扎实的听力基础。有关听与说的互动教学活动，请参考本章开头部分以及沟通式教学常用的小组讨论活动。以下仅根据不同的语言功能，列出表达演示的口语单向沟通活动：

1. 自我介绍，包括家人、兴趣、专长、性格、住的地方、自己的房间、喜好的运动等。

2. 介绍你选的课、每日作息时间、校内活动、校外活动、家庭生活、周末活动等。

3. 介绍你最喜欢的电视节目、最喜欢的电影、最喜欢的一本书、一首歌、一个朋友，介绍你的家人，介绍一个有趣的地方、印象深刻的人和对你影响最大的人。

4. 根据自己的经验或图片，说一个笑话或者是日常生活中发生的故事。

5. 给同学、父母、朋友、亲戚、老师和医生打电话，例如与医生约时间看病，告知不同对象有关活动、聚会或学校上课活动等信息，邀请他们一起参加某项活动或为某事向某人致谢或致歉。

6. 描述有时间顺序的活动，如做菜、逛街购物、旅行、运动比赛、看病、上餐馆吃饭、参加文艺活动、参加演出、学习一项才艺或运动的过程和经验。

7. 模拟公共场合广播，例如火车站、飞机场、地铁站、购物中心等处的广播。

8. 介绍居住城市的交通、环境、天气、特色等以及家乡、社区重要文化教育活动。

9. 表演诗词朗读、朗诵、中国民谣，表演一出戏、一本书或一部电影中的部分情节。

10. 描述或表演几个家喻户晓的中国古诗、成语故事、相声或绕口令，描述中国重要历史人物的故事或描述几个重要名胜古迹和城市。

11. 描述中国重要的节日和文化活动，并说明其对中国文化的重要性。

12. 利用电脑科技，以某个特别的主题，作一个公开演讲、口语报告或 PowerPoint 的报告，或者用微软公司的电影软件做一个电影。

13. 辩论一些广受关注的热门话题，例如，是否应该鼓励高中生开车，是否应该鼓励高中生与异性交朋友等，以及一些具比较性质的主题。

14. 讨论同学们感兴趣的当代社会的文化、教育等主题。
15. 比较两种或两种以上具可比较性之人、事物和主题，例如，比较两个人、两个活动、两种餐厅、两个宿舍、两个高中学校，各种交通工具的比较与分析，住宿高中学校和非住宿高中学校优缺点的讨论，比较两个城市相同和差异之处，比较上公立高中和上私立高中的优缺点，比较上公立大学和上私立大学的优缺点，比较男女合校和男女分校的优缺点，选择旅游地点（如选择一个国外旅行地点或美国国内的旅行地点），决定暑假计划（如打工或加强课业学习）等。

(四) 写的活动

以上列举的说的活动，都可以与写的活动作进一步的整合，学生掌握说的表达能力以后，再辅以写的练习，将能口说的部分以写的方式表达出来，一方面训练汉字书写能力，另一方面，将口语表达部分作系统性的组织，尝试用不同的写作方式和文体呈现出来，达成不同的沟通目的和语言功能。教学活动亦应与其他听、读的语言技能互相结合，将一个单元主题发挥得淋漓尽致，以便作综合统整性的评量。

学生的中文写作，可以用手写，也可以在电脑上用汉语拼音或注音符号输入。用手书写汉字与电脑打字有所不同，前者必须熟悉笔画和部首，然后多写几次，才能写得又快又对，而后者只要熟悉任何一种语音符号输入法，加上辨认汉字能力，在一组汉字中，选择正确的汉字即可。笔者建议汉字书写仍然应从手写开始，然后再练习打字，毕竟手写汉字对汉字的长期记忆来说，可能还是比较有帮助的。如果学生没有经过手写练习的过程，就直接上电脑输入语音符号，选择汉字，可能只有短期记忆的效果，对长期记忆没有帮助，这样的假设有待日后汉字学习方面的研究加以证实。

学生写作时，可以限制时间，也可以不限制时间。由于 AP 中文考试有时间限制，所以最好能培养学生限时完成写作的能力，并且，还需要培养学生使用词典自学的习惯，这是终身学习者一项不可或缺的特质。

以下是一些关于写作表达方面可参考的建议：

1）例行经常性的练习：写日记或周记，写信并回信，写电子邮件给同学、老师和朋友并回电子邮件，内容不外乎记录日常生活所发生的事情和经验，包括人、事物、学校生活和家庭生活等，多半属记叙文体，也可能是较正式的文体。最理想的情况是，教师每篇皆给评语、给分数，若由于课程繁重，没有时间批阅，则可请义务家长帮忙或者同学之间交换阅读，取得同侪初步的评语和反馈，教师一学期当中抽几段时间作总批阅即可。同侪交换评量之前，教师应与同学一起讨论，设计评量标准，如此，决定的评量标准可取得共识，学生也就有高度的满足感和参与感。

2）真实文化材料：看一系列的图、电视广告、印刷广告、海报、宣传品、文化产物和产品、文化活动表，然后描述内容和信息。

3）传达信息：写便条、邀请卡、答谢卡、问候卡、活动宣传广告、天气预报等。

4）练习不同文体：写对话、故事、记叙文、故事叙述文、说明文、论说文、分析比较性的文体等。

学生动笔写作之前，脑力激荡的过程是不能省略的步骤，教师可先提供几个重点及引导问题，启发学生思考，集思广益。通过这个过程，学生能准确清楚地了解教师的期待和标准，知道应该包含哪些重要词汇和结构，无论是单句结构、句子及段落之间的连接转折还是段落篇章结构，都能达到再复习的效果。同时，亦可聆听同学的组织想法和思路，丰富文章的内容和观点，这种合作式的写作过程是绝对值得推荐和鼓励的。

在评量标准上，无论是同侪交换评量还是教师个人评量，教师应与学生一起讨论，让全班学生通过讨论商议，制定评量标准。如此，决定的评量标准可取得共识，在写作之前，有所依据，学生不但有高度的满足感和参与感，而且更能谨守写作原则，掌握不同内容及文体的要领，提高写作质量。在学生初步完成作品时，教师还应该鼓励学生参考第一次批阅的评语作修改，交给教师再批阅一次，这样审慎的步骤是优良写作的必经过程，建议教师将此落实于实际写作教学中，学生将受益无穷。

第七章　三种沟通模式
常用的教学活动

以上分别介绍了三种沟通模式活动，此三种沟通模式亦经常互相呼应，成为具连贯性、统整性的教学活动。教师可灵活运用，以每个主题单元为单位，设计一个将三种沟通模式贯连、统整的教学活动，详情请参考以下章节提供之实例。

第八章
五大外语教学目标之实践与实例

本章具体提出五大外语教学目标与课程具体结合之建议，首先列举每一个外语教学目标在课程内涵上可囊括的范围，另外，并以四个不同主题单元在课堂上所实践完成的教学统整活动为例，具体说明五个外语教学目标与三个沟通模式的应用。

第八章　五大外语教学目标之实践与实例

本书第四章介绍 AP 课程与考试之整体规划与重要概念，其中也针对五大外语教学目标与三个沟通模式之定义、重要性以及观念上的澄清作了说明及阐述。继第四章之后，本章具体提出五大外语教学目标与课程具体结合之建议，首先列举每一个外语教学目标在课程内涵上可囊括的范围，另外，并以四个不同主题单元在课堂上所实践完成的教学统整活动为例，具体说明五个外语教学目标与三个沟通模式的应用。

一、五大外语教学目标与课程具体结合之建议

五大外语教学目标是课程设计内涵的指导纲领，如本书第四章所言，五大外语教学目标中的每一个目标皆非常重要，都是设计课程时需要考虑的。五大外语教学目标在课程设计实践中的理想状态是将五大目标全部融于课程设计中，并包含五大目标中的每一个子目标，然而，实际上，由于主题单元的限制与不同，教师得根据每个主题单元的特性，选择适合发挥的主目标与子目标。在主题单元活动设计的实践中，一般很可能无法全部体现 11 个子目标，而仅体现适合主题单元的一些主目标和子目标，这样的现象并不是不理想的情况，而是正常的情况，教师无须将 11 个子目标是否全部实践作为衡量某个单元主题课程设计成功的唯一标准，而应将衡量标准定在整体课程设计上。笔者建议教师应该在整个学期结束时，综合检查所有的主题单元，分析是否针对不同的主题单元，适当地融合了所有的主目标和子目标，特别是第一个外语教学目标和第二个外语教学目标，应该是每个主题单元应该囊括的。五大外语目标的实践以语言沟通与文化理解应用为核心，因此，语言沟通与语言文化相辅相成的功能理应是大学二年级中文课程设计与 AP 中文课程设计的每个主题单元所包括的两个最重要目标。

1. 第一外语教学目标：沟通（运用中文沟通）

第一外语教学目标为沟通，也就是运用中文沟通，是语言课程最基本的内涵，也是所有语言课程的核心目标。此主要目标包括三个沟通模式，

也就是语言沟通、理解诠释和表达演示，在本书第四章和第七章中已经有非常详细的介绍，详情请参照这两个章节。

2. 第二外语教学目标：文化（认识中国多元文化）

第二外语教学目标是文化，与语言相辅相成，构成课程设计的核心。该目标下包含两个子目标，也就是文化习俗和文化产物。在课程设计方面，小至与个人衣食住行有关的主题，大至与社会国家制度政策等有关的主题，其文化习俗和文化产物的应用，皆有相当大的发挥空间，对其广度和深度的探讨，因主题不同，呈现多样化和多元化。以下主题皆包含丰富的文化习俗和文化产物，其文化习俗和文化产物可以是代表传统的，也可以是代表现代的，传统与现代的文化习俗和产物，皆在课程设计的范围之内。以下仅列出一些可能的文化主题，供教师参考：

饮食习惯和文化
教育方式
学校课程与活动
课外活动
入学制度
交通工具
居住环境和方式
娱乐方式
穿着方式
旅行方式
体育运动
上街购物须知（讨价还价、网上购物、付钱方式等）
消费方式（先消费后还款，先付钱后享受等）
音乐（现代音乐和古典音乐）
艺术
哲学
宗教

十二生肖

风水

戏剧（京剧和各地方戏曲与美国歌剧的比较等）

餐桌礼仪

电话礼仪

拜访亲友礼仪

审美观

重要节日

烹饪艺术

学校生活

家庭结构

交友观

婚姻观

父母对孩子的影响

大众艺术（流行音乐、流行歌手、流行艺术、街头艺术等）

热门人物（新闻人物、演员、歌星、各行各业知名人物等）

热门社会话题

争议性话题

其他

3. 第三外语教学目标：贯连（贯连其他学科）

第三外语教学目标是贯连，也就是贯连其他学科。教师应根据学生背景、兴趣、程度与不同的学科连贯，将语言学习的经验与其他学科作连接，如数学、历史、音乐、文学、美术、地理、社会学科等，以强化语言本身的学习。以下仅列出与其他学科可能贯连的方向和范围，供参考，教师应自行决定与什么学科贯连，时间长短如何，以及怎样设计活动等等。

1) 数学：数字单位和用法、百分比、钱的换算、数字调查、加减乘除；

2) 历史：著名历史人物、重要历史事件、重要节日历史缘由、汉语演变历史；

3）音乐：现代音乐、古典音乐、流行音乐、歌词教唱、歌曲欣赏、乐器（钢琴、小提琴、大提琴等西方乐器，琵琶、二胡、鼓、锣、笛子等中国乐器）；

4）文学：唐诗宋词、梁山伯与祝英台、《红楼梦》、《西游记》；

5）美术：国画与西洋画、人物画、陶瓷品、景德镇代表艺术品、筷子艺术、故宫陈列品、雕刻艺术、刺绣艺术、民俗艺术品、童玩以及其他中国艺术之代表等；

6）地理：城市、著名山川河流、各省份及各州、名胜古迹、旅游景点、奇景奇观、重要建筑、铁路、农作物产品及产地；

7）社会学科：社交礼仪、待客与做客之道、婚礼习俗、家庭结构；

8）生物：植物、动物、季节与时令、大自然；

9）健康教育与体育：饮食习惯、健康保养、食品疗法、运动方式、流行运动。

4. 第四外语教学目标：比较（比较语言文化之特色）

（1）比较语言

第四外语教学目标是比较，也就是比较语言与比较文化，后者在对外汉语教学课程设计的体现上似乎要比前者的体现更为常见。比较语言这个子目标很可能是所有 11 个子目标中，较少在课程中具体实践的，主要原因是受沟通式教学法的影响。现代外语教学不强调将时间花在语法的分析和讲解上，而强调将时间花在学习恰当使用语法上，语法的讲解和分析，应该是越少越好，重点在于帮助学生能恰当而正确地在真实情境和近似真实情境中使用目标语，以达成沟通目的。因此之故，除非是非常需要作对比分析且具突显性与高难度的语法结构，否则，凡是能通过真实语境从自然沟通交流的过程中习得的结构，皆不应该被列为比较语言之重点。此子目标的实践，应该放在广义的比较语言的层次上，除了分析比较较为复杂的语句结构以外，还可包括中文西化用语的现象分析与比较或者易混淆的词汇和常用语等。需要注意的一点是：根据此外语目标的定义，比较语言指的是中文和英文两者之间的比较，而非不同中文用法地域性差异之比较。

以下仅举出比较语言方面的三个中英语法比较实例，这三个比较语言重点对非华裔背景的学生而言，具发挥比较语言子目标的价值与必要性。

① 关系子句的结构

关系子句的结构是大学前两年必学的语法结构，由于中英句法结构有很大的差异，绝对有必要从观念和结构分析上巩固语句使用。无论关系子句当主语还是宾语使用，子句的结构皆有一定的词序。用以下第一个句子为例，若将英文的关系子句分成三个部分，第一部分为"那个女孩子（the girl）"，第二部分为关系代名词，是"的（who）"，第三部分为"昨天跟我跳舞（danced with me yesterday）"，出现在关系代名词后，将第二部分与第三部分结合起来，成为出现在主语之后的"昨天跟我跳舞的"，当后位修饰语。中文结构与英文结构刚好相反，"昨天跟我跳舞的"永远当前位修饰语，出现在主语前面，欲将英文原句转换成中文，则必须将原来的第三部分变成第一部分，将原来的第一部分变成第三部分，而第二部分维持原位不变，由英文翻译成中文时，必须由后往前翻译，这是一个不变法则。要熟练掌握这个句法结构，大概还得在教学上落实比较语言这个子目标，通过对比分析，先帮助建立正确的词序观念，然后再在语境中反复练习。

1. <u>昨天跟我跳舞的那个女孩子</u>是我的同屋。（关系子句当主语使用）
   (The girl) (who) (danced with me yesterday) is my roommate.
   　　　3　　　2　　　　　1

2. <u>我们上个星期的中文考试</u>不太难。（关系子句当主语使用）
   (The Chinese language exam) (that) (we took last week) is not too difficult.
   　　　　3　　　　　　2　　　　1

3. <u>他最近在那家商店里买的衣服</u>非常时髦。（关系子句当主语使用）
   (The clothes) (that) (he recently bought at the store) are very modern.
   　　3　　　　2　　　　　1

4. 世界各国的记者都计划2008年去北京访问参加奥运会的中国运动选手。（关系子句当宾语使用）

Reports from different countries around the world all plan to go to Beijing in 2008 to interview (the Chinese athletes) (who) (participate in the Olympic Games).
　　　　　　　　　　　　　　　　　　3　　　　　　　2　　　　　1

5. 他把所有钱都给了他最爱的子女们。（关系子句当宾语使用）

He gave all of his money to (the offspring) (that) (he loves most).
　　　　　　　　　　　　　　3　　　　　2　　　1

6. 每个人都喜欢吃那个厨师做的中国菜。（关系子句当宾语使用）

Everybody likes to eat (the Chinese food) (that) (the chef cooks).
　　　　　　　　　　　3　　　　　　2　　　　1

② "对"作为前介词的使用

"对"在以下的中文句子当中作为前介词，而非英文中的后介词。这个前介词的"对"与其他词语构成几个常用的短语，是大学二年级中文学生必须掌握的，有关这个环节的学习，非常适合用比较语言这个子目标来落实语句结构的教学。教师可以列出以下句子，利用对比分析的方式，比较中英文词序的差异，学生在如此有系统的引导之下，即能一目了然，建立非常清楚的概念。

1. 我对牛奶过敏。（对……过敏）

I'm allergic to milk.

2. 我们大家都对中文有兴趣。（对……有兴趣）

We are all interested in Mandarin Chinese.

3. 我弟弟对隔壁的女孩子有意思。（对……有意思）

My younger brother is interested in the girl who lives next door.

4. 认识中国朋友对学中文有帮助。（对……有帮助）

Knowing Chinese friends is helpful for learning Chinese.

5. 查字典对增加词汇量有用。（对……有用）

Looking up dictionaries is useful for increasing vocabulary.

6. 运动对健康有好处。（对……有好处/坏处）

Exercise is good for health.

7. 新生对学校的环境比较熟悉了。（对……熟悉）

New students are relatively more familiar with the surroundings of the school.

③ 副词

当学生上完一年级中文课程迈入大学二年级中文课程时，他们开始学习不同副词的使用。这些不同的副词修饰形容词，代表不同程度的修饰，教师有必要通过综合整理的复习，作系统性的比较分析。以下以"贵"为例，列出不同程度的副词，教师可在课堂上作比较分析，帮助学生准确掌握程度副词。

很贵

非常贵

十分贵

相当贵

真贵

贵得很

稍微贵了点

贵死了

贵极了

(2) 比较文化

如前面所言，与比较语言的子目标相比，比较文化是一个较常体现的子目标。除了使用编好的材料以外，教师亦可充分利用真实材料，如杂志、报纸、电视、电影、艺术品、广告、海报、文化产品等等，进行中美文化的比较活动。此子目标发挥空间极大，请参考以上第二主要目标所列之主题。

5. 第五外语教学目标：社区（应用于国内与国际多元社区）

第五外语教学目标是社区，也就是应用于国内与国际多元化社区，在此教学目标的指导之下，课堂教学应与现代外语教学的精神互相呼应，必须在一个真实的语境或是近似真实的语境中进行。然而，这种课堂经验毕竟仍局限于一个刻意创造的语境中，有必要将课堂经验延伸并扩大至课堂以外的环境，也就是学校以外的社区环境，以便给予学生活用语言和练习沟通交流的机会。所谓的社区环境，可大可小，小社区指的是个人成长居住环境附近的社区，大社区指的是社会、国家乃至于世界各国。举凡利用课堂和学校以外的资源或场所而完成的语言沟通交流活动，都符合第五外语教学目标。以下仅列出几个代表性的活动，供教师参考。

  与笔友联络
  参观博物馆/到戏院看戏/到餐馆吃饭
  看中文电影
  上网
  交换学生计划
  做传统食物
  同学于课后互相学习、指导
  邀请中国朋友来班上
  生涯规划活动
  到国外旅行（以中文为母语的地方）
  课外访问中国朋友
  参与社区活动、服务，宣扬中国语言和文化
  义演/义卖中国文化产品
  针对重要事件表达意见，写信投稿给报社媒体

二、五大外语教学目标之实践示例

美国外语教学学会于 1999 年所出版的 *Standards for Foreig Language*

第八章 五大外语教学目标之实践与实例

Learning in the 21st Century 一书中，针对美国对外汉语教学提出中文版的五大外语教学目标，集结十个极具中国文化代表性的五大外语教学目标实践教学活动。本书与之呼应，提供四个弗吉尼亚大学第四学期中文课所试验成功的五大外语目标教学实践活动，是 AP 中文同等课程中的适用教学活动。这四个教学活动最大特色是，活动过程充分利用校园与社区资源，针对不同文化主题，访问中国朋友和中国社区居民，每一个活动的完成皆得到以中文为母语的中国人的鼎力相助。这已成为历年来笔者所教授的大学二年级中文课程的必要条件之一，符合第五个外语教学目标的精神，也就是让学生走出教室，深入中国人社区，与中国人接触，进行自然而真实的语言文化交流活动。弗吉尼亚大学的中国同学们和大学城的中国居民对以下四个教学活动的顺利完成有着决定性影响。

1. 五大外语教学目标实践活动一：过中国年

外语教学目标（Targeted Standards）

1.1 语言沟通 Interpersonal Communication

1.2 理解诠释 Interpretive Communication

1.3 表达演示 Presentational Communication

2.1 文化习俗 Practices of Cultures

2.2 文化产物 Products of Cultures

3.1 触类旁通 Making Connections

3.2 博闻广见 Acquiring Information

4.2 比较文化 Culture Comparisons

5.1 学以致用 School and Community

外语教学目标具体实践（Reflections）

1.1 学生之间互相交换并讨论有关中国人过年的习俗

1.2 学生理解并诠释从网络、书籍或朋友同学那儿获取的信息

1.3 学生报告中国人过年的习俗，并写成一篇文章

2.1 学生了解中国人过年的风俗习惯与其所代表的意义

2.2 学生了解中国人过年的文化产物与其所代表的意义

3.1 学生欣赏并了解中国新年的代表音乐、艺术展览与表演

3.2 学生搜集并了解中国人过年的各种风俗习惯

4.2 学生比较中美两国最重要的代表节日

5.1 学生课后访问中国朋友关于中国年的风俗习惯,并参加校园或社区的中国新年庆祝活动

上课前三周

教师将下面的讲义发给学生,请学生在上课前参加中国同学会主办的新年表演活动,并访问中国朋友以下的问题。访问中国朋友之前,请同学自己先从网络、书籍或同学朋友那儿获得一些信息,先试着回答以下问题。

"中国人是怎么过春节的"讲义内容

我的姓名:

中国朋友签名: 日期:

说明:

  1) 请自己先试着回答以下的问题,回答问题的时候,可以从网络、书籍或者同学朋友那儿找到需要的答案;

  2) 请参加中国同学会举办的春节表演活动,并访问中国朋友,回答下面的问题,你也可以主动帮忙,担任春节表演活动的义工或者工作人员,如果你有兴趣,可以与中国同学会的同学联系;

  3) 回答问题以后,别忘了请中国朋友帮你先看一看,改一改。

1. 中国有四个重要的节日:春节、元宵节、端午节和中秋节。这四个节日都是根据旧历(农历)的日期而定的,所以每年的阳历都不一样,请写下今年这四个节日农历和阳历的日期:

第八章　五大外语教学目标
之实践与实例

春　节	农历　　月　　日，阳历　　月　　日
元宵节	农历　　月　　日，阳历　　月　　日
端午节	农历　　月　　日，阳历　　月　　日
中秋节	农历　　月　　日，阳历　　月　　日

2. 今年是什么年？你是属什么的？根据中国人的看法，有什么特征？
鼠　牛　虎　兔　龙　蛇　马　羊　猴　鸡　狗　猪

3. 请访问中国朋友或者查找有关春节的网站，看看中国人过春节的时候，根据习俗，每天做什么不一样的事情？

除夕（一年最后一天的晚上）	
大年初一	
大年初二	
大年初三	
大年初四	
大年初五	
正月十五	

4. 中国人拜年的时候，会说哪些吉祥话？请至少写下三句吉祥话。

5. 请用中文写下三副春联，并用英文解释它们的意思。

6. 请访问中国朋友，写下中国人过年的风俗习惯和忌讳（taboos）。

	风俗习惯	忌　讳
在穿的方面		
在吃的方面		
在住的方面		
其他		

7. 如果你是中国人，过年（过春节）的时候，让你最高兴的事情是什么？为什么？

8. 对中国人来说，中国年是中国最重要的节日，对美国人来说，什么节日是最重要的节日？请比较这两个中美重要节日的相同和不同之处。

上课时

1）教师将学生分组，指导学生逐题讨论，每讨论一题，就请每组代表综合各组员内容，作口语报告。

2）每组同学针对同一个题目报告完毕以后，教师必须作最后讲解，并补充说明，确定学生理解无误。为达此目的，每次进行下一个题目的讨论以前，必须针对全部组别报告的内容向同学提出问题。

下课后

以上题目全部讨论结束以后，请每一个同学写一篇作文介绍中国人过年的风俗习惯，教师将作文批改完毕以后，再请同学准备一个口语报告，作为口语评量内容之一。

2. 五大外语教学目标实践活动二：我的中国之旅

外语教学目标 (Targeted Standards)

1.1 语言沟通 Interpersonal Communication
1.2 理解诠释 Interpretive Communication
1.3 表达演示 Presentational Communication
2.1 文化习俗 Practices of Cultures
2.2 文化产物 Products of Cultures
3.1 触类旁通 Making Connections
3.2 博闻广见 Acquiring Information
4.2 比较文化 Culture Comparisons
5.1 学以致用 School and Community

外语教学目标具体实践(Reflections)

1.1 学生之间互相交换旅游计划的信息，表达意见，并讨论最喜欢的计划

1.2 学生理解并诠释网络及旅游书籍上的资讯

1.3 各小组学生报告旅游计划的决定，并写下最喜欢的旅游计划

2.1 学生根据中国人的旅游习惯学习安排适合中国民情的旅游计划

2.2 学生欣赏并讨论代表中国各地旅游地点的照片、实物和纪念品

3.1 学生计算旅游总花费并比较旅游日程的长短

3.2 学生获取各种在中国各地旅游的信息

4.2 学生比较在中美两国旅游的异同

5.1 学生课后访问中国朋友有关中国旅游的资讯

上课前一周或前两周

1）老师于一周甚至两周以前将"我的中国之旅"讲义发给学生。

2）学生自行利用时间，上网查中国旅游资料、看旅游书籍、询问朋友等等，确定前往中国旅游的城市。

3）确定旅游城市以后，准备并填写"我的中国之旅"讲义上面的问题，与中文志愿者见面，讨论所有搜集到的资料及与中国各地有关的纪念品与实物等等。

4）根据与中文志愿者讨论的结果，修正并补充讲义"我的中国之旅"上所回答的问题。

5）将填写完毕的"我的中国之旅"讲义以及所有与中国有关的旅游资料、纪念品和其他实物带至教室，准备分组报告与讨论。

"我的中国之旅"讲义内容

说明：

1）请自行利用课后时间，上网查中国旅游资料，看旅游书籍，询问朋友等等，确定前往中国旅游的城市；

2）确定旅游城市以后，准备并填写"我的中国之旅"讲义上面的问题，与中文志愿者见面，讨论所有搜集到的资料和与中国各地有关的旅游纪念品与其他具代表性的东西等等；

3）根据与中文志愿者讨论的结果，修正并补充讲义"我的中国

之旅"上所回答的问题;

4) 将填写完毕的"我的中国之旅"讲义以及所有与中国有关的旅游资料、纪念品和其他实物带至教室,准备分组报告与讨论。

请针对下面问题,准备并计划你的中国之旅:

1. 旅游城市
2. 旅游日期及费用

日期	来回机票	当地交通工具	参观景点门票	住宿费	餐费	杂费(买礼物、衣服、纪念品等)

3. 行程安排及旅游景点名称

景点一	景点二	景点三	景点四	景点五

4. 各景点特产和地方特色

景点一	景点二	景点三	景点四	景点五

5. 历史文化背景
6. 天气
7. 旅游注意事项
(1) 旅游以前准备事项

1	2	3	4

(2) 旅游期间注意事项（食衣住行应该注意什么？带什么东西？买东西的时候应该注意什么？）

1	2	3	4

8. 交通工具

(1) 从美国到中国

飞机路线	航空公司	座位（经济舱/商务舱/头等舱）

(2) 在中国各个景点

交通工具	景点名称	门票	开放时间

9. 旅馆

   旅馆等级（三星级/四星级/五星级）

10. 与中国朋友讨论以上的问题以后，请想一想，在中国旅游和在美国旅游，你们注意到哪些不一样或者一样的风俗习惯、民情与文化？

上课时

步骤一

老师说明活动进行过程,说明完以后,老师巡堂,随时提供援助,帮助学生顺利进行讨论。

说明:

1) 3个人或4个人一组,每个人向你的组员报告并描述你预先准备的中国之旅;

2) 与你的组员比较你们的中国之旅,讨论相同和不同之处;

3) 听完组员的描述和报告以后,表达你的看法,选择你最喜欢的中国之旅,并解释理由;

4) 讨论以后,组员之间决定最好、最理想的中国之旅,选一位代表待会儿向全班同学作报告。

讨论报告的时候,请用以下的语法结构:

在……方面…… (in terms of ...)

我觉得(认为)…… (I think ...)

对我来说 (for me ...)

我听我的中国朋友说…… (I heard from my Chinese friend that ...)

……先……然后…… (... first + action #1 ..., and then + action #2 ...)

……从来没……verb+过…… (... have not done something ...)

……曾经…… (... ever ...)

……像……一样 (... is like ...)

……顺便…… (... in passing ...)

……比……adjective…… (A is more + adjective + than B)

我比较(最)喜欢…… (I like ... more(most) ...)

步骤二

1) 每组代表报告他们那一组选择的最喜欢的旅游城市和计划。

2) 全班注意听并且做笔记。

3) 老师针对报告内容提出问题，看是否全班同学都听懂了。

4) 等所有组别报告结束后，每个同学选出自己最喜欢的中国之旅，并说明理由。

步骤三

每组同学报告他们对以下问题所归纳出来的结论，报告完毕以后，教师归纳整理并说明。

步骤四（检讨与总结）

老师指出语言结构使用方面任何值得嘉奖和改进之处，并请同学写一篇"我将来的中国之旅"。

3. 五大外语教学目标实践活动三：中国家庭与美国家庭

外语教学目标（Targeted Standards）

1.1 语言沟通 Interpersonal Communication

1.2 理解诠释 Interpretive Communication

1.3 表达演示 Presentational Communication

2.1 文化习俗 Practices of Cultures

2.2 文化产物 Products of Cultures

3.1 触类旁通 Making Connections

3.2 博闻广见 Acquiring Information

4.2 比较文化 Culture Comparisons

5.1 学以致用 School and Community

外语教学目标具体实践(Reflections)

1.1 学生之间互相表达意见并交换访问结果

1.2 学生理解并诠释各组报告内容

1.3 学生分组报告讨论摘要，并将讨论内容写成书面报告

2.1 学生了解中国人的家庭结构与价值观

3.1 学生了解与社会学科贯连的中国家庭结构与价值观

3.2 学生取得有关中国家庭结构与价值观方面之信息

4.2 学生比较中美两国家庭结构和价值观之差异

5.1 学生课后访问中国朋友有关家庭结构与价值观之信息

上课前两周

上课以前，教师将以下讲义发给学生，请学生于规定时间以前，访问中国朋友，并记下摘要，准备课堂上的讨论。

"中国家庭与美国家庭"讲义内容

说明：

  1）请看完问题后，试着自己先回答问题，看看自己对问题了解多少；

  2）访问你的中国朋友以下的问题，把访问内容写下来，上课的时候讨论并分组报告。

1. 请你的中国朋友带几张全家和亲戚的照片，用中文介绍照片中的人物和亲戚关系。

2. 请你带几张自己全家和亲戚的照片，用中文介绍照片中的人物和亲戚关系。

3. 中国施行"一个家庭一个孩子"的"独生子女"政策，但是，美国不施行这样的政策。

（1）为什么中国施行"独生子女"政策？

（2）在中国，"独生子女"又被称为"小太阳"或"小皇帝"，为什么？

（3）"独生子女"在"性格发展"和"家庭教育"方面，可能有什么问题？

（4）"独生子女"对中国的社会人口有什么好的影响和不好的影响？

（5）美国家庭也有"独生子女"的现象，在你看来，有没有中国独生子女的问题？为什么？

4. 中国有"三代同堂"的传统，可是，美国没有这样的传统。

(1) 什么是"三代同堂"？

(2) 为什么中国人以前鼓励"三代同堂"的传统？请说说三代同堂的优点。

(3) "三代同堂"对婆媳相处和子女教育方面可能会造成什么问题？

(4) 现代中国人的家庭里，"三代同堂"的现象不如以前普遍，为什么？

(5) 还没结婚以前你赞成三代同堂吗？结婚以后你赞成三代同堂吗？为什么？

(6) 一般美国老年人和中国老年人在退休生活上有一些不同的计划，请比较他们退休生活的异同。

5. 中国的小孩放学以后做什么？学什么？美国小孩呢？

6. 在教育方面，中国父母一般很重视子女的学历吗？对子女有什么期望？美国父母呢？

7. 在婚姻方面，中国父母和美国父母对他们的子女有什么相同或不同的期望和影响？

上课时

1) 教师将学生分组，逐一讨论各个题目，并请各组报告。
2) 各组报告讨论内容时，教师随机提出问题，以确认学生的理解程度。

下课后

课堂讨论完毕以后，教师请学生以书写方式回答讲义上第三题至第七题。

4. 五大外语教学目标实践活动四：中美饮食习惯

外语教学目标 (Targeted Standards)

1.1 语言沟通 Interpersonal Communication

1.2 理解诠释 Interpretive Communication

1.3 表达演示 Presentational Communication

2.1 文化习俗 Practices of Cultures

2.2 文化产物 Products of Cultures

3.1 触类旁通 Making Connections

3.2 博闻广见 Acquiring Information

4.2 比较文化 Culture Comparisons

5.1 学以致用 School and Community

外语教学目标具体实践（Reflections）

1.1 学生之间互相交换并讨论中国人的饮食习惯

1.2 学生理解并诠释同学报告饮食习惯的内容

1.3 学生口头报告中美饮食习惯，并以书写方式报告摘要内容

2.1 学生了解中国人的饮食习惯与其所代表的意义

2.2 学生了解中国人常吃的食物与其所代表的意义

3.1 学生了解中国饮食习惯及健康观

3.2 学生搜集并了解中国人饮食习惯与健康观方面的资讯

4.2 学生比较中美饮食习惯的异同

5.1 学生课后访问中国朋友有关中国人的饮食习惯，并互相讨论对中美饮食习惯的看法

上课前两周

教师将以下讲义发给学生，请学生根据问题访问中国朋友，并与中国朋友讨论中美饮食习惯的异同等问题。

"中美饮食习惯"讲义内容

说明：请先看看以下的问题，事先准备代表食物的图片或实物，作为与中国朋友见面讨论时的参考，上课时参与讨论并进行分组报告。

1. 中国学生的饮食习惯
(1) 中国朋友个人背景

第八章　五大外语教学目标
之实践与实例

姓　名	祖　籍	出生的地方	长大的地方	求学的地方

(2) 你在中国念书的时候，早餐、午餐、晚餐一般都吃些什么食物？请把食物的名称写下来。除了这些东西以外，一般中国人还吃些什么东西？（请中国朋友准备一些图片或实物，以方便讨论。）

早　餐	午　餐	晚　餐

(3) 你来美国念书以后，早餐、中餐、晚餐一般都吃些什么食物？

早　餐	午　餐	晚　餐

(4) 你在美国吃这些食物习惯吗？方便吗？为什么？跟在中国吃的东西有什么不同？请作比较。

2. 美国学生的饮食习惯

你在UVA上大学，早餐、午餐、晚餐一般都吃些什么食物？

早　餐	午　餐	晚　餐

3. 比较中国人和美国人的饮食习惯

(1) 比较你吃的食物跟你中国朋友吃的食物，有什么异同？

相　　同	不　　同

(2) 在每日三餐的饮食习惯方面，中国家庭和美国家庭有很大的差异，请与中国朋友讨论，根据以下几个方面比较这些差异。

	中　　国	美　　国
餐具		
饭前		
吃饭时		
饭后		
烹调方式		
其他方面		

(3) 中国食物比较健康还是美国食物比较健康？请与你的中国朋友讨论你们的看法，把你们相同和不同的看法写下来。

相同的看法	不同的看法

4. 你认为什么样的饮食习惯能保证身体健康？请与中国朋友讨论，说明理由。

	乳制品	油脂类食品	淀粉类食品	蛋白质类食品	水果类食品	蔬菜类食品
多吃						
少吃						

上课时

1）教师让学生进行分组讨论，然后针对每一个题目，各组轮流作摘要报告。

2）教师针对各组报告内容，提出问题，确认学生完全理解，并能掌握补充词汇与句法结构功能。

3）教师帮助学生复习比较文体的书写要领，包括用词、转接词和段落安排衔接技巧等。

下课后

经过课堂讨论以后，教师确定学生有能力掌握语言结构和功能，再请学生以书写方式回答第三题和第四题。

参考文献

ACTFL. 1987. ACTFL Chinese Proficiency Guidelines. *Foreign Language Annals*, 20, 471-487.

ACTFL. 1999. *Integrated Performance Assessment Manual*. ACTFL Integrated Performance Project. American Council on the Teaching of Foreign Languages.

ACTFL. 1999. *ACTFL Performance Guidelines for K-12 Learners*. American Council on the Teaching of Foreign Languages.

ACTFL. 1999. *Standards for foreign language learning in the 21st century*. Yonkers: National Standards in Foreign Language Education Collaborative Project.

Bachman, L. 1990. *Fundamental considerations in language testing*. Oxford, UK: Oxford University Press.

Bachman, L. F. & Savignon, A. S. 1983. *Oral interview test of communicative proficiency in English*. Urbana, IL: Photo-offset.

Bachman, L. F. & Savignon, A. S. 1986. The evaluation of communicative language proficiency: A critique of the ACTFL oral interview. *Modern Language Journal*, 70, 380-390.

Blaz, Deborah. 2001. *A collection of performance tasks and rubrics: Foreign languages*. New York: Eye on Education.

Blaz, Deborah. 2002. *Bringing the standards for foreign language learning to life*. New York: Eye on Education.

Brecht, R. D. & D. Davidson. 1991. Language acquisition gains in study abroad: Program assessment and modification. Paper presented at the NFLC conference on language testing. Washington D.C. March 1991.

Brecht, R., D. Davidson & R. Ginsberg. 1993. Predictors of foreign language gain during study abroad. Washington D.C.: National Foreign Language

Center.

Brown, H. Douglas. 2001. *Teaching by principles: An interactive approach to language pedagogy*, 2nd edition. Longman.

Chalhoub-Deville M. & G. Fulcher. 2003. The oral proficiency interview: A research agenda. *Foreign Language Annals*, 36(4), 498-506.

Chen, Stella, Carrie Reed, & Yuqing Cao. 2003. *Speaking Chinese on campus*. (《校园汉语》) Seattle: University of Washington Press.

Christensen, Matthew B. & Mari Noda. 2002. *A Performance-based pedagogy for communicating in cultures: Training teachers for East Asian languages*. National East Asian Language Resources Center at the Ohio State University.

Clifford, R. 2003. The OPI has everyone talking. *Foreign Language Annals*, 36(4), 481-482.

Curtain H., & Carol Ann Dahlberg. 2004. *Languages and children: Making the match: Foreign language instruction for an early start grades K-8*, 3rd edition. White Plains, New York: Longman.

Foltz, D. 1991. A study of the effectiveness of studying Spanish overseas. Paper presented at the Pennsylvania State MLA annual meeting. Pittsburgh, PA.

Gradman, H. L., & Reed, D. 1997. Assessment and second language teaching. In K. Bardovi Harlig & B. Hartford (Eds.), *Beyond methods: Components of second language teacher education*, 198-213. San Francisco: McGraw-Hill.

Huba, M. E., & Freed, J. E. 2000. *Learner-centered assessment on college campuses: Shifting the focus from teaching to learning*. Needham Heights, MA: Allyn and Bacon.

Jin, Hong Gang. 2004a. The role of formulaic speech in teaching and learning patterned Chinese structures (语言定式教学法在中文习得和中文教学中的作用). *Journal of Chinese Language Teachers Association*, *39* (1), 45-62.

Jin, Hong Gang. 2004b. The importance of CFL teacher training on elicitation techniques（中文教师提问能力的培训）. *Journal of Chinese Language Teachers Association*, *39*(3), 29-50.

Jin, Hong Gang, & Hsin-hsin Liang. 2004. A thematic approach to teaching language forms and functions（主题导入法：利用篇章模式进行语言形式与语言功能教学的尝试）. *Journal of Chinese Language Teachers Association*, *39*(2), 85-110.

Jin, Hong Gang. 2005. Form-focused Instruction and second language acquisition: Some pedagogical considerations and teaching techniques（第二语言习得与语言形式为中心的结构教学探讨）. *Journal of Chinese Language Teachers Association*, *40*(2), 43-66.

Jin, Hong Gang. 2006. Interactivity and teaching techniques of group work（分组活动的互动性及教学形式探讨）. In Tao-Chung Yao (Eds.), *Chinese language instructional materials and pedagogy*（《中文教材与教学研究》）, 280-300. Beijing: Beijing Language and Culture University Press.

Krashen, S. D. 1982. *Principles and practice in second language acquisition*. New York: Pergamon.

Krashen, S. D. Krashen, S. 1985. *The input hypothesis*. London: Longman.

Lazaraton, A. 1996. Interlocutor support in oral proficiency interviews: The case of CASE. *Language Testing*, *13*(2), 151-172.

Lee, J. F. 2000. *Tasks and communicating in language classrooms*. New York: McGraw-Hill.

Lee, James F, & Bill VanPatten. 2003. *Making communicative language teaching happen*, 2nd edition. New York: McGraw-Hill.

Liang, Hsin-hsin. 2004. 从师生互动谈如何上好单班课. *Journal of Chinese Language Teachers Association*, *39*(1), 63-84.

Liang, Hsin-hsin. 2005. How to implement the enhancement of classroom interaction using the thematic approach(利用主题导入法提升课堂师生互动的教学实践). *Journal of Chinese Language Teachers Association*, *40*(1), 25-46.

Liu, Yuehua, et al. 1997. *Integrated Chinese* (《中文听说读写》) *Level II*. Boston: Cheng & Tsui.

Liskin-Gasparro, J. 1984. Comparison of the oral proficiency of students of Spanish in a study abroad program and those in regular academic programs. As quoted in Liskin-Gasparro and Beyer 1987.

Liskin-Gasparro, J. 2003. The ACTFL proficiency guidelines and the oral proficiency interview: A brief history and analysis of their survival. *Foreign Language Annals*, *36*(4), 483-490.

Liskin-Gasparro, J., & T. Beyer. 1987. The effect of intensive-immersion conditions on the acquisition and development of oral proficiency in Russian and Spanish. Grant Proposal to the Department of Education.

Long, Miachael, H. & Charlene J. Sato. 1984. Methodological issues in interlanguage studies: An internationalist perspective. In Davies, Alen, Clive Criper, & Anthony P. R. Howatt (Eds.), *Interlanguage*. Edinburgh: Edinburgh University Press.

Magnan, S. S. 1986. Assessing speaking proficiency in the undergraduate curriculum: Data from French. *Foreign Language Annals*, *19*(5), 429-438.

Malone, M. 2003. Research on the oral proficiency interview: Analysis, synthesis, and future directions. *Foreign Language Annals*, *36*(4), 491-497.

Meredith, R. A. 1990. The oral proficiency interview in real life: Sharpening the scale. *Modern Language Journal*, *74*(3), 288-296.

Milleret, M. 1990. Assessing the gain in oral proficiency from summer foreign study. Paper presented at the summer meeting of AATSP.

O'Connor, N. 1988. Oral proficiency testing of junior year abroad: Implications for the undergraduate curriculum. Paper presented at the 1988 Annual meeting of the MLA.

Omaggio H. A. 1986. *Teaching language in context: Proficiency-oriented instruction*. Boston: Heinle & Heinle.

Omaggio Hadley, Alice. 2000. *Teaching language in context: Proficiency-oriented instruction, 3rd edition*. Thompson Learning.

Oxford, Rebecca L. 1990. *Language Learning Strategies: What every teacher should know.* Boston: Heinle & Heinle.

Paulston, C. B. 1972. Structural pattern drills: A classification. In H. Allen & R. Campbell (Eds.), *Teaching English as a second language*, 129-138. New York: McGraw-Hill.

Phillips, June, & Jamie B. Draper. 1999. *The Five C's: The standards for foreign language learning worktext (including Poster and Video).* Boston: Heinle & Heinle.

Rulon, K. & McCreary, J. 1986. Negotiation of content: Teacher fronted and small-group interactions. In R. Day (Ed.), *Talking to learn*, 182-199. Cambridge, MA: Newbury House.

Savignon, S. J. 1998. *Communicative competence: Theory and classroom practice*, 2nd edition. New York: McGraw-Hill.

Shrum, Judith L., & Eileen W. Gilsan. 2000. *Teacher's handbook: Contextualized language Instruction*, 2nd edition. Boston: Heinle.

Swain, M. 1985. Communicative competence: Some roles of comprehensible input and comprehensible output in its development. In S. M. Gass & C Madden (Eds.), *Input in second language acquisition*, 235-253. Rowley, MA: Newbury House.

Swender, E, (Ed.). 1999. *ACTFL Oral Proficiency Interview Tester Training Manual.* American Council on the Teaching of Foreign Languages.

Thompson, I. 1995. A study of interrater reliability of the ACTFL oral proficiency interview in five European languages. (Data from ESL, French, German, Russian, and Spanish.) *Foreign Language Annals*, 28, 407-422.

Tseng, Miao-fen. 2005. 美国AP中文现况以及未来之发展 (Present situation and future development of American AP Chinese language and culture). *International Chinese language teaching and learning*(《国际汉语教学动态与研究》), 3, 5-8.

Tseng, Miao-fen. 2005. Achieving oral proficiency at the advanced level in Intermediate Chinese. *Proceeding of the International Symposium on Opera-*

tional Strategies and Pedagogy for Chinese Language Programs in the 21st Century, 88-92.

Tseng, Miao-fen. 2006. Pre-AP 与 AP 中文课程设计与教学法. 夏季教学研讨会暨行政人员座谈会讲稿, 14-35.

Tseng, Miao-fen. 2006. Materials prepared for AP Chinese summer institutes.

Tseng, Miao-fen. 2006. Draft as of 2/16/2006. *AP Chinese language and culture teacher's guide*. New York: College Board.

Veguez, R. 1984. The oral proficiency interview and the junior year abroad: Some unexpected results. Paper presented at the Northeast Conference on the Teaching of Foreign Language. New York, April 1984.

Wherritt, I. 1990. Development and analysis of a flexible Spanish language test for placement and outcomes assessment. *Hispania*, *73*, 124-129.

王之容 编 2004《基础中文读本》(上), 北京: 北京大学出版社